公共管理理论与实务系列教材

老年保障学概论

边恕◎主编

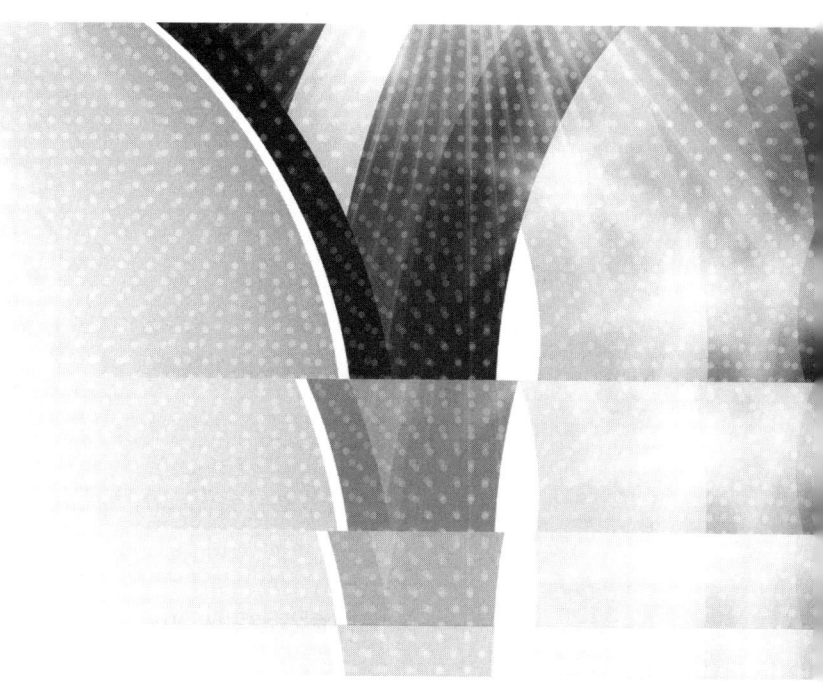

中国劳动社会保障出版社

图书在版编目(CIP)数据

老年保障学概论 / 边恕主编. -- 北京：中国劳动社会保障出版社，2024. --（公共管理理论与实务系列教材）. -- ISBN 978-7-5167-6397-1

Ⅰ.D669.6

中国国家版本馆 CIP 数据核字第 202426F9B3 号

中国劳动社会保障出版社出版发行

（北京市惠新东街 1 号　邮政编码：100029）

*

北京鑫海金澳胶印有限公司印刷装订　　新华书店经销

787 毫米 ×1092 毫米　16 开本　16.5 印张　296 千字
2024 年 11 月第 1 版　　2024 年 11 月第 1 次印刷
定价：50.00 元

营销中心电话：400-606-6496
出版社网址：https://www.class.com.cn

版权专有　　侵权必究

如有印装差错，请与本社联系调换：(010) 81211666
我社将与版权执法机关配合，大力打击盗印、销售和使用盗版图书活动，敬请广大读者协助举报，经查实将给予举报者奖励。
举报电话：(010) 64954652

前　言

　　世界人口老龄化程度日益加深，如何看待人口老龄化，如何积极应对人口老龄化带来的机遇与挑战，成为世界各国普遍关注的现实问题。许多国家已从经济、政治、社会等多个角度采取了应对人口老龄化的措施。进入21世纪以来，我国老龄人口规模不断扩大，人口老龄化程度持续加深。作为在相当长时期拥有全世界最庞大老年群体的国家，如何有效满足老龄人口对美好生活的新期待，是开启社会主义现代化建设新征程的中国必须面对和解决的重大问题。

　　人口老龄化所产生的影响，经济方面首当其冲，此外也给社会保障体系、养老服务体系和老年人健康支持体系带来极大挑战，同时，老年群体对人口老龄化带来的精神照料的需求日益迫切。对此，我国将积极应对人口老龄化摆到了国家战略的重要位置，需要进一步深入研究老年保障的类型与体系建设问题。老年生活期间主要面对经济、社会、健康、就业、家庭、法律等多重保障需求，对此要从积极应对人口老龄化国家战略和完善社会保障体系入手，一方面，积极开发老龄人力资源、大力发展银发经济；全面推进健康中国和幸福老年建设，发挥老龄人口在社会参与和社会治理等方面的作用；重视老年人权益保障制度建设，营造老年人积极老龄化的健康心态。另一方面，要进一步健全养老金制度体系，大力发展基本养老服务体系，并且把健全老年人权益保障和精神抚慰关爱体系提上议事日程。

　　人口老龄化背景下面临的总体问题是要全面认识老年需求，同时科学设计并准确建设符合我国国情的老年保障制度与政策体系。为使有关老年保障的战略措施以及制度设计得以完善，需要厘清老年保障的理论来源、结构划分、责任分类、模式体系等，加深对积极老龄化理论和实践的认识，以多重目标为参考标准进行中国式老年保障制度体系建设；需要在各种保障因素相互关联又相互制约的关系中找到规律和经验，在多重政策目标下选择相匹配的老年保障政策工具并探讨其影响机制，例如，政府采取的老年保障政策工具种类、所要解决的老龄化问题和需要达到的预期政策目标、各类老年保障政策工具在推进积极老龄化过程中的作用机制、不同领域老年保障政策工具的整合与衔接等。对以上问题进行全面学习和深入研究，有利于深化老年保障的内涵和拓展老年保障的外延，并在实践中采取行之有效的措施；有利于推动老年保障制度体系的完善，并形成老年保障的中国模式。

本书由辽宁大学公共管理学院院长、党委副书记，人口研究所所长，博士生导师边恕教授担任主编。本书编写人员（以章为序）有：

第一章：边恕　教授，博士　辽宁大学

第二章：李东阳　讲师，博士　辽宁大学

第三章：杜芳雨　副教授，博士　辽宁大学

第四章：陈洋　副教授，博士　辽宁大学

第五章：陈曦　副教授，博士　辽宁大学

第六章：王玥　研究员，博士　辽宁大学

第七章：范洪敏　副教授，博士　辽宁大学

第八章：周平梅　讲师，博士　辽宁大学

第九章：张瑞　讲师，博士　辽宁大学

主编简介

边恕，教授、经济学博士、博士生导师、博士后合作导师，辽宁大学公共管理学院院长、党委副书记兼人口研究所所长，辽宁省"兴辽英才计划"领军人才、辽宁省"百千万人才工程"百层次人才、辽宁省文化名家暨"四个一批"人才，辽宁省特聘教授、辽宁省优秀教师、辽宁省普通高等学校优秀创新人才。边恕教授长期从事社会保障理论与政策、人口经济与公共政策的教学研究工作，担任中国社会保障学会理事、中国社会保障学会养老金分会副会长、辽宁省社会学会副会长、沈阳市社会工作联合会副会长、沈阳市政协委员等，是首届全国社会保障优秀青年学者奖获得者。

边恕教授在《经济研究》《中国人口科学》《中国软科学》等30余种学术期刊上发表论文120余篇，其中10余篇论文被《新华文摘》等期刊全文转载；出版《中国公共养老金隐性债务研究》《统筹城乡养老保险体系研究》等学术专著3部，参编"马克思主义理论研究和建设工程重点教材"《社会保障概论》等各类教材及著作近20部；主持国家自然科学基金、国家社会科学基金、教育部基地重大项目等各类课题50余项，作为子课题负责人参与国家社会科学基金重大项目3项。其研究成果获得辽宁省哲学社会科学成果奖一等奖2项、二等奖3项、三等奖5项，获得其他省部级学术奖项20余项。边恕教授撰写的《辽宁省养老金制度改革试点效果模拟》等30余篇研究报告或咨询建议获得辽宁省发展改革委、辽宁省人力资源和社会保障厅等部门的采纳批示。

边恕教授的学术成果涉及社会保障制度优化与改革措施、养老服务体系建设、最低生活保障制度、扶贫制度设计与脱贫激励机制等，在学术界较早提出了社会保障"最优缴费率"和"基金收支动态平衡"的理论观点。边恕教授创造性地提出了阶梯式最低生活保障制度设想，设计了"居民养老需求与城镇化水平相匹配"的养老金动态标准，研究了城镇职工养老保险中央调剂最优比例，并准确预测了中央调剂向全国统筹转变的方式与时点。其研究成果在学术界产生了较大影响，是政府部门养老保险制度改革的重要参考资料。

内 容 提 要

本书以人口老龄化问题为切入点，全方位阐释了老年保障的理论认知、模式分类、模式比较，部分国家和地区老年保障制度安排与措施，中国老年保障的特征与模式等。本书以老年经济支持、医疗保障、生活照料、精神慰藉、社会参与五大方面作为核心要素，对老年保障制度产生的机理、不同保障类型下的制度设计等进行归纳与分类，同时对部分国家和地区的建设经验及中国的实际建设成效等进行分析，探讨了老年保障相关项目的基本内容与运行规律。

老年保障是一个庞大且复杂的系统工程，老年保障具有以年龄为标识、以伦理为基础、以福利为主要内容、以差异为特点、以变化为基本规律的特征。老龄人口面临的收入中断与疾病风险、家庭照料功能下降困境以及社会融入困难等问题，是构建老年保障体系的内在需求。在老年保障制度体系建设过程中，老年经济保障制度是国家为了维护社会稳定、提高老年人生活质量、保障社会公平而建立的重要制度。此外，老年人还存在获得高质量医疗服务、通过社会参与实现自身价值、获得来自家庭的温暖与宽慰、有效保障自身权益等需求。对此，本书主要从老年经济保障、老年社会保障、老年健康保障、老年就业保障、老年家庭保障、老年法律保障等方面对老年保障制度体系进行阐释；尝试使用规范分析法、历史分析法、比较分析法、宏观微观结合方法、系统分析法等方法将老年学与多学科理论加以融合，结合现实问题和时代背景，遵循及汲取世界老年保障政策工具的运行规律与经验，多角度考察和讨论老年保障事业的发展特点及路径选择问题；力图用科学和客观的方式来研究老年保障制度构成和运行原理，以期达到提高应对人口老龄化的能力并进一步完善老年保障制度的目的。

目 录
Contents

第一章 绪论 / 1

　一、老年保障学的学科属性 / 1

　二、老年保障学的研究对象与目的 / 3

　三、老年保障学的主要研究内容 / 7

　四、老年保障学的研究方法 / 10

　五、学习老年保障学的意义和要求 / 13

第二章 老年保障学概述 / 20

　第一节 老年风险与老年保障 / 20

　　一、老年风险 / 20

　　二、老年学相关理论 / 23

　　三、老年人需求 / 24

　　四、老年风险管理中的老年保障 / 26

　第二节 老年保障的本质特征 / 27

　　一、以年龄为标识 / 28

　　二、以伦理为基础 / 28

　　三、以福利为主要内容 / 29

　　四、以差异为特点 / 29

　　五、以变化为基本规律 / 29

　第三节 老年保障的体系结构 / 30

　　一、按照责任主体分类划分 / 30

二、按照保障内容不同划分 / 31
* 本章小结 / 35
* 重要概念 / 35
* 复习思考题 / 35

第三章　老年保障的产生与发展 / 36

第一节　老年保障的萌芽和形成时期（1601—1948 年）/ 36
第二节　老年保障的初步发展时期（1949—1980 年）/ 38
第三节　老年保障的全面发展时期（1981—2001 年）/ 40
第四节　老年保障的改革时期（2002 年至今）/ 42
第五节　中华人民共和国老年保障的历史沿革 / 44
　一、创建试行阶段（1949—1956 年）/ 44
　二、初步发展阶段（1957—1965 年）/ 46
　三、停滞阶段（1966—1976 年）/ 46
　四、恢复重建阶段（1977—1983 年）/ 47
　五、改革与完善阶段（1984—2011 年）/ 47
　六、高质量发展阶段（2012 年至今）/ 53
* 本章小结 / 59
* 重要概念 / 59
* 复习思考题 / 59

第四章　老年经济保障 / 60

第一节　老年经济保障的理论认知 / 60
　一、老年经济保障的内涵 / 60
　二、老年经济保障的理论基础 / 60
　三、老年经济保障的政策 / 63
第二节　老年经济保障的主要模式 / 69
　一、老年养老经济保障 / 69
　二、老年医疗经济保障 / 72
　三、补充性经济保障 / 75
第三节　老年经济保障模式比较 / 77
　一、老年养老经济保障的模式比较 / 77

二、老年医疗经济保障的模式比较 / 78

　　三、补充性经济保障的模式比较 / 80

第四节　部分国家或地区的老年经济保障制度安排 / 81

　　一、加拿大老年经济保障制度安排 / 81

　　二、英国老年经济保障制度安排 / 84

　　三、日本老年经济保障制度安排 / 86

第五节　中国老年经济保障的特征与模式 / 88

　　一、中国老年经济保障制度特征 / 88

　　二、中国老年经济保障模式嬗变 / 90

* 本章小结 / 97

* 重要概念 / 97

* 复习思考题 / 97

第五章　老年社会保障 / 99

第一节　老年社会保障理论认知 / 99

　　一、老年社会保障的内在需求 / 99

　　二、老年社会保障的理论基础 / 101

　　三、老年社会保障的内涵及发展趋势 / 103

第二节　老年社会保障模式分类 / 104

　　一、风险防范型老年社会保障 / 105

　　二、福利保障型老年社会保障 / 107

　　三、照料支持型老年社会保障 / 108

第三节　老年社会保障模式比较 / 109

　　一、功能定位比较 / 109

　　二、保障方式比较 / 110

　　三、覆盖范围比较 / 110

　　四、筹资来源比较 / 111

第四节　部分国家或地区的老年社会保障制度安排 / 111

　　一、部分国家或地区的风险防范型老年社会保障制度安排 / 111

　　二、部分国家或地区的福利保障型老年社会保障制度安排 / 114

　　三、部分国家或地区的照料支持型老年社会保障制度安排 / 115

第五节　中国老年社会保障的特征与模式 / 115

一、风险防范型老年社会保障的特征与模式 / 115

二、福利保障型老年社会保障的特征与模式 / 117

三、照料支持型老年社会保障的特征与模式 / 118

四、中国香港、台湾的老年社会保障制度安排 / 120

* 本章小结 / 120

* 重要概念 / 121

* 复习思考题 / 121

第六章 老年健康保障 / 122

第一节 老年健康保障制度的起源与发展 / 122

一、老年健康保障制度的起源 / 122

二、老年健康保障制度的发展 / 124

第二节 老年健康保障模式分类和比较 / 128

一、国家卫生服务模式 / 128

二、社会保险模式 / 130

三、商业保险模式 / 131

四、储蓄保险模式 / 132

第三节 部分国家或地区的老年健康保障制度安排 / 132

一、英国老年健康保障制度安排 / 132

二、日本老年健康保障制度安排 / 134

三、美国老年健康保障制度安排 / 136

四、新加坡老年健康保障制度安排 / 138

第四节 老年疾病预防、康复保健制度和长期护理保险制度 / 141

一、老年疾病预防保健制度 / 141

二、老年康复保健制度 / 143

三、长期护理保险制度 / 145

第五节 中国老年健康保障历程与模式 / 149

一、中国老年健康保障历程 / 149

二、中国老年健康保障模式 / 151

* 本章小结 / 155

* 重要概念 / 155

* 复习思考题 / 155

第七章　老年就业保障 / 156

第一节　老年就业保障理论认知 / 156
一、老年人就业参与特征事实 / 156
二、老年人就业的理论基础 / 158

第二节　老年就业保障模式分类及比较 / 162
一、老年就业保障模式分类 / 162
二、老年就业保障模式比较 / 167

第三节　部分国家或地区的老年就业保障制度安排 / 169
一、日本老年就业保障制度安排 / 169
二、韩国老年就业保障制度安排 / 171
三、德国老年就业保障制度安排 / 172
四、美国老年就业保障制度安排 / 173

第四节　中国老年就业保障历程、模式、问题与对策 / 175
一、中国老年就业保障历程 / 175
二、中国老年就业保障模式 / 178
三、中国老年就业保障的问题与对策 / 181

* 本章小结 / 183
* 重要概念 / 184
* 复习思考题 / 184

第八章　老年家庭保障 / 185

第一节　老年家庭保障理论的相关认知 / 185
一、老年家庭保障相关概念 / 185
二、家庭与老年家庭保障理论认知 / 188

第二节　老年家庭保障类型及模式 / 188
一、老年家庭保障的类型 / 189
二、老年家庭保障的模式 / 193

第三节　部分国家或地区的老年家庭保障制度安排 / 195
一、新加坡老年家庭保障制度安排 / 195
二、日本老年家庭保障制度安排 / 198
三、韩国老年家庭保障制度安排 / 200

第四节 中国老年家庭保障历程及路径 / 203
　　一、中国老年家庭保障历程 / 204
　　二、中国老年家庭保障路径探索 / 208
* 本章小结 / 214
* 重要概念 / 214
* 复习思考题 / 215

第九章　老年法律保障 / 216

第一节　老年法律保障理论认知 / 216
第二节　老年法律保障内容分类 / 217
　　一、有关老年人"独立"层面的保障 / 218
　　二、有关老年人"参与"层面的保障 / 222
　　三、有关老年人"照顾"层面的保障 / 222
　　四、有关老年人"自我充实"层面的保障 / 225
　　五、有关老年人"尊严"层面的保障 / 225

第三节　部分国家或地区的老年法律保障制度安排 / 226
　　一、美国老年法律保障制度安排 / 226
　　二、日本老年法律保障制度安排 / 227
　　三、德国老年法律保障制度安排 / 229
　　四、韩国老年法律保障制度安排 / 230

第四节　中国老年法律保障发展历程与趋势 / 231
　　一、中国古代老年法律保障制度 / 231
　　二、近代中国老年法律保障制度 / 233
　　三、中国老年法律保障存在的问题 / 236
　　四、中国老年法律保障制度的未来发展 / 238
* 本章小结 / 240
* 重要概念 / 240
* 复习思考题 / 240

主要参考文献 / 241

第一章 绪论

一、老年保障学的学科属性

老年保障是指国家和社会为已经退出劳动力市场或无法工作的老年人提供的各种社会服务和社会援助措施。老年保障学作为一门研究老年人在经济、健康、就业等方面保障的实践活动以及老年个体和群体老龄化的发展过程及规律的学科,既具有学科独立性,又具有学科交叉性。老年保障学与老年学、社会保障学都有着密切联系,它既是老年学范畴的重要支线,也是社会保障学系统的重要补充,因此老年保障学在学科建设方面存在一定的多元化和复杂性。总体而言,老年保障学的学科属性包括政治属性、交叉属性和独立属性3个方面。

(一)老年保障学具有马克思主义政治属性

马克思主义基本理论是由马克思主义哲学、马克思主义政治经济学和科学社会主义三大部分构成的,它是在吸收人类在科学领域优秀成果的基础上,在实践中不断完善和发展的。

第一,马克思主义哲学中的辩证唯物主义和历史唯物主义,是做好老年保障的根本指针。老年保障可以解决老年人面临的生存困境,促进人的全生命周期持续发展,将劳动者和生产资料更加巩固地结合起来,二者相结合创造出的生产力是社会进一步发展的必然条件,可以有效保障社会层级的完整性和合理性。

第二,马克思主义政治经济学对人类社会在历史发展进程中生产、交换和分配规律的认识，是完善老年保障的基本前提。人创造价值的阶段可以分为储备时期、劳动时期以及退出时期，在这3个时期中，劳动时期是既生产又消费的阶段，而储备时期和退出时期则是纯消费阶段。养老保险的本质就是劳动者延期支付的劳动报酬，为了确保工人阶级的利益和社会稳定不受影响，国家有义务和责任建设老年保障体系。

第三，科学社会主义包含了唯物史观、剩余价值理论和社会主义最终将取代资本主义内容，是做好老年保障的理论支撑。老年保障必须与社会生产力的发展水平相适应。老年保障旨在探索老龄化原因、实践老龄化过程、掌握老龄化规律。

第四，中国特色社会主义老年保障，就是将马克思主义关于老年保障的基本原理同中国老年社会实际相结合，进一步促进中国特色社会主义老年保障体系的发展。运用马克思主义哲学、马克思主义政治经济学和科学社会主义理论不断指导我国的老年保障实践，对相关政策法规进行修订，使中国老年保障走上持续健康发展的道路。

（二）老年保障学具有多学科融合交叉属性

老年保障学与经济学、管理学、社会学、法学等学科密切相关，研究范畴和研究方法涉及多门学科。老年保障体系的建立和发展离不开社会改革实践，在发展过程中受到多方面因素的深刻影响。

第一，老年保障学与经济学有着密切关系。老年保障中的老年经济保障是涉及养老保险等社会保障项目的一种收入再分配手段，它注重经济学中公平与效率的关系。从老年群体角度出发分析资源优化配置、收入合理分配等问题，形成了经济学和老年保障学的研究交叉，增强了学科之间的联系。

第二，老年保障学与管理学联系紧密。老年保障学的学科属性是公共管理，它是研究公共组织如何使用公共权力来满足公共利益；管理学是研究组织活动的基本规律和一般方法的科学。老年保障学作为研究政府组织在老年群体中的分配关系的科学更具特殊性。运用管理学体系来指导老年保障，可更好地体现老年保障的公共利益属性，同时，老年保障也为管理学的发展提供了更为丰富的视角。

第三，老年保障学与社会学关系密切。社会学是针对某一社会现象所形成的一般规律性认识，而老年社会保障体系可以有效解决老年群体存在的社会问题，形成社会政策，稳定社会秩序。不同的老年社会保障体系会对社会产生差异化影响，从而为社会学研究提供新思路与新领域。

第四，老年保障学与法学有着密切联系。老年法律保障体系是一个综合性研究领域，老年权益保障立法针对老年保障作出了许多规定，不仅关系到个人和家庭，同时也涉及国家、社会和全体社会成员。老年群体与其他群体的特征有所不同，他们在生理能力下降、收入水平下滑、社会角色转变的情况下，更需要一个完善的法律体系来保障，从而促进个人权益的保护以及老年保障事业的有序发展。利用法律帮助老年群体规避风险，同时对老年群体多层面的生活方式作出统筹规划，更有助于保障老年人的合法权益。

（三）老年保障学具有无可替代的独立属性

老年保障学作为老年学和社会保障学中的重要内容，是研究老年群体在社会生活和社会参与过程中的发展规律的科学。一方面，它与多门学科都有着密切联系，另一方面，老年群体具有区别于其他群体的特殊性，由此决定了老年保障学的鲜明特色。只有明晰老年保障学独特的学科特性，才能更好地厘清学科发展方向，深入研究学科发展内涵。

第一，老年保障学与相关学科在交叉融合中共同发展，在理论和实践中体现出融合与独立相互统一的特点。从经济学角度看，老年保障制度从基金积累到基金支付的过程属于国民收入再分配的过程；从管理学角度看，老年保障制度运行效果以及资金筹集支付等都离不开管理机制的调整与优化；从政治学角度看，老年保障制度有利于社会安定和谐，有利于国家强制性社会政策的实施；从社会学角度看，老年保障制度的一系列措施都具有社会管理性质，可以解决老年群体所面临的各种特定社会问题；从法学角度看，老年保障法律关系的调整和规范是需要独立特殊的法律条文来约束的。

第二，老年保障学有着自身严谨而完备的结构体系和独有的运行规律，既有政策制度的制定，也有制度构建与运行的基本规律和特征。它研究老年保障与社会经济发展的关系，在学科发展规律中为老年保障实践提供理论指导，对发展经济和稳定社会具有重要作用。研究老年保障要围绕社会保障和社会经济因素，从错综复杂的关系中厘清老年保障活动及制度的固有发展规律，把握规律、指导实践，将其独特的研究范式运用到整个研究过程中。老年保障在产生、发展、完善过程中要与当下社会背景紧密联系，不断与时俱进，遵循内在规律，把握人口老龄化趋势，形成符合国情的制度安排。老年保障学具有鲜明的时代烙印，与经济发展水平直接挂钩，具有独特的学科规律。

二、老年保障学的研究对象与目的

（一）研究对象

研究对象即研究的客体，又被称为研究的客观目标，是研究一门学科特有的一般性运动形态及其表现形式。科学研究对象的确定必须以科学研究对象所具有的特殊运动形式为依据。任何一门学科的产生都源于社会实践的需要，其研究对象的确定既应该兼顾研究对象的规定性和不同学科自身的主体性这两个方面，也需要遵循普遍性和特殊性相结合的原则，且研究对象确定的最终目的也要服务于社会实践的发展。

老年保障是社会化商品生产条件下的必然产物，也是人类文明进步的重要标志，主要包括老年社会保险、老年社会救助、老年社会福利、老年医疗保障、老年公共服务等多重内容，是一项庞大的社会化系统工程。人口老龄化带来诸多挑战和社会风险，老年保障学是伴随着人口老龄化发展而逐渐形成的新兴学科，能够更好地适应人口老龄化和老龄工作社会化的需要，与经济学、管理学、社会学、法学、保险学、人口学等学科关系密切。由于各国的研究视角和研究起点不同，特别是基于各国基本国情的不同，不同国家和地区关于老年保障的理论以及对老年保障学研究对象的认识和表达方式也不尽相同，呈现出总体发展趋势一致和个体差异化变动的特点。

经济活动是人类最基本的社会活动，老年保障及老年保障学的发展与经济活动密不可分。在西方国家，老年保障学与各国经济和社会的发展一脉相承，受西方主流经济学的影响，经历了从凯恩斯学派到新古典学派的历史演进，从主张以税收为手段进行再分配来实现对老年人的保障、充分发挥财政政策在老年保障中的作用，到主张以市场为核心进行老年人所需资源的配置，更加强调个人、家庭在老年保障方面的重要作用，同时倡导发挥国家和政府养老金缴费在个人生命周期消费水平中的作用。纵观西方老年保障研究的演进历程，除了西方主流经济学，还有许多经济学家、社会学家分别从社会阶层、政治结构等角度对老年保障的来源、性质及功能开展研究，形成了西方的老年保障理论。马克思和恩格斯关于老年保障的学说主要囊括在其对于社会保障的阐述中，马克思和恩格斯将社会保障视为国民收入初次分配和再分配的重要手段；列宁认为老年保障制度应该被充分纳入社会制度建设的考虑之中，老年保障的责任主体在政府。综合来看，国外对老年保障学的定义可以概括为：老年保障学是一门研究对退出劳动力市场的老年人如何实施包括经济、社会、健康、就业、家庭、法律等方面的保障，以及如何处理社会经济发展中老年人所面临的各种问题和矛盾，从而为老年保障工作的开展提供有益指导的科学。

在我国，老年保障随着生产力的发展而不断演进，古代小农经济主导下的老年保障主要依靠家庭实现，并非真正意义上的老年保障。随着工业化和现代化进程的加快发展，以社会化养老为主要特点的老年保障逐渐发展起来。特别是改革开放以后，老年保障项目日趋丰富和完善，养老金、医疗和社会服务等方面都取得了显著成就，老年保障已成为我国政府社会民生工作中不可分割的一部分。同时，老年保障学的研究范围日益增大，研究纵深度也得到拓展。老年保障学的研究对象逐渐从单一的公共养老金演化为涵盖老年社会服务、老年法律保护、老年健康保障等诸多内容的多元化、多层次的保障体系，为不断解决老有所养的刚性需求提供重要的智力支撑。

结合老年保障的发展，可以对老年保障学作如下一般性表述：老年保障学是研究经济社会发展过程中老年保障产生、发展和完善以及老年保障经济关系及其运动规律的科学。具体来说，老年保障学是研究老年风险与老年保障的产生、发展和完善，探究涵盖老年经济保障、老年社会保障、老年健康保障、老年就业保障、老年家庭保障、老年法律保障等诸多方面的实现形式及其所反映的社会矛盾和社会经济关系，以及如何有效应对这些矛盾和关系的科学。

老年保障学的研究对象涉及范围广泛，从总体上可以凝练为：遵循一定时期经济社会发展规律和客观要求，对各个时期老年保障发展进程中表现出的规律以及不同时期老年保障的特点进行研究，对老年保障产生、发展和完善所依赖的经济基础和社会条件进行探讨，对老年保障活动及相关的各种经济社会发展规律的作用条件、影响范围、表现形式进行归纳和梳理，尤其对人口老龄化各个阶段老年保障呈现出的特点和不足进行总结和分析，从而进一步研究如何在有效保障老年人权益的同时，利用好老年生产力的原则和方法，推动生产关系与一定时期内生产力的协调发展，进而促进社会整体生产力的提升和老年保障目标的实现。

（二）研究目的

任何一门学科的存在和发展都有其特定的研究目的，服务和满足于现实经济社会发展以及人类需求是根本目的，老年保障学亦是如此。在人类的全生命周期中，老龄时期是必经的生命阶段，老年保障是实现老有所养、老有所医、老有所学、老有所为、老有所乐的关键手段，也是实现人民至上、促进民生发展的必要环节，是重要的民生工程。人口老龄化背景下，老年人经济保障需求、服务保障需求、精神慰藉保障需求等各类需求日益增长，但是老年保障体系建设尚未健全，老年经济、社会、健康、就业、家庭及法律等各维度的保障仍存在不足甚至缺位，各个国家和地区的老年保障水平和效果也参差不齐。以解决现实问题为宗旨的实践活动都离不开理论的指导，如何满足老年人多层次、多样化的保障需求以及促进老年人全面发展是老年保障学需要解决的重大问题。因此，老年保障学的主要研究目的是紧密结合时代背景，将国际上"积极老龄化"的理念与中国特色社会主义老年保障的实践经验相结合，就如何对老年群体开展全方位、多层次的保障进行研究，进而形成规律性的应对策略，从而有效指导与老年经济保障、老年社会保障、老年健康保障、老年就业保障、老年家庭保障、老年法律保障等各类保障相关的制度和活动，确保相关制度的确立、维护、管理、发展与提升，以期推动国家有效规避老年风险和积极应对人口老龄化，提升整个社会的福利水平。

通过分析老年风险与老年保障问题，辨析老年保障的本质特征，明确老年保障的体系结构，为老年保障学研究的开展和老年保障体系的建设奠定学理基础，丰富与老年保障相关的理论和学术观点，拓宽老年学理论和老年保障学理论的研究范畴。通过梳理和归纳老年保障产生和发展的历史进程，对老年保障的形成时期、老年保障的初步发展时期、老年保障的全面发展时期、老年保障的改革时期等阶段演进的历史动因、历史条件和历史过程进行阐述，从而进一步界定老年保障学的研究对象及其特征，更好地厘清老年保障发展脉络，为寻找未来老年保障学研究的突破口和创新点奠定基础。通过对老年保障进行研究，明确老年保障体系的构成，梳理老年保障组成部分的理论认知、模式分类、模式比较及相互关系，客观评价部分国家和地区的老年保障发展经验，形成适合我国国情的老年保障学理论、老年保障相关政策、老年保障管理办法及实践经验，为更好地制定老年保障发展规划和实施各项助老政策提供范本与借鉴，为确立老年人在国民经济发展中的地位提供更坚实的理论与现实依据。

在经济目的上，经济保障需求是老年人的基本需求，免除全体社会成员在老年时期的经济之忧是老年保障的基本目标。老年保障学研究的经济目的在于为老年经济保障提供充足的智力支持和最优的组合方案；揭示老年保障中各类资源进行有效配置的规律和条件，为优化老年保障资源配置提供科学依据；揭示老年保障同其他经济保障之间的关系，为确立老年保障在不同经济发展阶段中的正确定位提供依据；使全体社会成员在步入老年阶段后，在基本生活层面上的需求得到有效满足，并且为维持个体在老年阶段的安全性提供前瞻性指引和保护。此外，进一步明确经济发展与老年保障之间的作用与反作用的辩证关系和作用机理，为推动老龄事业与老龄产业高质量发展发挥指导作用。

在政治目的上，老年保障法制性强，政策导向显著，涉及范围和群体广泛，因此通过老年保障学研究，为加快建立基本养老服务制度、健全基本养老服务保障机制提供智慧和方案，促进老年经济保障、老年社会保障、老年健康保障、老年就业保障、老年家庭保障、老年法律保障等各类制度更加完善，促进国家各项助老、养老、爱老政策得到更好贯彻和实施。通过比较分析国内外老年保障制度的共同性和差异性，确立老年保障制度建设所遵循的一般准则，探求适合中国国情的老年保障制度模式及其建设途径，推动积极应对人口老龄化国家战略的进一步落实。老年保障关系到全体人民福祉的实现，影响国家的繁荣稳定，关乎共同富裕的实现进程，对实现中华民族伟大复兴的中国梦具有重要意义。老年保障学的研究有利于进一步弥合老年保障需求与老年保障供给之间的鸿沟，为政府提供全面老年保障体系建设的政策指引，从而充分发挥老年保障管理的经济效益和社会效益，维护社会和谐稳定。

在文化目的上，有关老年保障的传统文化底蕴深厚，《孝经·纪孝行》有云："孝子之事亲也，居则致其敬，养则致其乐，病则致其忧，丧则致其哀，祭则致其严。"这早已体现出老年保障过程中要兼顾物质保障和精神保障，二者缺一不可。在人口老龄化程度日益加深的背景下，通过老年保障学的深入研究，将各类老年保障项目融为一体，为建构新型养老文化凝练出基本理论内核和实践经验，进而促进老年保障文化的形成和发展，促进全社会老年文化的繁荣。与此同时，通过老年保障学的研究为揭示老年保障政策法规和积极老龄化理念的相互关系奠定基础。在揭示老年保障政策法规和积极老龄化理念的相互关系上，深化全体社会成员对于老年保障的认识，为全社会正确处理老年保障当事人的多种经济利益关系提供更加合理的依据，增强全社会对于老年保障的认同感，提高全社会对于老年保障的共识水平，为社会创造尊老敬老爱老用老的良好氛围。此外，对各类老年保障项目下的部分国家和地区的老年保障制度安排与中国老年保障历程特点和模式进行深入对比分析，为进一步从中国人口老龄化实践出发提炼出符合中国国情的老年保障理论提供更有力支持，厚植中国特色养老文化自信，为世界讲述具有中国特色的老年保障故事、为推进国际老年保障发展贡献中国智慧和方案，特别是为发展中国家应对人口老龄化挑战时如何建设符合本国国情的老年保障体系提供经验解读，在世界范围内传播中国老年保障文化，提高中国文化软实力。

三、老年保障学的主要研究内容

在中国人口老龄化程度加深导致老年人权益保障与老年经济问题日益凸显这一时代背景下，本书立足于国情，充分结合历史与国内外理论和实践经验，从理论与实践的线索对老年保障学展开论述。理论线索主要包括界定老年保障学的概念、特征、基本原理及研究范畴，实践线索则主要围绕中国不同时期、不同阶段在老年保障方面的实践及发达国家和地区在老年保障方面的实践经验与方法，形成有利于学科发展的、具有借鉴意义的成果，从而为老年保障的发展提供实践支撑和经验指导。在研究过程中，本书充分正视中国面临的老年保障问题，在丰富研究内容的同时，作出更加适应中国老年保障学发展需要、更加贴合中国实际国情以及更加符合中国老年人需求的阐释。

本书包括绪论共分为九章。

第一章绪论，论述了老年保障学的学科属性以及老年保障学的研究对象和目的，同时阐释了老年保障学的主要研究内容和研究方法，明确了研究老年保障学的意义和具体学习要求。

第二章为老年保障学概述，主要讲述了"什么是老年保障学"这一问题，是对老年保障学的概念界定和理论描述。从老年风险、老年理论、老年需求以及老年风险管理四个方面论述了老年保障的基本概念和内涵；详细分析了老年保障的本质特征；从责任主体和保障内容两部分勾勒了老年保障的体系结构；为学科内各部分内容梳理出脉络并打下理论基础。

第三章从老年保障的产生与发展出发，采用历史比较分析的方法，简述了中华人民共和国成立以来养老保障事业的改革过程。随着时代变迁，中国人口老龄化程度日益加深，老年保障问题迅速凸显，人口老龄化问题已经成为亟须解决的问题，只有全面了解老年保障的发展过程以及存在的问题，才能更高效地进行制度改革。沿用传统的老年保障体系已经无法满足快速增长的老年人口需求，因此老年保障制度与体系建设也进入了改革时期。通过改革，中国的老年保障事业发展既顺应了世界老年保障发展的潮流，又具有明显的中国特色。

从第四章到第九章分别从经济、社会、健康、就业、家庭、法律等六大主要方面对老年保障进行详细解读，力求对学科领域进行全方位覆盖，并在现有理论研究基础上进行了补充和改进，结合当下老年人的实际情况以求做到全面反映老年保障遇到的实际问题。以下为各章节的主要研究内容。

第四章为老年经济保障。全章共分为五节：第一节为老年经济保障的理论认知，包括老年经济保障的内涵、老年经济保障的理论基础、老年经济保障的政策；第二节为老年经济保障的主要模式，包括老年养老经济保障、老年医疗经济保障、补充性经济保障；第三节为老年经济保障模式比较，包括老年养老经济保障的模式比较、老年医疗经济保障的模式比较、补充性经济保障的模式比较；第四节为部分国家或地区的老年经济保障制度安排，包括加拿大、英国和日本的老年经济保障制度安排；第五节为中国老年经济保障的特征与模式，包括我国老年经济保障制度特征与模式嬗变。

第五章为老年社会保障。全章共分为五节：第一节为老年社会保障理论认知，包括老年社会保障的内在需求、老年社会保障的理论基础、老年社会保障的内涵及发展趋势；第二节为老年社会保障模式分类，包括风险防范型老年社会保障、福利保障型老年社会保障和照料支持型老年社会保障；第三节为老年社会保障模式比较，包括功能定位、保障方式、覆盖范围、筹资来源等方面的比较；第四节为部分国家或地区的老年社会保障制度安排，包括风险防范型、福利保障型、照料支持型等典型老年社会保障制度安排；第五节为中国老年社会保障的特征与模式，包括我国风险防范型、福利保障型和照料支持型老年社会保障的特征与模式以及中国香港、中国台湾的老年社会保障制度安排。

第六章为老年健康保障。全章共分为五节：第一节为老年健康保障制度的起源与发展；第二节为老年健康保障模式分类和比较，包括国家卫生服务模式、社会保险模式、商业保险模式、储蓄保险模式等几个类型的比较；第三节为部分国家或地区的老年健康保障制度安排，包括英国、日本、美国、新加坡等国家的制度安排；第四节具体介绍了老年疾病预防、康复保健制度和长期护理保险制度；第五节为中国老年健康保障历程与模式。

第七章为老年就业保障。全章共分为四节：第一节为老年就业保障理论认知，包括老年人就业参与特征事实、老年人就业的理论基础；第二节为老年就业保障模式分类及比较；第三节为部分国家或地区的老年就业保障制度安排，包括日本、韩国、德国、美国等国家的制度安排；第四节为中国老年就业保障历程、模式、问题与对策，发掘老年人就业模式和老年人的就业问题，寻找合适的解决办法以满足老年人的就业需要。

第八章为老年家庭保障。如何使老年人得到更多的家庭关怀和家庭保障是老年保障学的重要研究内容。全章共分为四节：第一节为老年家庭保障理论的相关认知，包括老年家庭保障相关概念、家庭与老年家庭保障理论认知；第二节为老年家庭保障类型及模式；第三节为部分国家或地区的老年家庭保障制度安排，包括新加坡、日本、韩国等国家的制度安排；第四节为中国老年家庭保障历程及路径，其核心内容是立足当下老年人的实际需要和真实诉求，寻求可以为老年人提供家庭保障的良好模式，从而在客观物质和主观情感上为老年人提供双重保障。

第九章为老年法律保障。全章共分为四节：第一节为老年法律保障理论认知，本节强调无论多么全面的保障制度都需要法律为其提供强制力支撑，如果失去法律保障，老年人的各项权益无法得到落实和保护；第二节为老年法律保障内容分类，包括有关老年人"独立""参与""照料""自我充实"以及"尊严"等多个层面的保障；第三节为部分国家或地区的老年法律保障制度安排，包括美国、日本、德国、韩国等国家的制度安排；第四节为中国老年法律保障发展历程与趋势，包括古代中国老年法律保障制度、近代中国老年法律保障制度、中国老年法律保障存在问题以及中国老年法律保障制度的未来发展。

四、老年保障学的研究方法

老年保障作为一种社会经济关系，同时也是一种社会现象，其本身具有复杂性，内部诸多要素之间的相互作用和联系使本学科无法单一地使用某一学科的研究手段。作为一门交叉学科，在研究时既需要老年学研究的客观和严谨，也需要社会保障学研究的全面与规范，同时其具体研究手段还包含了福利经济学、社会学、财政学、劳动经济学、法学等学科的研究方法。此外，社会心理学的研究方法也有所涉及。除了广泛应用各类学科的研究方法，本书还从系统论视角，注重各研究内容之间的协调与配合，以期能够更加深入和全面地对老年保障学的概念、内容、特点、基本模式进行研究。

（一）规范分析法

规范分析法是本书在各个章节所使用的主要研究方法，一方面从西方政治经济学和老年学的传统理论出发，对老年保障学经典理论和论述加以筛选和整合，作为本书的主要理论参考；另一方面则从马克思主义唯物史观以及中国特色社会主义理论、中国国情和制度出发，分析中国的老年保障制度结构，并根据现实问题展开研究。

1. 老年学的基本理论遵循

本书在老年学的经典理论中分别选取了脱离理论、连续性理论和相互作用理论作为研究的基本理论指导和参考。

其中，脱离理论是老年学中最经典也是最早提出的理论之一，其主要观点是，随着年龄增长，老年人无论是在生理健康、身体机能，还是在精力和社会参与的欲望方面，都会产生不可避免的衰退、缩减和老化。基于这一事实，老年人会不断退出社会活动，降低生活节奏，更多集中于家庭生活和内心生活。这一理论虽然带有较强消极和被动色彩，但我们却也不得不承认这一理论依然是许多老年人退休生活的真实写照，同时社会活动的退出也成了老年经济补偿的触发条件。调整和改变老年人的消极现状要求我们正视脱离理论所带来的影响。

相比之下，连续性理论则表现得更为积极和乐观，强调老年人的异质性特征。连续性理论认为每个人的性格、爱好、秉性和生活方式，无论在年轻时还是年长时都不会有太大改变。因此从个性研究的角度出发，老年人的生活和保障都应尽可能地与年轻时保持一致性和连续性，从而提高老年人晚年生活的幸福感。与脱离理论相反，连续性理论的基调更加积极向上，它也是研究老年就业活动的理论基础之一。但无论是脱离理论还是连续性理论，都无法独自解释老年群体所展现的全部现象，因此应将二者进行有机结合，而非机械地套用某一理论。

相互作用理论是近年来老年学研究领域影响较大的理论之一，主要强调环境、社交互动对人口老龄化的影响。相互作用理论还发展出了一系列的衍生理论，包括象征性相互作用理论、社会损害理论、标志理论等。相互作用理论认为在人口老龄化过程中，环境、个体及二者间的相互作用在老年生活中具有重要意义。因此相互作用理论特别强调老年友好环境和制度的构建，如尊老敬老、积极参与的社会环境将极大提高老年人生活质量，延缓机体衰老进程。在构建良好的老年保障制度、完善我国全方位老年保障体系目标下，相互作用理论具有重要的参考价值。

2. 社会保障学的基本理论遵循

"多支柱"养老保险理论是社会保障学的重要理论，也是构建老年保障学的重要理论遵循。"多支柱"养老保险制度的建设体现了养老金收入来源由单一性不断转向多元性的过程。"多支柱"养老保险理论来源于"三支柱"养老保险理论，后来伴随着理论和实践的发展，转向了"五支柱"养老保险理论。但无论是"三支柱"养老保险理论还是"五支柱"养老保险理论，其本质都是使养老金收入来源不断多元化，同时在供给主体上，更加强调依靠政府、私人、家庭和企业的多主体联合供给，而非单一地依托某一主体。

在老年保障学的研究中，遵循"多支柱"养老保险理论的基本思想，将主要把握和讨论以下问题：各国老年保障供给主体多元化的变动趋势是如何由单元供给走向多元供给的？各国老年保障供给主体的责任是如何确定的，这与本国的经济、政治、文化背景有何联系？中国老年保障供给主体多元化的发展状况如何，下一步应作怎样的变动或改革？

3. 现实遵循和时代背景

除了传统理论，本书在研究过程中还从中国国情实际出发，以中国老年保障的本土理论、改革理念、实务活动为遵循，力图对老年保障活动做中国语境下的阐释。首先，遵循"以人民为中心"的发展思想。这是中国老年保障发展有别于西方国家的重要特征，在此指引下才能真正发展以老年人切身利益为核心的老年保障事业。其次，坚持"积极应对人口老龄化"的国家战略。当前中国正在经历人口快速老龄化的人口发展阶段，只有不断调整思想认识和战略方向，认识到老龄人口是社会财富，采取积极应对、快速应对、充分应对的措施才能利用好这一宝贵人力资源。最后，符合党的二十大报告中关于"健全覆盖全民、统筹城乡、公平统一、安全规范、可持续的多层次社会保障体系"的战略要求。老年保障是社会保障系统中的重要组成部分，老龄人口的增加对完善中国社会保障制度提出了新的要求。加强社会保障系统建设，就必须要抓好老年保障制度建设，这是内在逻辑决定的，同时二者又有着相互影响、相辅相成的关系。把握好本土视域下的中国理念和中国现实，并以解决中国问题作为政策目标，将有利于推进中国老年保障制度构建和政策建议等方面形成中国特色。

（二）历史分析法和比较分析法

1. 历史分析法

历史分析法认为客观事物总是发展和变化的，而分析事物的发展过程要着重对事物发展的不同阶段加以联系、归纳和比较，强调每种事物的特征和问题总有其特有的历史渊源，要把握好这一历史进程，追根溯源，才能找到事物的本质并提出相应对策。在利用历史分析法研究老年保障的过程中，一方面要对中国古代传统养老保障思想进行追溯，找寻中国传统文化中的敬老、爱老、孝老的思想根源，从而为构建符合中国特色与中国传统的老年保障体系找到思想上的"最大公约数"；另一方面需要从中华人民共和国成立以来的老年保障制度发展入手，梳理其发展脉络，把握一般规律并按照不同的节点进行分类，在研究过程中始终带着"中国老年保障事业发展的主线是什么""影响中国老年保障制度改革的主要因素有哪些""不同老年保障项目之间有着怎样的联系"等问题，从中总结经验和教训，从而更加清醒地认识到当前的发展水平并发现关键问题所在。

2. 比较分析法

人口老龄化是世界人口结构变化的主流趋势，一些国家早已进入了老龄化社会，并在应对人口老龄化方面积累了相关经验。各个国家或地区由于经济发展水平、政治与社会条件、文化环境特点以及人口压力、历史传统的不同，在老年保障建设水平和制度上也表现出迥异的特点。这些国家或地区在老年保障建设方面所作出的探索以及产生的经验教训，无疑会对中国老年保障事业的发展产生参考价值。

通过比较分析，一方面可以从国际视角深入了解老年保障事业的发展特点，把握其变化规律，并在一定程度上预测老年保障事业的发展走向；另一方面可以作为制度建设的重要参考，为完善中国各项老年保障制度增加可行性。

（三）宏观分析法与微观分析法

老年保障学是一门涵盖多种学科的交叉性学科，因此需要充分利用各学科的知识体系，实现多元协同、整体推进。其中既包含宏观制度的建设优化、财政责任与水平、劳动力市场整合、法律层面完善，还包含微观领域的老年健康、家庭生活与个人福利。因此老年保障学需要采用宏观分析和微观分析相结合的方法，从老年保障制度供给和老年保障个体需求角度展开研究。

1. 宏观分析法

本书将老年保障体系作为系统性问题进行分析，宏观分析法是从老年保障制度层面上进行考量。例如，本书对于中国养老保险制度发展路径的阐释、老年社会保障中的基金模式分析、老年就业保障中引导老年人积极就业的相关政策、老年法律保障中的立法和法律监督等，均是从老年保障供给主体出发，多角度考察和讨论中国老年保障制度和路径选择问题。

2. 微观分析法

本书利用微观分析法，从老年保障的个体需求出发，考察和分析中国老年保障制度的需求主体。例如，本书在老年健康保障制度的有关分析中，除了对医疗制度的相关研究，还从老年学和生物学的角度，对老年生理和机体的衰老规律及保障需求进行了分析，力图做到切实推进健康需求与医疗制度相匹配；在老年就业保障的需求分析中，则从老年工作技能、就业意愿等微观角度进行分析和研究。

（四）系统分析法

老年保障问题并非各类老年保障项目的简单机械加总，而是需要对整个老年保障体系进行系统认识和阐述。系统分析法需要坚持四个原则，分别是整体性原则、动态性原则、相互联系原则和有序性原则。整体性原则指老年保障体系中的各部分不是割裂的，而是有机结合的；动态性原则指老年保障体系不是一个一成不变的机械式体系，而是老年保障体系内部各个要素通过对立统一的运动不断优化并适应客观需要的动态联系过程；相互联系原则指组成老年保障体系的各个部分不是孤立的，而是相互联系、相互作用、相互依存的整体；有序性原则指老年保障体系各个部分间的规律性，它们的联系不是杂乱无章、随机的，而是一个普遍的必然联系结构。

以系统论的视角来把握老年保障的整体及其各个组成部分，可以以一种更加科学和客观的方式来俯瞰其构成和运行原理，从而能够更加全面地认识和理解老年保障体系。

五、学习老年保障学的意义和要求

（一）学习老年保障学的意义

人口老龄化的快速发展是我国人口变化的重要趋势，对经济社会发展有着基础性、全局性、复杂性和长期性影响，是经济社会发展状态在人口领域的重要体现，同时也带来了诸多挑战和社会风险。站在实现第二个百年奋斗目标的重要时间节点，一方面，我们必须抓住这一应对人口老龄化的战略机遇期；另一方面，更高的起点也对我们解决这一社会问题提出了相应要求。因此，在现实意义上，学习老年保障学有助于帮助我们从理论上了解老年保障的产生和发展历程，从实践上采取更加有效的措施以保障老年群体的基本权益，进而向积极老龄化、健康老龄化、成功老龄化的战略目标不断迈进。从学科发展角度来看，老年保障学科的不断发展也是对我国经济学、社会学乃至人口学相关研究的推动。

第一，老年保障体系是应对我国人口老龄化的基础性民生工程，学习老年保障学是应对人口老龄化挑战的迫切要求。近年来，我国生育率水平持续走低，人口性别比长期高于正常水平，人口年龄结构也向老龄化方向发展。人口作为影响我国经济社会发展的基础变量，包括老龄人口在内的各年龄段人口都在社会发展中扮演着重要角色并发挥着相应作用。因此，应给予老年群体足够的重视，充分保障这一重要社会群体的基本权益。基于此，本书提出从老年经济保障、社会保障、健康保障、就业保障、家庭保障和法律保障六个维度来分析老年保障问题，目的在于推动我国老年保障体系向健康和可持续的方向发展。事实上，从多种维度出发保障老龄人口权益，满足其不断丰富的需求，事关老年群体最直接、最现实的利益问题，已成为新时代亟待进一步完善的基础性民生工程。党的二十大报告中明确提出实施积极应对人口老龄化国家战略，发展养老事业和养老产业，优化孤寡老人服务，推动实现全体老年人享有基本养老服务。这一重大部署，为我国养老服务发展明确了方向，提供了根本遵循，对于人口老龄化加剧形势下实现好、维护好、发展好最广大人民的根本利益，使人民群众获得感、幸福感、安全感更加充实、更有保障、更可持续具有重要意义。只有落实了有关老年群体的各项保障措施，才能推动老年人积极参与社会生产活动，使老年劳动力得到更充分的利用。当前，我国各个系统都在积极回应老龄社会的各种需求和问题。但是，我国应对人口老龄化过程中仍存在很多挑战和不确定性，主要体现在老年群体的"未富先老"。首先，"未富先老"现象不仅在全国范围内普遍存在，在某些地区更为突出，表现为各地区老龄化程度与经济发展水平相关性不大，甚至出现背离；其次，我国人口老龄化速度持续加快，应对人口老龄化的战略机遇期可能转瞬即逝，政策准备期不断缩短。因此，建立覆盖全民、公平共享、管理科学、内容全面、水平适度、责任共担、多元参与、可持续的老年保障体系迫在眉睫。对此，加强老年保障学相关学科建设，丰富人口老龄化相关学术研究成果刻不容缓。

第二，学习老年保障学有助于正确认识老年群体，科学看待人口老龄化现象。老年保障学的研究主体为老年群体。一方面，老年群体作为社会财富的重要创造者和历史参与者，扮演着重要的社会角色，是重要的人力资源和宝贵的社会财富。因此，应充分考虑老年群体多元化的社会需求，使其共享经济社会发展成果。另一方面，正确看待老年群体还需要结合我国人口老龄化的动态发展态势，认识到随着社会经济的不断发展，老年群体的需求呈现出差异化水平不断提高的趋势。基于此，政府要加速完善对老年群体的保障措施，并尽可能实现政策的精准化、差异化、数字化，优化资源配置。学习老年保障学还能帮助我们科学把握不断发展的人口老龄化问题。一方面，我们不能以消极的眼光看待老龄化问题。当前，我国老年群体主要由低龄老人组成。因此，我们仍处于应对人口老龄化的机遇期和窗口期，依然可以通过提高生育率、缩短带病生存期、提高人口素质、延迟退休等方式干预人口老龄化进程，应对人口老龄化挑战。另一方面，我们也不能过分乐观地对待这一严峻的人口考验。相比其他国家，我国人口老龄化的基本形势呈现出"四超"特点，即老年人口规模超大、人口老龄化进程速度超快、人口老龄化程度超高、老龄社会形态超级稳定，若应对不及时、措施不到位，人口老龄化态势可能迅速发展、急剧恶化，甚至威胁到我国经济社会的正常发展和有序运行。因此，将应对人口老龄化挑战上升到战略层面十分关键，我国必须做好长期安排，加强战略统筹，将应对人口老龄化问题、减缓人口老龄化进程落实到生产生活的各个方面。

第三，学习老年保障学有助于更好应对老年群体不断攀升的差异化养老需求。伴随全面建成小康社会的伟大胜利，我国开启全面建设社会主义现代化国家的新征程。新时代我国老年群体对于高质量养老服务的需求不断攀升，并呈现出多元化、差异化的发展特征，主要基于以下两点原因：其一，1960年后出生的人口逐渐步入老年阶段，且这一群体处于生育年龄时正是我国贯彻落实"计划生育"政策的高峰期，呈现出"少子化"特征。基于此历史背景，当前我国老年群体以空巢老人、独居老人为主，其养老服务需求也就呈现出多元化、个性化的特征。其二，随着物质资源的不断丰富，老年群体的需求也表现出动态变化的特征，表现为从单一目标向多元目标的转变，从生活必需型向享受型、发展型乃至参与型的转变，从物质需求向精神需求的转变。基于此，我国老年保障服务亟须完成从"计划供给"到"按需供给"的供给侧结构性改革，实现老年服务的高质量发展。老年保障学基于我国老年保障体系的发展目标，充分考虑我国人口老龄化水平及特点，结合老年群体的养老服务供给和老年保障体系中现存的不完善之处，提出通过供给体系创新与结构优化释放多元化养老服务需求，做到及时应对、科学应对、综合应对。因此，学习老年保障学有助于加强新时代下对养老服务变化的宏观把握，从理论层面强化对老年群体差异化养老需求的认知。

第四，学习老年保障学有助于从全局上把握老年群体所面临的各类社会问题，补齐各类民生短板。"十四五"时期，我国进入了解决人口老龄化问题的关键窗口期和战略机遇期。助推人口老龄化向健康老龄化、积极老龄化乃至成功老龄化的方向发展，不仅是在解决某一个个体或某一个家庭的问题，也是对全社会问题的解决。一方面，要实现积极老龄化目标，需要多主体、多维度地作出努力。具体来看，应从财富储备、人力资源、供给体系、科技支撑和社会环境等角度综合谋划，形成应对人口老龄化的政策体系。另一方面，我国人口老龄化问题具有全局性和复杂性特征，并非单一独立的社会现象，而是与我国诸多社会问题息息相关，将对我国经济社会发展的各个方面产生巨大影响，需要各部门联合起来共同解决。因此，学习老年保障学有利于我们形成全局视角，系统看待人口老龄化问题及其对我国经济社会发展各方面的影响，更快更好地补齐我国经济社会发展中的各类民生短板，为实现可持续发展和高质量发展的战略目标做出贡献。

第五，老年保障学的发展对于其他学科的发展起到了补充和助推作用。老年保障学归属于老年学和社会保障学，具有经济学、管理学、社会学、人口学等多学科交叉的特性。作为世界上老龄人口最多的国家，我国进入人口老龄化社会已有20余年。尽管长期以来，各领域的学者已经从医学、生物学、心理学、社会学等角度对人口老龄化问题展开讨论和研究，但并没有将老年保障问题作出从理论到实践的独立性阐释，这制约了老年保障学知识体系的充实与完善。因此，从学科发展角度来看，发展老年保障学不仅丰富和充实了我国老年学和社会保障学的学科内容，而且老年保障学中规律性经验还会对其他相关学科的发展产生直接推动作用。此外，老年保障学充分贯彻落实了党中央、国务院关于积极应对人口老龄化的重要部署，是推动我国老龄社会治理现代化人才培养的重要举措。从个体学习和实践角度而言，学习老年保障学不仅能够帮助我们实现对该领域知识的深入研究，从而形成更加系统的知识体系，而且由于其研究议题除包括宏观层面人口老龄化问题外，还涉及微观层面的个人、家庭等诸多方面，因而也具有很强的实践应用价值。

第六，老年保障学研究有助于提高全社会对于老年保障的关注度，有利于强化老年服务专业人才储备。如何实现老有所养、老有所扶、老有所乐，是全社会的重要议题之一。当前，我国不断加速的人口老龄化进程对相关专业人才提出更多需求，但是目前市场上却普遍缺乏具备专业素质的养老服务人才，出现养老服务的"人才缺口"。基于此，应该从推动完善政策制度、加大人才培养力度、加强资金保障等方面着手，加强养老服务人才培养工作，并不断规范健康养老服务人才职业标准，制定老年教育发展政策举措。其中，高校、职业院校发挥着中坚力量的作用，加强相关教材编写，完善相关课程的授课安排，有助于从源头加强养老服务队伍专业化建设。从具体措施看，高校、职业院校应完善养老服务专业动态调整机制，密切与医疗机构的协同合作，定期对区域范围内的老龄人口数量、年龄结构、养老服务需求等进行调研，丰富养老服务专业课程设置。这一系列举措不仅能为专业课程提供学习参考，还是助推与人口老龄化相关培训工作的动力源泉，能够进一步提高养老服务行业的社会认同感，提高全社会对养老服务行业从业人员的职业尊重，进而吸引更多人才投身养老服务事业。

（二）学习老年保障学的要求

1. 运用多学科交叉方法，全面系统地学习老年保障学

在理论层面，老年保障学充分运用了社会学、管理学、经济学等学科中的研究理论，具有典型的交叉学科性质。在实践层面，充分满足老龄人口需求并完善老年保障体系，同样需要政治、经济、文化、科技、卫生等多元要素的协同配合。因此，在开展老年保障课程教学和研究工作时，应结合我国人口老龄化发展规律及其特殊性，灵活运用多学科研究方法，从多元主体出发，多维度分析和判断老年保障理论、案例和政策。在此基础上，形成对老年保障学的规律性认知，通过对我国人口老龄化问题的充分思考，推动创新性理论思想的产生。

2. 遵循科学认知规律，不断深化理论学习

对客观事物形成科学认知需要经历由浅入深、从低级到高级、从个体到群体、从综合到分支再到综合的不断交替深化的过程，人口老龄化及老年保障的相关研究也要遵循这样的认识规律。在学习老年保障学过程中，通过了解我国老年保障的产生和发展历程，基于积极应对人口老龄化的国家战略，从宏观层面系统把握我国人口老龄化现状以及特征；从老年经济保障、老年社会保障、老年健康保障、老年就业保障、老年家庭保障、老年法律保障六个维度出发，分析具有中国特色的老年保障案例和政策方案，更加科学、系统地研究老年保障类型与模式；对比典型国家或地区的老年保障模式，结合我国国情进一步深化对于我国当前老年保障问题的认知并优化老年保障政策措施。只有遵循科学的认知规律，才能加深我们对老年保障知识体系的理解，并认识到发展老年保障学科的必要性和紧迫性。

3. 以动态的观点看待我国老年保障问题

当前，我国的养老服务事业已进入新的发展阶段，老年群体的养老服务需求从过去的以物质需求为主上升为更加注重精神需求，从生活必需型向享受型、发展型乃至参与型转变，并随着我国经济社会的发展变化，呈现出更加多元化、个性化的特征。因此，学习老年保障学需要结合我国老龄化公共政策的不断变化以及养老服务体系的建设和发展，动态看待我国老年群体的需求以及老年保障体系中存在的问题，更好地

做到学以致用，从而搭建起老年保障理论知识与社会实践之间的桥梁。

4. 以全局性的视角看待人口老龄化问题及老年保障问题

积极应对人口老龄化这一国家战略是一项全局性、综合性战略。其战略目标是实现积极老龄化、人口长期均衡发展和可持续发展，现阶段表现为追求高质量发展，根本任务是努力创造一个有利于实现高质量发展的人口条件以及形成与人口老龄化相适应的经济发展模式和社会环境。同时，老年保障涉及政治、经济、文化和社会生活等诸多领域，因此该领域的问题不仅涉及老年人最关心的民生问题，更是关系全体国民福利和国家长治久安的一项重大社会问题。因此，积极应对人口老龄化事关国家发展全局、事关亿万百姓福祉、事关社会和谐稳定，对于全面建设社会主义现代化国家具有重要意义。在学习老年保障学过程中，应该立足当前、着眼长远，以全局视角将保障老年需求和解决其他社会问题关联起来，实现提高老年群体养老质量、充分利用老年资源以及促进经济社会发展之间平衡的目的。

5. 结合政策发展变化，拓展课程学习内容

老年保障学具有强政策导向的特点，这体现在我国老年学和社会保障学对现实政策的密切关注以及面向国家重大人口决策的学理输出方面。一方面，积极应对人口老龄化与健康中国这两大战略为发展中国特色老年保障学提供了重要政策基础，现实表明，我国老年保障学的对象不能局限于老年阶段，更应该面向中年阶段，甚至向更早的生命阶段延伸，重视全生命周期的运行及生命各阶段间的密切关联，以此拓展学科分支，健全学科体系；另一方面，老年保障学及相关衍生学科也具有为人口老龄化社会制定发展决策和提供智力支撑的功能，需要紧密对标"四个面向"，即面向世界科技前沿、面向经济主战场、面向国家重大需求、面向人民生活健康，实现推动老年保障事业进展、人口结构变化与经济社会发展相协调、面向国家人口安全重大需求、促进老年人口健康发展的目标。

6. 运用所学知识，指导社会实践

学科知识体系所发挥的功能不仅在于解释世界，更重要的是指导社会实践，从而达到改造世界的目的。老年保障学的主要研究任务是完善理论知识并优化改革方案，使个人和社会适应人类寿命不断延长和老年人不断增多带来的各种变化，为面对我国人口老龄化带来的挑战提供行之有效的解决对策。实用性是老年保障学的核心要求，以实证调查为基础、以满足社会需求为目标是确保老年保障学实用性特征的主要做法。一方面，老年保障学的实用性源于我国人口问题研究的主要方法，即实证调查；另一方面，伴随持续加速的人口老龄化进程，我国老年群体或将在多个维度面临新需求的产生。因此，需要大力推进养老服务供给侧结构性改革，以老年群体的需求为出发点，

在保障老年群体健康需求的基础上,为他们提供参与社会生活和社会发展的各类机会和条件,助力其消费升级与价值实现,从而真正体现积极老龄化的战略内核。实用性特性对老年保障学的学科发展提出了更高标准及更高要求,即不可照搬西方理论,必须开辟一条科学、合理、有效的中国特色老年保障学科发展道路。

第二章
老年保障学概述

第一节 老年风险与老年保障

一、老年风险

由于身体机能下降以及退出劳动力市场后经济收入减少，老年群体往往比其他年龄群体面临更大风险。只有了解老年人面临的风险，才能使老年保障相关工作做到有的放矢。老年人面临的风险主要包括疾病、生活照料、贫困、心理健康等四个方面。

（一）疾病风险

疾病是影响人类健康的最大风险，疾病风险是指由于患病或意外损伤带来的生理、心理、经济等多方面的损失。老年人由于生理机能的衰弱和身体免疫力的下降，患有各类疾病的概率显著增加。与年轻人相比，老年人面临着更大的健康风险。老年人一旦患病，生活自理能力将逐步下降，甚至完全丧失，对个人和家庭产生较大冲击。因此，健康的生活状态是各年龄段人群普遍追求的目标，也是良好生活质量和较高幸福水平的重要体现。在这种情况下，人口老龄化程度越深，社会的整体性风险就越大。

我国社会人口老龄化水平正快速提高，根据世界卫生组织的判定标准，当一个地区60岁及以上老年人口达到总人口的10%，65岁及以上老年人口占总人口的7%，则该地区视为进入老龄化社会；当一个地区65岁及以上老年人口占比达到14%时，则该地区成为深度老龄化社会。21世纪初我国已进入了老龄化社会，截至第七次全国人口普查，我国60岁及以上老年人口占总人口的18.70%，65岁及以上老年人口占总人口的13.50%，可见我国正由老龄化社会向深度老龄化社会过渡。

国际经验表明，老年人健康问题是人口老龄化过程中的突出问题之一，随着城市化、工业化进程加快，环境污染日益严重，老年人的疾病风险日益增加。与大多数发达国家不同，我国在国民整体健康水平不高、医疗健康卫生设施配套不齐全的情况下便进入了老龄化社会，这导致我国老年群体面临更高的疾病风险。从老年人患病率数据来看，2022年《中国卫生健康统计年鉴》显示，2018年调查地区65岁及以上居民的两周患病率①为58.4‰，总体样本居民的两周患病率为32.2‰，65岁及以上居民的两周患病率要远高于其他年龄段居民。针对老年健康问题，国家始终重视医疗卫生健康服务建设，逐步完善了基本医疗保险制度，先后出台《国务院关于促进健康服务业发展的若干意见》《国务院办公厅关于促进"互联网+医疗健康"发展的意见》《国务院关于实施健康中国行动的意见》《国务院办公厅关于促进养老托育服务健康发展的意见》等政策文件，并于2020年6月开始实施《中华人民共和国基本医疗卫生与健康促进法》，有效降低了老年群体的疾病风险。此外，随着生活水平的提高和医疗条件的进步，影响老年群体的主要疾病风险已由传染病转变为慢性病，根据历次国家卫生服务调查和相关研究，老年人患高血压、心脏病、肿瘤、关节炎等慢性病的比例正逐年升高。如何在人口老龄化过程中有效应对疾病风险的冲击，是老年人个体、家庭和社会所共同面临的挑战。

（二）生活照料风险

随着身心机能的下降和疾病的困扰，生活照料成为大部分老年人在生命晚期面临的重要难题。人口老龄化带来的高龄化、空巢化、失能（失智）化、慢性病等问题使得老年照料刚性需求增加，照料需求快速增加和有限供给之间的矛盾是所有老龄化社会面临的共同问题。为应对老年照料难题，各国纷纷寻找行之有效的应对措施，如德国、日本等国家设立了长期护理保险以应对老年人生活照料风险。家庭照料是我国传统的老年生活照料模式，但随着家庭规模小型化、大规模人口流动、女性就业率上升、传统观念变迁等变化，家庭在老年生活照料中的功能逐渐削弱，其中脆弱家庭及弱势老年群体受到的冲击更加明显。例如，随着城镇化进程的加速，农村青壮年劳动力转移使得农村留守老人规模扩大，加之代际养老支持弱化、公共养老服务设施不足等原

---

① 每千名被调查的居民中，在调查日之前两周内患病的人数。

因，农村留守老人面临着较大的生活照料风险。失能失智老人也存在着生活照料供给不足等问题，第四次中国城乡老年人生活状况抽样调查结果显示，中国失能、半失能老年人口数量高达4 063万人，相较健康老年群体，失能失智老年群体的生活照料难度更大，面临的生活照料风险也更高。

（三）贫困风险

相较青壮年群体，老年群体受身体素质下降后医疗费用增加、收入来源减少等因素影响，更容易遭受贫困风险。不论是发达国家还是发展中国家，贫困人口中老年人都占有较高比重。例如，日本是一个发达国家，作为世界上人口老龄化问题最为严重的代表性国家，虽然日本养老金实施了全民保险政策，但老年贫困问题依然随着老龄化程度的日益加深而不断增多，其原因包括少子化背景下年金收入减少、收入差距扩大、医疗费用增加等，为缓解老年贫困问题，日本政府修改了护理保险制度并鼓励老年人再就业；美国作为世界上最大的发达国家，即便采取了发放食品券、建立医疗救助及社区服务项目（HCBS）等多元政策，其老年贫困问题依然极为严峻。相较发达国家，我国在人口老龄化过程中面临着未富先老的挑战，尽管目前老年保障制度不断完善，但老年人从政府和社会获得的老年保障依然有限，特别是农村老年人、空巢老年人、患病老年人等更容易遭受贫困风险。

随着脱贫攻坚取得全面胜利，老年绝对贫困问题得到有效缓解，但老年人脱贫后返贫风险较高，因病致贫的风险也要高于其他年龄段群体。因此，如何保障老年人的贫困风险是国家和社会的重要任务。在共同富裕理念下，让老年人共享改革发展的成果，也是经济社会发展的必然要求。

（四）心理健康风险

美国心理学家爱利克·埃里克森（Erik H. Erikson）把人的一生发展划分为八个阶段，他认为每一阶段都有其特定的发展任务和可能遇到的危机，自我整合感与失望感的冲突成为老年时期生活的主要问题，如果处理不好，就会产生失落感、绝望感和自卑感。老年人失望感的产生有多方面原因，包括随着老年阶段社会角色的变化，老年人的社会交往和社会活动不断减少，心理孤寂感和失落感有所增强；老年阶段劳动收入减少，老年人的生活依赖性有所增加；老年人生理机能减弱，适应环境变化的能力不断降低等。这些老年特征一定程度上增加了老年人的心理孤寂感，进而容易导致心理和精神上的问题，甚至作出一些极端或违法行为，如自杀、老年犯罪等。

在人口老龄化问题日益加剧的背景下，老年人心理健康问题也日渐突出，生理机能下降、经济收入减少、家庭空巢化、人口流动加快、社会交往减少等因素都会提高老年人心理健康风险发生的可能。世界卫生组织（WHO）公布的数据显示，65岁及以上老年人抑郁症患病率，保守估计在10%~15%。老年人的心理健康问题逐渐得到全社会的关注和重视，2020年9月，国家卫生健康委办公厅印发了《探索抑郁症防治特色服务工作方案》，将老年群体列入抑郁症高发的重点人群之一。如何减少老年人的孤寂感，充实老年人的精神生活，降低老年心理健康风险，是老年保障的任务之一。

二、老年学相关理论

人口老龄化带来的风险促使理论界深入思考关于老年问题的相关理论，以全面深刻认识老年现象、老年需求及老年行为。比较典型的老年学理论包括脱离理论、活跃理论、持续理论、交换理论和老年亚文化理论等。

（一）脱离理论

脱离理论也称疏离理论或休闲理论，该理论最早由美国社会学家卡明（Cumming）和亨利（Henry）于1961年提出，并通过其他研究者的不断完善而形成。脱离理论认为，人的能力不可避免地随着年龄的增长而下降，因此，年老后人们应该主动退出社会主要角色，并选择一种符合老年人特点的生活方式与行为方式，逐渐减少社会活动，与其他人之间的人际交往数量也随之减少，同时改变在社会交往中的角色地位，由主角变为配角，由积极角色变为消极角色，这种老年人主动脱离社会的行为是维持社会平衡状态的需要。脱离理论从老年人身体机能的变化和老年人安享晚年的需要两个角度提出了老年人逐步脱离社会的必要性，但脱离理论容易造成老年人的自我封闭和社会对老年人的排斥，难免引发一些老年社会问题。

（二）活跃理论

活跃理论又称活动理论，是由美国教育心理学家哈维格斯特（R. J. Havighurst）于1961年提出的，与脱离理论观点相反，活跃理论认为参与社会活动是人们社会生活的基础，老年人与年轻人、中年人在参与社会活动方面并没有本质的区别，只是活动的速度和节奏放慢了而已。老年人同样有活动的愿望和需求，合理参加老年社会活动对老年阶段的生活非常重要，老年人应该尽可能长久地保持青壮年时期的生活方式，当老年人的职业活动中断时，需要由其他活动来补充，从而把自身与社会的距离缩小到最低限度。活跃理论对于鼓励老年人积极参与社会活动、实现积极的老年生活具有重要的指导意义。

（三）连续性理论

连续性理论由美国老年心理学家诺加盾（Neugarten）于1968年提出，该理论认为脱离理论和活跃理论都仅片面强调老年人应该退出社会主要角色或积极参与社会活动，而忽略了个性、生活方式等在老年生命周期中的惯性，老年时期的行为习惯和生活方式是青壮年时期的延续，青壮年时期形成的个性、生活习惯、爱好在进入老年时期后很难改变。例如，一个在青壮年时期活跃自信的人不可能在进入老年时期后突然消极自卑，同样一个在青壮年时期喜欢参与社会活动的人在进入老年时期后往往也希望能够继续参与社会活动。因此，需要将一个人在青壮年时期的行为习惯和生活方式与老年时期联系起来，而不是去适应共同的范式。

（四）社会交换理论

社会交换理论是从经济学投入与产出关系的视角研究社会行为的理论，由美国社会学家霍曼斯（Homans）于1961年提出，该理论认为社会互动的推动力量是互动双方为满足自身利益的交换行为，即在互动过程中，双方互动的方式和程度取决于各自的利益需要。因此，社会交换理论认为，在社会互动过程中人们需要拥有财富、成就、能力、健康等可支配的资源，老年人由于各种原因，所拥有的社会资源不断减少，老年人在社会互动中的地位也随之降低，提高老年人地位的根本途径是保持并提高老年人所拥有的可用于交换的社会资源，老年保障的目的是维持老年人在社会互动中所需的资源。

（五）老年亚文化理论

老年亚文化理论最早由美国老年社会学家罗斯（Ross）于1965年在其主编的《老年人及其社会环境》一书中提出。老年亚文化理论认为，老年人在生活和活动中形成了一种独特的亚文化，形成了老年人独特的价值观念和生活方式，与其他年龄群体存在着明显区别。老年亚文化理论有利于形成老年人之间的互助与互动，但却与其他年龄群体相独立，过分注重老年人的特殊性，而忽略了成年人的共性，容易形成排斥与隔离。

三、老年人需求

以上老年学相关理论从不同角度对老年人及其生活方式进行了解释，对更好了解老年需求、分析老年风险、建设老年保障制度具有重要价值。与其他年龄群体相比，老年群体既有与其他年龄群体一致的需求,也有其特殊需要。老年群体的需求主要包括经济支持、医疗保障、生活照料、精神慰藉和社会参与等五个方面。

(一)经济支持

与其他年龄群体一样,老年群体需要一定的经济支持来满足基本的衣、食、住、行需要。由于各种原因,老年人通过自身劳动获得的收入将逐步减少,很大比例的老年人需要向家庭、政府、社会寻求帮助,以维持老年生活支出。可以说,经济支持需求是老年人的基本需求,能否得到充足的经济支持,直接关系到老年人生活质量的高低。

(二)医疗保障

老年人存在较大的疾病风险,尤其容易患上各种慢性病,老年人在经受身心痛苦的过程中,比一般成年人更加需要医疗保障。老年人在缺乏自身收入来源的情况下,需要政府的一些制度和财政支出来保障其医疗需求。如果老年人患病而无医疗保障,将增加家庭负担,或者导致疾病恶化。

(三)生活照料

随着年龄的增长和老年疾病的增加,老年人的生活自理能力不断下降,需要通过他人的帮助及照料才能维持正常生活,失能、半失能老人更是需要不同程度的护理服务,如吃饭、穿衣、洗浴、室内行动等。全国老龄工作委员会公布的数据显示,2020年,我国60岁及以上失能老人超过4 200万人,约占老年人口的16.6%。截至2020年年底,我国2.64亿老年人口中,80岁及以上的高龄老人有3 580万人,他们之中多数人逐步进入半自理或不能自理状态,不同程度地需要获得生活照料服务。据中国发展基金会发布的《中国发展报告2020:中国人口老龄化的发展趋势和政策》预测,到2025年中国65岁及以上的老年人口将超过2亿人,2050年老年人口数量更是接近4亿人。不断增长的老年群体使得老年照料需求快速增加。建立和完善基本养老服务体系,缓解老年照料供需矛盾,对于保障老年群体的生活质量具有重要的现实意义。

(四)精神慰藉

进入老年阶段后,大多数老年人退出原工作岗位,之前在工作中建立起来的各种社会关系逐步减退,老年人可支配的空闲时间也逐渐增多,这一时期更加需要寻求精神上的安慰,以获得心理上的满足感,提高晚年精神生活质量。在某些情况下,老年人对精神慰藉的需求甚至超过了对经济支持的需求。尤其是在老年人物质生活得到满足的情况下，其精神慰藉需求就显得格外突出。精神慰藉的不足，往往容易导致老年人精神空虚和精神失常，导致各种老年社会问题的出现。

（五）社会参与

老年群体作为一个社会群体，与其他成年群体一样有着社会交往与参与的需求。老年群体的社会参与包括经济方面（如从事一定的经济活动）、政治方面（如参与民主管理与监督、参与党内活动）、文化方面（如参加各项文体活动）等。老年人通过社会参与能够体现个人价值，并获得精神上的满足感。

综合来看，老年人的需求具有以下几个特点：一是需求的全面性，即老年人的需求涉及生活的方方面面，包括经济支持、医疗保障、生活照料、精神慰藉、社会参与等方面需求；二是需求的层次性，即老年人各类需求的重要程度不一，表现出一定的层次性，一般而言，经济支持、医疗保障与生活照料具有一定的优先性，而精神慰藉和社会参与则是在此基础上的更高层次的需求；三是需求的关联性，即老年人的这些需求往往是相互联系、相互影响的，例如，经济支持需求的满足与否对医疗保障、生活照料和精神慰藉需求的满足产生影响，社会参与需求的满足与否直接关系到老年人的精神慰藉需求，老年人在获得医疗保障（患病时）和生活照料的同时往往获得了一定程度的精神慰藉；四是需求的差异性，即不同类型老年人的需求是有区别的，如城市老年人与农村老年人的需求不同、不同职业（工作时）老年人的需求不同、不同收入老年人的需求不同、不同文化程度老年人的需求不同等；五是需求的发展性，随着经济社会的发展变化，老年人的需求重点有所不同，农业社会、工业社会和信息化社会的老年人需求是不同的，总体上呈现出不断发展的特点。

四、老年风险管理中的老年保障

由于身体状况的衰弱和劳动能力的逐渐丧失，老年人所遇到的各种风险急剧增加，包括疾病风险、生活照料风险、贫困风险、心理健康风险等。从风险控制的角度出发，需要有一种针对老年风险的保障机制对风险加以化解，老年保障体系的产生和发展正是适应了这种需要。

基于老年风险管理的主体，可以将老年保障体系划分为老年社会保障、老年家庭保障等各种类型的老年保障，其中老年社会保障是老年保障体系的核心和主要组成部分。老年社会保障是指国家通过一系列经济、医疗和社会服务等措施，对退出劳动力市场或者无劳动能力的老年人实施的社会保护和社会援助。其中覆盖面较广的社会养老保险、社会医疗保险、长期护理保险等社会保险就是老年社会保障的典型制度代表，分别对老年贫困风险、老年疾病风险和老年照料风险起到了化解作用，体现了老年社会保障的福利性特征。老年家庭保障在我国有着悠久的历史传统，其中，家庭成员的物质支持可以降低老年人陷入贫困的风险，由家庭成员参与照料的居家养老模式可以通过提升老年人的精神归属感，降低老年人产生心理健康问题的风险。在快速老龄化的背景下，老年家庭保障能够降低社会养老成本和负担，是老年社会保障的重要补充。其他类型的老年保障体现了老年保障体系的多元化，包括基于公益慈善事业的由民间组织提供的老年保障，以及基于市场化方式运作和多样化保障需求的商业性老年保障等。

按照老年保障防范的主要风险类别，老年保障的主要内容包括老年经济保障、老年社会保障、老年健康保障、老年就业保障、老年家庭保障和老年法律保障等。这些老年保障的内容共同构成了一个较为完整的老年保障体系，有力地回应了老年需求，对于化解老年风险起到了积极作用。

第二节 老年保障的本质特征

从政策科学角度，老年保障既属于公共政策，也属于社会政策。公共政策是社会公共权威在特定情境中，为达到一定目标而制定的行动方案或行动准则，其作用是规范和指导有关机构、团体或个人的行动，表达形式包括法律法规、行政规定或命令，国家领导人口头或书面指示，政府大型规划、具体行动计划及相关策略等。而社会政策则是指一定范围内的公共权威机构所制定的，使个人或家庭可以在市场之外以非等价交换的社会供给方式来获得可直接支配或使用的资源，以满足个人或家庭的社会性需求，并增进公民的个人福利及社会福利的政策。公共政策与社会政策既有所区别又有一定联系，其主要区别体现在三个方面：第一，社会政策一般针对某一特定群体，而公共政策面对的是所有群体；第二，社会政策偏向于社会福利部分，而公共政策则包括政治、经济、文化等多个方面；第三，社会政策以个人福利的提升来增进社会福利，而公共政策则通过增进社会福利进而提升个人福利。公共政策与社会政策的联系体现在两个方面：第一，社会政策是公共政策的组成部分，且两者均处于国家政策体系范畴之内；第二，公共政策是制定社会政策的基础，社会政策不能违背公共政策的基本原则和法理。

从公共政策和社会政策的区别与联系来看，首先，老年保障是一种社会政策：一是老年保障具有排他性，其目标群体为老年群体而不包括其他群体；二是老年保障具有社会福利性，老年人的经济支持和福利安排构成社会保障政策的核心；三是老年保障具有伦理性，政策制定时需要考虑文化传统和对弱势群体的人道主义支持。其次，老年保障也具有公共政策的色彩：从生命历程角度看，老年保障对所有群体均有益，因为所有年龄群体终将迈入老年阶段；从社会发展角度看，老年保障制度是社会系统中的重要一环，老年保障程度的高低既体现了社会经济发展水平，又体现了政府的执政理念及执政能力，完善的老年保障制度安排能够促进公共政策系统的完善和协调。综上所述，老年保障可视作一种专项公共政策，具有以年龄为标识、以伦理为基础、以福利为主要内容、以差异为特点、以变化为基本规律的特征。

一、以年龄为标识

各类政策均有涉及年龄的标记，但老年保障相较其他政策的根本区别在于其政策目标聚焦于老龄问题的解决。老龄问题包括老年人问题和人口老龄化问题，其中老年人问题主要围绕老年人自身展开，涉及老年人的经济、健康、就业等多个方面，其政策制定以合理化年龄界定为共性特征，例如，法定退休年龄是职工领取基本养老保险的条件之一，不同国家会依据本国国民健康水平、人口老龄化程度等因素设定各自的退休年龄，因此各国职工领取基本养老保险的年龄要求有所差异；又如，对高龄老人的年龄界定是发放高龄生活津贴的前提，不同地区对高龄老人的年龄界定也有所不同。人口老龄化问题则关注老年群体规模对社会的影响，政策制定以老年人口在总人口中的比例为基础。随着老年人口比重的提高，老年保障政策也会作出相应调整，例如，随着老年人口比重的提高，从减轻社会保障负担、积极开发老年人力资源、保障老年人的身心健康等多个方面的考量出发，人口老龄化水平较高的国家普遍丰富完善了老年就业保障政策，以适应劳动力结构的变化。

二、以伦理为基础

政策是对资源和利益的调整，老年保障作为一种再分配制度，必然涉及资源配置、利益调整等错综复杂的利益关系，如何协调利益分配问题需要从伦理角度出发，不同伦理视角对老年保障的认识具有差异性。例如，与资本主义工业化生产相适应的功利主义视角认为，老年人口增加了社会保障体系的压力，是经济社会发展的负担，由此引发了对医疗资源和社会资源分配的讨论；关怀伦理学则从积极视角思考了老年保障问题，认为老年群体作为弱势群体应该得到社会的关怀和关注。具体来看，老年群体作为弱势群体体现在多个方面，既有疾病的困扰和身体机能的退化、人际交流和社会互动的减少，又有随着信息化社会的到来，对智能社会参与的不适应等。一方面需要政府和社会关注到老年群体的特殊需求，为他们提供所需的技术支持；另一方面也需要家庭成员为老年人提供面对面的个性化关怀与帮助。除了西方的关怀伦理学观点，中国传统文化与社会主义和谐社会的伦理要求也将尊老敬老视为社会主义核心价值观之一，这些伦理要求为实施积极的老年保障政策奠定了基础。因此，老年保障的基础具有明显的伦理色彩，这种伦理色彩是人口老龄化、社会制度和文化传统等诸多因素综合作用的结果。

三、以福利为主要内容

福利一般指公共援助或倾斜性经济支持。由于老年群体已经退出主流生产领域，其收入水平低于其他群体，加之老年群体身体机能下降但对医疗保健有较大需求，因此需要对老年群体进行倾斜性经济支持，老年经济保障就是一种经济支持。老年保障的福利性体现在社会成员在老年保障制度中的付出低于所获得的保障待遇。例如，中国城乡居民基本养老保险是一种普惠性的社会保险，属于高度社会化的收入再分配，参保人缴费后即享受到政府的相应补贴，能够以较低的缴费换取较高的养老保障；又如，对于生活长期不能自理、经济困难的老年人，在老年护理保障方面政府普遍会给予一定的护理补贴。综合来看，老年保障以福利性为主要特征既是国家职能和责任的体现，也是让老年群体共享社会发展成果的必然要求。

四、以差异为特点

不同国家或地区对不同老年群体的老年保障政策有所不同，差异性是老年保障的显著特征之一。以老年社会保障为例，根据制度模式的不同，老年社会保障可分为三类：一是在资金筹集方面多体现为以自我保障为主，辅之以国家补偿机制的自保公助型模式，代表国家有德国、日本等；二是基于福利国家福利政策的福利国家型模式，代表国家为丹麦、芬兰等；三是由国家立法强制规定雇主与雇员的一方或双方必须缴纳社会保障费用形成基金积累，以应对个人风险的自我积累型模式，代表国家有智利、新加坡等。即使在同一国家内，不同特征的老年群体间老年社会保障政策也会有显著差异，例如，我国根据地方经济收入水平不同，各地老年津贴的金额也有所差异；在职业年金制度上，企业职工与政府雇员之间也存在制度模式上的不同。总体上看，这种差异既反映了各国在历史、体制、经济发展上的多样化，也为各国多元化的老年保障体系发展奠定了基础。

五、以变化为基本规律

社会发展的不确定性导致了老龄问题的复杂性和多变性，随着人们对老龄问题认识的深入和社会治理能力的提升，老年保障始终处于不断完善的过程中。以我国老年福利制度为例，在计划经济时期，我国采取由民政福利、单位职工福利等构成的国家负责、单位包办的福利制度模式。城市老年人退休后，其生活、医疗保健、娱乐、服务等基本上仍由原单位负担，农村老年人则由家庭和子女负责赡养。进入社会主义市场经济时期后，我国老年福利制度也发生了变化，逐渐形成了以国家、集体兴办的老年人社会福利机构为骨干，以社会力量兴办的老年人社会福利机构为新的增长点，以社区老年人福利服务为依托，以家庭养老服务和保障为基础的老年福利服务体系。养老保险制度也由单纯的国家保险向国家、企业和个人三方筹集资金的社会保险过渡，这个变化过程体现出政策制定必须遵循社会发展和老年人需求变化的要求。

第三节　老年保障的体系结构

老年保障是一个庞大且复杂的系统工程，老年保障的体系结构依据不同的划分标准可以有多种分类方法。

一、按照责任主体分类划分

老年保障的责任主体是多元的，总体上可分为政府、市场、社会主体和混合主体四大类。从各责任主体对应的老年保障内容来看：（1）政府是福利性老年保障的责任主体，既包括对部分弱势老年群体提供免费的基本养老公共服务，又包括对贫困老年群体给予最低生活水平的经济支持；（2）市场是商业性老年保障的责任主体，强调在老年保障过程中对于市场资源和市场机制的运用，即以市场化方式为老年群体提供更高水平、更多样化的老年保障，以满足不同收入群体的差异化保障需求；（3）社会主体多指各类民间组织，是社会性老年保障的责任主体，各类民间组织负责的公益慈善事业是社会性老年保障的代表；（4）混合主体的代表是社会保险型老年保障，在社会保险型老年保障中既要求雇主和雇员共同缴费筹资，强调社会保险体系的自我平衡，同时也要求政府担负经办、监督和兜底的责任。综合来看，不同责任主体所对应的老年保障在保障对象、资金筹集、责任分担机制和待遇给付等方面均有所区别，共同构成了老年保障体系。

二、按照保障内容不同划分

（一）老年经济保障

老年经济保障是老年保障体系中的最基本内容，也可以称为狭义上的老年保障。退出劳动力市场后老年人收入来源减少、收入结构单一，同时，由于身体机能下降导致老年人除基本生活需求外，对医疗、照料等需求也有所增加，经济保障受到多方面的不利影响。国际通行的一般做法是充分发挥个人自助、国家救助和社会互助的功能，构建多支柱的老年经济保障体系，确保老年人的基本生活与健康需要，保障老年人获得国家和社会物质帮助的权利，共享社会经济发展成果。按照收入来源划分，老年人获得经济保障的渠道包括社会基本养老保险、家庭养老、个人储蓄养老以及转移性收入。

具体来看，社会基本养老保险带有社会互助性质，是各国应对人口老龄化挑战普遍采用的措施，社会基本养老保险具有明显的差异性特征：一是不同国家或地区经济发展水平不同导致所提供的保障水平有所差异；二是群体间的社会基本养老保险有所差异，例如，我国城镇职工基本养老保险和城乡居民基本养老保险在制度设计和保障水平上存在明显差异。家庭养老表现为老年人由子女或亲属供养，家庭仍然是我国老年人在经济、情感和心理需要上的主要依托，但随着市场经济结构的调整与城镇化的发展，社会劳动力流动加剧，家庭结构小型化、核心化趋势不断增强，削弱了传统的家庭保障功能。通过个人储蓄养老获得养老收入是个人自助养老的代表，包括个人储蓄金和各类自保型商业保险，其中自保型商业保险作为基本社会保险制度的补充，能够满足不同层次的需要，增强老年人的经济供养能力。转移性收入主要包括低保和各类老年人津贴，转移性收入主要用于保障经济困难老年人的基本生活需要。

（二）老年社会保障

老年社会保障是对退出劳动力市场或无劳动能力的老年人实行的社会保护和社会救助措施的统称。基于筹集和给付方式的不同，可以将老年社会保障划分为三种模式：一是自保公助型，该模式一般在立法基础上，遵循效率与公平相结合的原则，资金筹集方面以自我保障为主，辅之以国家补偿机制，旨在为公民提供一系列基本生活保障；二是福利国家型，该模式一般在立法基础上，国家扮演社会保障制度的主体角色，由财政负担主要资金来源，保障范围广泛、保障项目齐全、保障水平较高，是一种充分展现普惠性的制度安排；三是自我积累型，该模式以效率和激励为原则，由国家立法强制规定雇主雇员的一方或双方缴纳社会保障费用并形成基金积累，以应对养老、医疗等支出。

依据老年社会保障内容，老年社会保障包括了社会保险、老年社会救助和老年社会福利等内容，其中，社会保险是老年社会保障的核心内容，社会养老保险可以缓解老年人退出劳动力市场后的生活困境，为老年人提供基本生活保障。目前，我国基本养老保险制度日趋完善，参保人数逐年增加，企业退休人员基本养老金持续增长，通过建立统一的城乡居民基本养老保险制度、实现机关事业单位养老保险与城镇职工基本养老保险制度并轨等一系列改革举措，切实提升了我国基本养老保险制度的公平性和保障能力。社会医疗保险可以极大减轻老年人的医疗费用负担，老年人是全民医保的主要受益群体。在我国，城乡居民基本医疗保险制度整合工作取得积极进展，医保支付方式改革持续深化，有效促进了医疗机构主动规范医疗服务行为，控制了医疗费用上涨，同时城乡居民大病保险制度实现了全覆盖。老年社会救助和老年社会福利包括了对老年人的生活与医疗救助以及针对老年人的各项津贴补助。在老年社会救助方面，我国将符合条件的贫困老年人口全部纳入低保救助系统中，并建立了城乡统一的特困人员救助供养制度。在老年社会福利方面，全国所有省份均建立了高龄津贴制度，多数省份建立了困难老年人养老服务补贴制度，部分省份建立了失能老年人护理补贴制度。

（三）老年健康保障

老年群体由于身体机能的下降，是健康保障需求最大的群体。老年健康保障有狭义和广义之分，狭义的老年健康保障主要指以医疗保险为核心的老年医疗保障，包括针对老年人因疾病或自然事件发生的医疗费用和收入损失而给予的经济补偿。现阶段我国老年医疗保障制度由社会基本医疗保险、社会医疗救助和商业医疗保险三部分构成。随着人们对健康重视程度的提高及老年人慢性病患病人数的增加，单纯以解决医疗费用为目的的老年健康保障制度已不能满足老年人的健康需求，因此部分发达国家将老年人健康预防保健、老年人康复护理等内容纳入到了老年健康保障制度中，以期通过对疾病的有效预防和提前发现来降低老年人的患病风险，进而在人口老龄化背景下控制医疗费用支出规模。广义上的老年健康保障在包含老年医疗保障内容的同时，增加了公共卫生、医疗服务等领域内容，具体包括老年人疾病预防保健、医疗救助、康复护理、健康宣教等内容。随着人口老龄化加剧和健康中国理念的提出，我国的老年健康保障制度正逐步丰富和完善，例如，我国的老年人长期护理保险分别在2016年、2020年开展了两批次试点，覆盖49个城市1.69亿人，整体上正由狭义内容向广义内容拓展。

（四）老年就业保障

保障老年人就业是开发老年人力资源、实施积极人口老龄化战略的重要体现。从国内外对老年人的界定标准来看，60 周岁是进入老年时期的标准线，因此老年就业是指 60 周岁及以上且具有劳动能力的老年人从事获取劳动报酬或经营性收入的社会性活动的总称。老年就业保障可以理解为鼓励老年人就业和保障老年人就业权益的一系列措施的统称。从老年就业保障模式分类上看，可以分为政府支持、社会认同、企业配合三种模式。其中，政府支持能够反映政府对老年人就业的态度和支持力度，一般通过完善老年人就业相关法律、提高老年人就业财政补贴水平、完善老年人就业相关政策等三个方面来保障老年人就业；社会认同代表着一个国家对于老年人就业的包容度，具体可以通过提高老年人就业的意愿、提高老年人就业的社会接纳度和保障老年人就业的社会支持三个方面增加老年人就业的社会认同；企业配合是保障老年人就业的重点，企业的配合程度可以通过配合动因、雇用方式、工作环境三个方面予以加强，其中企业的配合动因有多种，如企业为获得财政补贴、减税而接纳老年劳动力等，同时老年人自身在经验和技术方面的人力资源优势也是企业的配合动因之一。随着劳动力年龄结构的变化和积极人口老龄化战略的提出，我国高度重视老年人再就业问题，2021 年 11 月，《中共中央、国务院关于加强新时代老龄工作的意见》提出，鼓励老年人继续发挥作用，探索适合老年人灵活就业的模式。总体来看，加强老年人就业保障对改善老年人身心健康、减轻社会保障负担、解决劳动力不足等具有重要的积极意义。

（五）老年家庭保障

老年家庭保障是指由家庭成员赡养、扶养老年人的保障。家庭是人们情感的归宿，家庭保障作为一种非制度型的老年人保障模式，其在老年人精神慰藉和情感维系方面的作用是其他社会保障模式难以替代的。家庭养老在我国社会中占据特殊的地位，它不仅是我国传统社会极度依赖的养老形式，也是当前我国社会养老的重要方式之一。老年家庭保障的内容可以概括为四个方面：一是老年人经济供养，包括生活和医疗等方面；二是老年人的生活照料和护理；三是老年人精神慰藉；四是满足老年人日常生活的其他需求。

实现家庭养老的良性运转需要一定的环境保障为支撑，具体包括三方面内容。一是做好老年人权益保障的法律法规建设，包括加强对家庭养老的法律宣传和通过法律法规形式强化子女的家庭养老责任。我国在 1996 年颁布的《中华人民共和国老年人权益保障法》中就明确提出，赡养人应当履行对老年人经济上供养、生活上照料和精神上慰藉的义务，照顾老年人的特殊需要；2012年12月修订的《中华人民共和国老年人权益保障法》更是首次将"常回家看看"写入法律，这是通过法律强化家庭养老责任、保障老年人权益的典型表现。二是制定家庭支持政策，即政府或社会为应对家庭功能弱化问题，而专门制定家庭帮扶政策。一般而言，家庭支持政策具有全面性特征。例如，我国对符合条件的老年人制定了户籍随迁政策，老年人可以将户口迁到子女工作的城市，方便子女照顾老年人，这就是一种典型的家庭支持政策；同样，2019年1月1日施行的《个人所得税专项附加扣除暂行办法》中增加了赡养老年人个税专项附加扣除条款的规定，减轻了老年家庭照料者的负担，是一种物质上的家庭支持政策。三是从道德层面营造尊老、孝老的社会氛围，正如党的十九大报告中提出的构建养老、孝老、敬老政策体系和社会环境等方面的要求。

（六）老年法律保障

无论从生理角度还是从心理角度，老年人都属于社会弱势群体，因此需要构建完备的老年人权益保障法律体系来维护老年群体的合法权益。可以从不同视角对老年人合法权益的具体内容进行分类，第一，从将老年人作为社会群体一部分的视角出发，此时老年人合法权益包括作为公民应该享有的普遍权益和作为老年人应该享有的特殊权益。其中，普遍权益是指老年人享有国家法律法规规定的所有公民都应当享有的权利和利益，如生存权、发展权、保障权、居住权、参与权等；特殊权益是指老年人享有根据自身特点和需要，按照国家的法律法规规定的特殊权利和利益，如被赡养权、退休权、共享社会发展权、闲暇生活权等。第二，从老年人生活质量的视角出发，主要通过维护老年人合法权益以保障老年人的基本生活质量。通过法律体系维护老年人合法权益需要相关配套立法，目前我国在老年人权益保障方面已初步建立起了两个层次的法律框架。第一层次是宪法，《中华人民共和国宪法》规定了我国老年人权益保障的基本原则，例如，第四十五条规定，中华人民共和国公民在年老、疾病或者丧失劳动能力的情况下，有从国家和社会获得物质帮助的权利。这包括社会保险、社会救济和医疗卫生等方面的帮助，将对老年人等弱势群体的扶助义务由家庭拓展到国家和社会。第四十九条则以家庭成员为义务主体，规定了在家庭中成年子女赡养扶助父母的义务以及不得虐待老年人。宪法在国家法律体系中具有最高地位，为各项关于老年人权益保障的法律条款的制定提供了基本依据和价值引领。第二层次是专门法，专门法是对宪法相关规定的细化，例如，《中华人民共和国老年人权益保障法》就是一部旨在保障老年人合法权益、发展老龄事业的专门法律，该法将《中华人民共和国宪法》中所规定的老年人权利及义务等内容进行了具体化。总体来看，加强老年法律保障既是保障老年群体基本权利的必要举措，也是提升社会治理效能、推动社会治理体系和治理能力现代化的必由之路。

本章小结

1. 由于身体机能下降以及退出劳动力市场后经济收入的减少，老年人往往比其他年龄群体面临更大的风险。从风险控制角度出发，需要有一种针对老年风险的保障机制对老年风险加以化解，老年保障的产生和发展正是适应了这种需要。脱离理论、活跃理论、连续性理论、社会交换理论和老年亚文化理论是五个比较典型的老年学理论，指明了经济支持、医疗保障、生活照料、精神慰藉、社会参与是老年人的五种主要需求。

2. 老年保障是一个庞大且复杂的系统工程，老年保障具有以年龄为标识、以伦理为基础、以福利为主要内容、以差异为特点、以变化为基本规律五方面特征。老年保障体系结构划分标准分为两类：一是按照责任主体分类划分，具体分为政府、市场、社会和混合主体四大类；二是依据保障内容不同划分，具体包括老年经济保障、老年社会保障、老年健康保障、老年就业保障、老年家庭保障和老年法律保障。

>> **重要概念**

脱离理论　活跃理论　连续性理论　老年亚文化理论

复习思考题

1. 老年人面临的主要风险有哪些？
2. 试比较脱离理论和活跃理论的差别。
3. 老年需求的主要特点有哪些？
4. 试论述老年保障的主要特征。
5. 试论述老年保障的主要内容。

第三章
老年保障的产生与发展

衰老是人类生命周期的必经环节，它弱化了人们的收入能力和行动能力，老年保障作为人类社会制度文明的重要组成部分，对于增强老年人权益保障、改善老年人生活水平、促进社会和谐稳定具有重要作用。其产生源于相应的社会经济、政治、文化等历史背景，并随着时代的发展而进步，经历了一个由萌芽到逐渐发展完善的历程。

第一节　老年保障的萌芽和形成时期（1601—1948年）

1601年英国颁布《济贫法》，是近代西方社会救助制度的核心。该法案以强制劳动的方式为人们提供就业机会，是在国家财政补贴的基础上开展的社会救助活动，成为现代社会保险体系的开端。1657年，波士顿成立苏格兰人慈善总会开展济贫活动。1673年，法国设立船员养老保险制度，保障了年老船员在退休后仍可获得固定收入保护，是世界上老年社会保险制度的萌芽。当时，多数国家实施救济的范围较小，大多针对某一特殊群体或集中于某一个地区，社会救济制度的主要目的是发扬扶老济贫的优良传统，其道德基准是建立在人类同情与怜悯的基础上。

早期的社会救济行为和政策为此后各国老年社会保障体系的发展奠定了基础。在老年社会保障体系中，养老保障是最早发展起来的。其中，养老金制度是老年社会保障体系的核心制度，各国养老金制度的建立过程各有不同。1776年至1929年，美国的养老金制度主要由家庭、政府和社区慈善机构实施，采取市场化运行模式，缺乏正式的公共养老金制度。1889年，德国制定了《伤残和养老保险法》，提出了世界上第一个法定公共养老金计划，与英国《济贫法（修正案）》相比，德国法律具有的强制性体现在要求必须加入社会保险而不是强迫参与劳动。1908年，英国通过了《养老金法案》，该法律是20世纪初英国社会保障体系的里程碑，它给部分高龄低收入者提供了免费的赡养保障。1925年，为缓解因老年人口增多导致的福利性养老金支出压力，英国政府又通过了《孤寡老人交费养老金法》[①]，取消了养老金制度的免费供给性，首次在英国社会确立起缴费式公共养老金制度。1913年，瑞典颁布了《国民年金保险法》，旨在为老年人的赡养、医疗和护理等方面提供相对丰厚的津贴。

20世纪30年代，资本主义国家遭遇经济大萧条的冲击，大批工厂倒闭、工人失业。众多企业为渡过经济危机难关，采取辞退老年劳动力、留下年轻劳动力等措施，致使大量老年人失去工作收入，而银行的破产又使老年人的储蓄几近归零。当时，发达国家普遍开始进入人口老龄化时期，老年人口占社会人口的比重上升，经济冲击导致的收入锐减无法满足老年群体晚年生活需要，严峻的生存危机导致大批老年人游行示威，各国政府不得不优先考虑老年人的社会保障问题。在这一背景下，欧美各国开始重视对老年科学的研究。1935年，美国确立了以老年人为主的社会保障体系，确立了政府对老年社会保障体系建设的统筹领导地位。[②]1942年，英国政府发布了《社会保险与相关服务的报告》（又称《贝弗里奇报告》），引发了英国各界甚至世界范围内的广泛讨论和支持，此后英国政府在该报告的思想基础上构建起了一整套现代社会保障制度。1946年，英国政府颁布《国民保险法》，把国家养老金体系融入整个国民保险制度当中，是英国政府对养老体制的重要改革。

此外，高额医疗费用成为大部分老年人的沉重负担，医疗费用的支出使很多老年人的生活面临窘境。许多国家关注到这个问题，并先后出台相关政策以缓解个人医疗费用支出不足的矛盾。德国在1883年颁布了《疾病保险法》，是世界上最早以立法形式确立的社会医疗保险险种。英国医疗保险体系最早立法于1911年，采取全民福利模式。1946年，英国颁布的《国民健康服务法》规定，在英国居住满三个月以上的人不需要缴纳保险费即可享受健康保险服务，并且将健康保险范围扩大到牙科和眼科。其中，老年群体是这项制度的主要受益者。1928年，法国政府规定，工商界的低工薪人员必须超过一定工资水平才能获得医疗服务。而日本则在1927年制定了《健康保险法》，以保障劳工健康为目的启动了日本卫生保险。

以上关于福利救济、养老以及医疗保障等方面的政策都是在第二次世界大战前后

---

① 赵立新.英国养老保障制度[J].中国人大，2018（21）：51-54.
② 王爱珠.老年经济学[M].2版.上海：复旦大学出版社，2000：4.

出台的，其中一些政策并没有考虑到未来老年人口规模扩大带来的风险，造成政策缺乏长期适应性。1948年，阿根廷在第三届联合国大会上提交了《老年人权利宣言决议草案》，该草案呼吁各国在采取行动保障人们普遍固有权利的同时，对老年人的境遇和需求给予特别关注，并初步提炼出居住权、工作权、支助权等老年人权利的概念和内涵。虽然该草案并未得到多数国家的关注，但亦可说是开启了国际社会关于老年人权利保护的先河。

第二节　老年保障的初步发展时期（1949—1980年）

联合国在1956年出版了《人口老龄化及其社会经济后果》一书，该书较为系统地总结了人口老龄化的主要原因和老年人口的结构特点，并制定了划分中年型、成年型与老年型人群的人口数量指标，指出生育率、死亡率和人口迁移等不同人口学因素对人口老龄化的重要作用，论述了人口老龄化与经济社会发展之间的相互作用与影响等，为此后的老年人口学研究奠定了前期基础。同时，书中部分观念也成了当代老年保障学的共识。书中指出，当一个国家或地区65岁及以上老年人口占总人口的比例超过7%时，该国家或地区将被认为步入了人口老龄化社会阶段，按照这一标准当时所有发达国家都开始步入人口老龄化社会阶段。该书强调应重视世界范围内的人口老龄化趋势，认为忽视人口老龄化问题不仅会损害老年群体的利益，更会对经济社会发展产生严重影响。

老年保障学在这一背景下应运而生，各国应对人口老龄化过程中的政策实践也为老年保障学的建立提供了重要借鉴，并为学科发展打下了基础。联合国数据显示，1950年全世界65岁及以上老年人口接近1.3亿人，至1980年全世界65岁及以上老年人口接近2.6亿人，30年的时间增长了一倍。世界人口大会曾通过《世界人口行动计划》，呼吁各国充分重视世界老年人口数量及其所占比例的变化带来的社会问题。

在老年保障学发展初期，各国普遍重视老年人的收入保障问题，认为完善的收入保障制度可以减轻老年贫困问题，改善老年人在养老、医疗等多方面的困境，即使老年人失去劳动能力、退出工作岗位，也能拥有稳定的老年生活，实现老有所养。1957年，德国实施了现收现付制养老金制度，普遍提高国家公共养老金水平。1959年，英国政府颁布新《国民保险法》，提出在固定养老金以外增加与收入关联的额外养老金，以保障老年人退休后的基本生活。1959年，日本制定了适用于日本全体国民的《国民年金法》；1961年，日本确立了覆盖全民的养老保险制度，并提高了养老金给付水平。

整个社会的"老年化"发展使医疗服务需求明显增加，医疗费用的增长使得部分老年人难堪重负，直接降低了老年人的晚年生活水平。对此，英国在20世纪40年代末期建立了全民医疗保险体系，包括公共医疗保健、公私互补医疗保险计划以及私人保险三个部分，成为三层次医疗保障体系的国际模板。[1] 1955年，瑞典颁布并实施了《国民健康保险法》，规定16岁及以上居民都要加入医疗保险制度，并于1962年立法实施现金补偿与医疗保险服务相结合的强制性社会保障制度。1965年，美国建立了针对65岁及以上老年人的医疗制度，1966年开始实行医疗照顾与医疗救助服务相结合的社区医疗体制，1972年，将保障范围由65岁及以上老年人扩大至非因工伤残人员，医疗救助的经费由联邦和州政府共同负担。

老年人在衰老的过程中身体机能逐渐衰退，患感染病、慢性病的概率大幅增加，并且患病后治疗时间长、治愈难度大。因此，许多国家在医疗机构服务架构中纳入了老年健康护理项目，为老年人的晚年健康提供了重要保障。美国从1965年开始实施老年医疗健康照顾计划，对65岁及以上老年人实行免费医疗健康服务。日本在1982年颁布了《老年保健法》。此外，其他发达国家也都在社区建立了较为完备的健康保障服务系统，以提高老年人的抗病能力和健康水平。[2]

1965年，美国政府通过了《美国老年人法案》，在针对老年人的职业歧视方面作出明文规定，认为就业机会不应因年龄而受歧视，并为老年人寻找工作岗位创造机会，建立了社会服务类的就业项目。其目的是要创建没有年龄歧视的就业市场，为有劳动意愿的老年人提供就业培训和相对平等的就业机会。

1976年，美国著名的老年经济学家詹姆斯·H.舒尔茨（James H. Schulz）撰写了《老龄化经济学》一书，作者以美国社会为背景，探讨了老年人整体经济情况，老年人是否应该工作，工作与退休之间如何过渡，以及建立从老年人和遗嘱收益出发的社会保障与医疗方面的补充收入保障等问题，以解释人口老龄化与社会经济发展之间的关系，主要有以下观点。

（1）不断增长的公共和私人养老金收入，对劳动参与率产生了十分消极的影响。即使生产率不随着年龄的增长而下降，多数老年人在失业后重新就业也会面临各种阻碍，如老年人与工作的适配性较低、面临就业歧视等。

（2）当退休后有多种收入支持方式时，老年人面临的主要选择是个人储蓄项目还是集体养老项目。养老金计划的覆盖面和强制执行等设计，主要为了防止短视行为和"搭便车"现象。

---

[1] 张丽云.国外及港澳台老年社会保障制度研究[M].北京：中国社会出版社，2011：150.
[2] 姜向群.老年社会保障制度：历史与变革[M].北京：中国人民大学出版社，2005：223.

（3）医疗保险能为65岁及以上老年人支付大量的住院费用，并承担较大比例的医生薪酬。很多人使用雇主设计的或私人补充医疗保险来平衡不断增长的医疗支出。

（4）美国家庭不再把亲属送入护理院，他们继续承担老年人长期照护和慢性病照护的主要责任，满足了大约70%的老年人的个人照护和生理照护需求。

第三节 老年保障的全面发展时期（1981—2001年）

1982年联合国于维也纳首次举行了老龄问题世界大会，发布了《老龄问题维也纳国际行动计划》，大会为各国建设针对人口老龄化社会问题的基础设施，促进老年人基本健康服务、住房供给、收入保障，增加社区中的助老投入等方面提供了指导。这是人口老龄化问题第一次被系统提及，会议强调加强老年权利和福利保障需要各国政府的系统规划，只有制定周全的保障制度，才能为老年人提供高质量保障。

随着人口老龄化程度的加深，老年保障学也从初步发展向全面发展过渡。该阶段各国面临的主要问题是人口老龄化导致政府财政负担过重。为了解决该问题，美国着力发展私人养老金制度，并提出了法定社会养老保险、企业补充保险与个人储蓄制度并行的改革措施，同时也通过立法，规定到21世纪初期将退休年龄增加至67周岁。1986年，英国通过了《社会保障法》，鼓励保险公司以及其他机构部门设定个人养老金计划，将国家福利保障责任向私人部门转移，以平衡个人和国家的保障责任。1992年，德国《养老金改革法令》规定，养老金年度调整基数由职员毛薪资改为纯收入；[①] 同时，德国政府为了缓解养老保险改革初期对养老服务的财政支出压力，于2001年在养老保险改革中推出了享有所得税优惠的李斯特养老金，以降低税收压力，使德国法定养老保险由单纯的公共养老保险体系向多支柱的养老保险体系过渡。

1994年世界银行出版的《防止老龄危机：保护老年人及促进增长的政策》一书中，对老年经济保障进行了详细阐述。其中强调了老年经济保障制度具备再分配、储蓄和保障三项基本功能，并指出了这三项基本功能缺失将导致的若干问题：收入逆向再分配，缺乏公平；大量的老年保障支出将产生严重财政赤字，从而引起通货膨胀；老年人的社会保障费用会挤占其他能够促进社会经济成长的公共开支等。书中还对世界各国构建合理的老年保障制度提出了建议：一是向各国政府推介建立三支柱老年保障制度，旨在将再分配功能与储蓄功能分离，为不同老年风险提供保障；二是限制公共财政支出，将政府责任限定在减少老年贫困上，鼓励建立私人经营的强制性存款制度和

---

① 姜向群. 老年社会保障制度：历史与变革［M］. 北京：中国人民大学出版社，2005：147.

自愿存款制度，主要是为了提高存款功能，用于改善老年生活；三是职业养老金计划的增长不应该以财政支出为代价，可采取积累制并由私人经营，这样既能增加长期储蓄，又能刺激资本市场现代化；四是为改善公共养老金计划的财政承受能力，可采取适当提高退休年龄、降低过高的法定替代率、提高缴费率和应税收入的上限等政策。这些建议具有明显的新自由主义倾向，一些措施被众多发展中国家政府采纳。

1983年，日本政府制定了《老年人健康和医疗服务法》，该法要求政府为老年人提供全程式健康服务，不仅涉及常见病诊断，还包括疾病防治、健康促进等健康领域业务。20世纪80年代，美国政府建立了医疗保险费用预算支出管理制度，通过该管理制度约束了医疗费用支出，有效控制了医疗费用增长；同期的欧洲社会也极力压缩由政府提供的全民医疗保险机制，并提倡实行以雇主缴费为基础的健康个人计划。1986年，英国政府建立国民保健制度，实行公私合作的国家健康政策体系，把医疗保健业务分成了公共医疗保健体系、私人医疗保健业务和社会医学援助三个部分。

在养老资金问题得到初步解决后，老年人面临的"何处养老""如何养老"问题成为政府下一阶段需要攻克的主要任务。1982年，联合国通过的《老龄问题维也纳国际行动计划》中提出，各国政府应想方设法帮助和完善家庭保障，以充分体现社区文化价值，满足家庭中老年成员的生活需要。1991年，联合国提出"老年人尽可能在家养老"，以期满足老年人晚年的心理需要与精神慰藉需要。衰老过程中老年人的身体较为脆弱，因此在居家养老的环境中，由子女相伴左右并处于熟悉的环境中会给予老年人足够的安全感，这是任何养老机构都无法替代的。对此，美国政府于1981年推行医疗救助和老年人社区服务计划，主要目的是推动老年人的家庭看护，使习惯于居家养老的老年人能够享受到专业服务。英国于1993年实行社区照顾改革，改革的主要方向是推动社区给予居家养老老年人贴心的服务和关怀，使其能够独立生活。

随着老年人年龄的增长，慢性病、行动障碍以及意外伤残发生的概率增加，此时就需要对老年人进行长期护理，但很多国家长期护理服务供给仍不能有效满足老年人需求。同时，不断增长的高额护理服务费用，也使得不少老年人望而却步。因此，在老年健康保障的基础上，建立长期护理保险制度开始受到广泛关注。1980年，美国通过了《医疗保险家庭保健法》，取消了对家庭护理访问次数的限制和建立家庭护理前必须先住进医院的要求，开放了营利性家庭护理机构，扩大了医疗保险家庭护理范围。至此，超过一半的接受家庭护理的患者没有先去医院就诊，而是直接接受家庭护理，许多人得到的家庭护理服务超过6个月。德国于1994年通过了《护理保险法》，将护理保险分为法定护理保险和个人护理保障两个方面，该制度是德国政府强制执行的社会保险制度之一。瑞典于1997年和1998年为需要照顾的老年人的配偶和直系亲属共近一万人提供了照顾补助,并于 2000 年颁布了《护理保险法》,建立护理保险制度,同时把老年人的护理保障问题纳入到社会保障制度中。长期护理保险制度的出现适应了人口老龄化社会中老年群体对护理的需求。

充分发挥老年人就业能力可以增加老年人的个人收入,减少政府社会保障支出,并在维持老年人健康水平等方面起到积极作用。在这一阶段,各国开始落实老年保障发展初期所设定的关于保护老年人就业的政策。1986 年,美国政府颁布相关法令,增加了限制退休年龄的适用范围,确立了弹性退休措施,使老年人不再因高龄而被限制就业,从而推动了老年劳动力市场的发展。1986 年,日本在国内各地设立银发人才中心,目的是为老年人创造再就业机会,使老年人通过就业来提高晚年生活质量。

第四节 老年保障的改革时期(2002 年至今)

2002 年,联合国第二届老龄问题大会在马德里召开,大会根据 21 世纪初严峻的世界人口结构形势所造成的巨大挑战,协助各国政府制定专项政策和计划。《马德里老龄问题国际行动计划》要求各国政府从根本上转变态度,积极制定政策措施,将 21 世纪的人口老龄化压力转变为发展潜力,确保老年人能够有保障、有尊严地安享晚年,从而提高老年人在家庭生活和社会活动中的能力。2004 年,国际劳工组织在关于人口老龄化社会的就业和社会保护会议中明确阐释了应重视劳动力市场中老年工人由在职到退休的过渡阶段,包括老年工人的心理变化、收入变化等。在人力资源开发方面,需要对老年人开展合适的培训和制订学习计划,并依据老年人实际情况,为其提供合理的工作安排和职业建议。2004 年,世界卫生组织发布的《国际老龄行动计划:实施情况的报告》中提出,健康是老年人保持独立性和继续为其家庭、社区做出贡献的必要条件。此后,《马德里老龄问题国际行动计划》将初级卫生保健作为行动重点,为老年人提供预防常见疾病、延迟慢性病发病期等所需要的定期、持续的基本保健和护理,目的是使他们能够为家庭、社会和经济发展继续贡献力量。2006 年,世界银行发表《21 世纪的老年收入保障——养老金制度改革国际比较》,在以往"三支柱"的基础上,提出了"五支柱"的新概念和建议,同时增加了用于反贫困的零支柱以及涵盖范围更广的社会保险制度改革的第四支柱,并更加强调多支柱养老模式的重要意义,更加重视对弱势群体生活收入方面的保障,更加明确强制性养老金体系中的各项支柱都应该加强市场化运营,以实现为个人平衡终身收入的功能。

在老年保障改革时期,许多国家在扩大养老金有效覆盖方面取得了实质性进展。2000 年,只有 34 个国家对法定退休年龄以上人口养老金的有效覆盖率超过 90%,而在

2015年至2020年，有78个国家进入了这一有效覆盖率行列。① 这一阶段各国也更加注重健全多层次老年保障体系。2002年6月，英国提出了附加国家养老金计划，作为收入关联养老金计划的替代政策，也被称作国家第二养老金计划，是英国第二支柱养老金体系的重要部分。2012年至2017年，英国政府引导在职人员为退休生活而储蓄，建立"自动加入"的个人养老金制度，其实质是强制性的第三支柱，并表示只要个人通过第二支柱、第三支柱缴存养老金，就可参加国家职业储备信托，利用信托项目的投入获得收益。德国于2003年开始在养老金体系中引入零支柱，即为65岁及以上人口和残疾人提供财政转移支付；2004年开始进行社会养老保险制度改革，德国养老保险财务模式由现收现付制向缴费确定制过渡，养老保险缴费率从2007年的19.9%下降至2018年的18.6%；同时，德国在2018年引入实施缴费确定型计划（defined contribution plan，DC计划），并提高第三支柱养老金的补贴金额。

2005年，德国政府启动了50岁以上劳动者再就业计划，开展针对老年人的就业援助项目，此项目为老年长期失业者提供就业援助，援助体现在经济和心理两方面；2007年，德国重新修订年龄方面的免除工作条例，规定年龄较大（57岁及以上）的人群也应继续选择就业；2022年，一项针对在职人员的援助计划表明，只要参加工作即可获得300欧元能源补贴，鼓励老年人积极就业。日本也采取了一些促进老年人就业的政策和财政支持，2004年，日本法律要求企业分阶段提高退休年龄；2013年，日本开始实施《老年人雇佣安定法》，规定企业消除雇用老年人的所有限制，让有工作意愿的老年人都能工作到65岁。

丹麦在老年医疗保障方面更加重视对老年慢性病的预防和治疗。2004年，丹麦卫生部推行卫生服务计划，以提升老年慢性病患者的生活质量；2005年，丹麦建立卫生服务中心，供老年慢性病患者康复治疗；2009—2011年，丹麦政府开始划拨财政资金用以支持老年卫生服务项目，并以政府税收资金的形式向全社会老年人提供医疗护理和家庭服务。美国老年医疗保险旨在缓解由于医疗费用上涨给老年人造成的压力，2007年，美国老年医疗保险通过增加关于疾病诊断分组获取的赔偿金额，使老年人支付的医疗费用整体下降；2013年，美国进行政府干预，其补充医疗保险计划包括对低收入老年群体实施公共医疗补助；2016年，美国针对老年危机家庭医疗，设置了老年医疗保险每日费率梯度，确定了社区居家安宁疗护中医疗保险报销的费用范围。

为缓解国家未来可能面临的长期护理保险支出压力，2008年，德国对长期护理保

---

① 国际劳工组织.世界社会保障报告（2020—2022）[M].华颖，等，译.北京：中国劳动社会保障出版社，2022：121.

险进行改革，建立起长期护理保险储备基金项目，该基金提取比例为长期护理保险基金的0.1%，并逐年进行累积；2013年，德国推出商业长期护理保险补贴计划，以缩小保障缺口；2015—2017年，德国相继通过《护理加强法案》第Ⅰ、Ⅱ、Ⅲ部，逐步细化护理需求，将之前限制在被护理人身体障碍方面的照顾，逐步拓展至心理、认知、精神健康等方面，以尽可能满足老年人多方面的护理需要。日本于2011年和2014年对长期护理保险实施了两项改革，注重建立医学与看护紧密结合的看护体制，让看护组织和社会医疗机构共同协作，为老年人提供更加全面的居家看护服务，并通过扩大看护服务供给、提升卫生资源使用效率等，让老年人能够更加方便快捷地获取看护服务；在护理费用方面，日本于2014年针对不同收入层次和不同护理费用承担能力的老年人，合理调整护理费用缴纳比例与自付比例，2021年《介护保险法》调高了高额护理服务费的上限额度，当每月的负担费用超过上限额度时会返还超额费用，总体表现为与年收入对应的高收入则高负担的调整方针。

第五节　中华人民共和国老年保障的历史沿革

尊老、敬老是中华民族的传统美德，老年保障思想在中国古代社会福利思想中占有重要地位。中国古代的政治家、思想家相继提出了大同仁爱思想、社会互助思想以及官员退休制度等有关老年保障的思想和主张。但是，这些传统的老年保障思想或主张，还不能称为真正意义上的老年保障制度。中华人民共和国成立以后，我国才真正有效地开始建设老年保障制度，并逐渐形成了较为完善的本土化老年保障体系。中华人民共和国成立后，我国老年保障体系的发展历程大体可以分为以下六个阶段。

一、创建试行阶段（1949—1956年）

1949年，中华人民共和国成立时百废待兴，党和政府在大力发展生产力的同时，也高度重视社会建设，社会保障制度建设就是其中一项重点工程。在这一阶段，我国的工作重心是恢复生产，社会保障制度是为了保护职工权益以推动生产力的发展而设置的各类劳动保险项目，因此，同时期的老年保障相关内容也多与劳动保险相关。当时我国老年保障体系的主要内容是基本养老保险制度，即国家通过立法对缴费个人年老退休后的生活提供保障的一项基本社会保险制度。1950年年底，劳动部和中华全国总工会开始拟订《中华人民共和国劳动保险条例》，并于1951年2月正式颁布。这一条例的颁布，标志着我国城镇企业职工基本养老保险制度的建立。该条例具体规定了职工年老后应获得的保险待遇。之后，劳动部又陆续颁布了《关于劳动保险登记手续的规定》《关于工资总额组成的暂行规定》《劳动保险基金会计制度》等与劳动保险相关的政策法规，城镇企业职工的基本养老保险配套政策不断增加，养老保险在制度层面得到了较好的建设与发展。劳动保险的范围也逐步扩大，到1956年共有13个产业和部门实施劳动保险，并逐步扩大到全国各地。1955年，国务院颁布了《国家机关工作人员退休处理暂行办法》，这是为国家机关工作人员设立的一套独立的社会保险办法。该办法规定了国家工作人员的退休年龄，其中，男职工60岁退休、女职工55岁退休；该办法也对退休金额的发放标准做了一定说明，与城镇企业职工相类似，国家机关工作人员可领取的退休金金额与其工资总额、工作年限挂钩。但是由于经济发展水平的限制，我国广大农村并未建立基本养老保险制度，农民养老往往依赖其土地和家庭，国家和集体仅对部分特殊困难的农村老年人口给予保障其最低生活水平的补助。由此可见，此阶段关于老年保障的相关内容是被包含在各项职工权益的社会保障制度之中，在社会保险方面取得了一定的建设成就，但仍有较大局限性，表现在当时的养老保险制度灵活性不高、覆盖范围较小、城乡保障水平失衡。此外，当时的养老保险制度几乎完全由国家负担，保险形式单一，造成很重的财政负担。

中华人民共和国成立之后，党和国家高度重视社会救济、社会优抚和社会安置工作，这其中也包括对老年群体提供的救济、优抚和安置工作，是对基本养老保险制度的重要补充。

在社会救济方面，1949年12月，政务院发布了《关于生产救灾的指示》，1950年还成立了专门的救灾机构，在全国各地广泛开展救灾运动，并发布了《关于救济失业工人的指示》《救济失业工人暂行办法》。1952年，国家又发布了《政务院关于劳动就业问题的决定》《政务院劳动就业委员会关于失业人员统一登记办法》。尽管在社会救济方面更多着眼于生产发展，并没有针对老年群体的特殊保障，但是在保障对象中包含了老年群体。

在社会优抚、社会安置方面，主要为军事系统中的老年群体提供保障。在社会优抚方面，1950年，国家制定并颁布了《革命军人牺牲、病故褒恤暂行条例》《革命烈士家属、革命军人家属优抚暂行条例》《民兵民工伤亡抚恤暂行条例》《革命残废军人优待抚恤暂行条例》以及《革命工作人员伤亡褒恤暂行条例》。在社会安置方面，为了妥善安置复员军人和退伍军人，中央政府成立了专门机构，各地方政府也相应成立了组织机构，负责安置复员、退伍军人。国务院于1954年颁布了《复员建设军人安置暂行办法》，1955年又颁布了《国务院关于安置复员建设军人工作的决议》等。

在广大农村地区，党和国家也积极开展社会救济、社会优抚和社会安置工作。其中，1956年，全国人民代表大会通过了《高级农业生产合作社示范章程》，要求对农村的老、弱、孤、寡、残疾社员实行救助，这实际上是在广大农村地区进行分类救助，将农村老年群体作为单独序列提供保障。1956年，我国社会保障体系已初步建立，主要包括社会保险、社会救济、社会优抚、社会安置四个方面，虽然对老年群体的保障仍缺乏针对性，保障水平也比较低，也缺乏对老年保障的专门研究，更谈不上形成一门独立的学科，但为我国本土化老年保障学的产生和发展提供了初步的物质、政策和理论基础。

二、初步发展阶段（1957—1965年）

1957—1965年是我国老年保障制度的初步发展阶段。此阶段，劳动部和中华全国总工会对社会保障制度进行了修正、补充和改进，使之能够更切实地为人民群众提供必要的生存与生活保障。经过调整，取得了以下成就：一是全国企业职工、国家机关工作人员、军人的退休、退职制度得到了发展；二是在医疗保障方面，企业职工医疗保障制度初成体系；三是除了完善正式企业职工的社会保险制度，还提升了学徒工的社会保险待遇水平；四是为精简下放企业职工提供了更加完善的生活安置照料；五是继续发展了社会福利、社会救济事业；六是进一步发展了农村社会保障事业，缩小了城乡之间社会保障水平的差距。

1957年，三大改造任务基本完成，我国也随之进入了全面的社会主义经济建设时期，对部分老年群体的保障力度有所增加，保障内容更加丰富。1957年，国家陆续颁布了《职业病范围和职业病患者处理办法的规定》《国务院关于工人、职员退休处理的暂行规定（草案）》《批准工人、职员病伤、生育假期的试行办法（草案）》《医务劳动鉴定委员会组织通则（试行草案）》。1958年，国家又陆续颁发了《国务院关于工人、职员退休处理的暂行规定》《国务院关于工人、职员退职处理的暂行规定（草案）》。这些配套法律法规的颁布，直接或间接地为老年群体带来了更加规范和稳定的生存生活保障，保障水平有所上升，保障内容更加多元。但是，1959—1961年连续三年的自然灾害使我国经济遭受重大打击，老年保障制度的建设也随之搁浅，直到1962年，随着我国国民经济的逐步调整与恢复，老年保障制度也开始了新一轮的建设进程。

三、停滞阶段（1966—1976年）

"文化大革命"给我国经过改革调整、快速发展的社会保障制度带来重大负面影响。1968年，专门负责社会保障事务的内务部被撤销。1969年颁布的《关于国营企业财务工作中的几项制度的改革意见（草稿）》规定，国营企业一律停止提取工会经费和劳动保险金；退休职工、长期病号和其他劳动保险开支，改在企业营业外列支。这导致企业职工的社会保险金制度被暂时废止。同时，社会福利、社会救济、社会优抚与社会安置等社会保障制度也被严重干扰。

四、恢复重建阶段（1977—1983年）

1976年10月，"文化大革命"结束，社会保障事业也随着各行各业的拨乱反正而迅速恢复。1978年，国务院颁布了《关于安置老弱病残干部的暂行办法》和《关于工人退休、退职的暂行办法》，重新明确了城镇基本养老保险的各项规定。1980年，国务院颁布了《关于老干部离职休养的暂行规定》。1981年，国务院、中央军委颁布了《关于军队干部退休的暂行规定》，1982年，又颁布了《关于军队干部离职休养的暂行规定》，重新明确了军事系统内老年群体保障的相关事宜。机关事业单位的养老保险制度也开始重建。1982年7月，我国派代表团出席了联合国在维也纳召开的老龄问题世界大会，并在会议上做了发言，这次会议提高了国内学者对人口老龄化问题和老年人权益保障问题的关注度，推动了老年保障的学术研究，对我国的老年保障学产生了重要影响。1982年，全国有11个省（市）3 457个生产队实行养老金制度，规定凡参加集体生产劳动10年以上的、年满65周岁的男社员和年满60周岁的女社员，可享受养老金待遇。[①] 1983年，劳动人事部颁布了《关于建国前参加工作的老工人退休待遇的通知》，规定1949年以前参加工作的老工人退休待遇可按100%领取。但在这一时期，农村老年保障体系依然未成形，保障形式没有显著变化。

五、改革与完善阶段（1984—2011年）

中国社会保障制度的真正改革是从1984年开始的，其动力是20世纪80年代中期开始的城市经济体制改革。1984年11月，民政部召开全国城市社会福利事业单位整顿经验交流会议，首次提出"社会福利社会办"的指导思想，提倡社会福利事业由国家包办向国家、集体、个人一起办转变，支持城市社会福利院和农村敬老院向社会老年人开放。1986年，第六届全国人大四次会议通过的《中华人民共和国国民经济和经济发展第七个五年计划》，不仅首次提出了社会保障概念，而且单独设章阐述了社会保障制度的改革与社会化问题。这一阶段我国老年保障相关的制度改革，主要包括以下四个方面内容。

---

① 王平达. 新型农村社会养老保险法律制度研究［M］. 北京：中国农业出版社，2013：137.

(一)老年经济保障的改革与完善

1984年起,广东、江苏、辽宁、四川等省份的少数市县开始试行退休费用社会统筹,拉开了我国养老保险制度改革的序幕。1986年,国务院发布的《国营企业实行劳动合同制暂行规定》明确规定,国家对劳动合同制工人退休养老实行社会保险制度。退休养老基金由企业和劳动合同制工人共同缴纳。退休养老金不敷使用时,国家给予适当补助。1987年,中央财经领导小组会议决定,建立各级退休费用统筹管理委员会,对退休费用统筹工作,包括人、钱、事进行统一管理。在总结改革先行地区社会保险经办体制创建经验的基础上,这一决定开启了各地自下而上探索建立社会保险经办机构的先河。1988年政府机构改革,撤销劳动人事部,组建了新的劳动部,负责管理企业职工退休工作。1989年,劳动部发布了《关于社会保险机构的名称和工作职责的通知》,将省、市、县各级劳动部门所属的社会保险机构的名称统一为"社会保险事业管理局"。1991年,国务院发布了《关于企业职工养老保险制度改革的决定》,提出建立多层次的养老保险体系;并规定基本养老保险实行社会统筹,费用由国家、用人单位和职工三方负担。1995年,国务院颁布了《关于深化企业职工养老保险制度改革的通知》,第一次明确要求各地要在1998年之前建立个人账户,城镇职工养老保险的覆盖范围不限于国有企业,而是适用于城镇各类企业职工和个体劳动者。1997年,国务院颁布了《关于建立统一的企业职工基本养老保险制度的决定》,确立了企业职工基本养老保险实行社会统筹和个人账户相结合的模式,其适用范围扩大到除机关事业单位以外的全体工薪劳动者。2000年,国务院发布了《关于印发完善城镇社会保障体系试点方案的通知》,将个人账户缴费比例下调至8%,并规定个人账户可以跨省转移及继承。2005年,国务院颁布了《关于完善企业职工基本养老保险制度的决定》,提出改革基本养老金计发办法,基础养老金与缴费年限、缴费工资、退休时间等挂钩,个人账户养老金计发办法更加灵活,考虑了平均预期寿命、本人退休年龄等因素。2009年,国务院印发了《城镇企业职工基本养老保险关系转移接续暂行办法》,对企业职工基本养老保险跨地区转移接续办法进行了调整,除原有的个人账户资金可全部转移外,统筹账户按缴费基数12%的总和转移。这极大地提高了流动人口参保的积极性,保障了流动人口的权益,与我国进一步深化经济体制改革所要求的生产要素自由流动相适应。

我国农村社会保险从1986年开始探索。1987年,民政部印发了经国务院同意的《关于探索建立农村基层社会保障制度的报告》,各地农村尤其是经济发达地区的农村加快了建立农村社会养老保险的步伐。据不完全统计,到1989年年底,全国共有19个省、自治区和直辖市的190多个县(市、区、旗)进行了农村社会养老保险方面的探索，800多个乡镇建立了乡（镇）本位或村本位的养老保障制度，并积累了一定的资金。① 1991年，国务院决定由民政部负责开展农村社会养老保险制度试点（简称老农保）。1992年，民政部印发了《县级农村社会养老保险基本方案（试行）》，将县级作为开展社会养老保险的基本单位。该方案明确规定要为参加农村社会养老保险的农村人口发放相应退休金，20岁及以上的农村人口都可以参保，60岁时开始领取退休金。但当时农村的养老保险费用主要依靠个人交纳，只有部分经济条件稍微富裕的集体会给予部分缴费补贴等补助。1993年，党的十四届三中全会通过的《中共中央关于建立社会主义市场经济体制若干问题的决定》明确提出，要建立多层次的社会保障制度，为城乡居民提供同我国国情相适应的社会保障制度，促进经济发展和社会稳定。1994年，国家公布实施《农村五保供养工作条例》，经过近半个世纪的发展，产生于1950年中期的五保供养制度转向法制化轨道。1995年，《国务院办公厅转发民政部关于进一步做好农村社会养老保险工作意见的通知》出台，该通知积极倡导我国农村人口参加养老保险，我国农村社会养老保险制度正式建立，并在全国范围进行推广。1998年，国务院机构改革，将农村社会养老保险管理职能由民政部划入劳动和社会保障部，实行社会保险统一管理。但在1999年的《国务院批转整顿保险业工作小组保险业整顿与改革方案的通知》中指出，目前我国农村尚不具备普遍实行社会保险的条件，对民政系统原来开展的"农村社会养老保险"，要进行清理整顿，停止接受新业务，区别情况，妥善处理，有条件的可以逐步将其过渡为商业保险。这个文件意味着老农保不得不停办。2002年，党的十六大明确提出，在有条件的地方探索建立农村社会养老保险制度。此后，农村社会养老保险工作进入创新发展的地方探索阶段。

2009年，国务院发布了《关于开展新型农村社会养老保险试点的指导意见》，标志着新型农村社会养老保险制度（简称新农保）的建立，该文件规定新农保实行个人缴费、集体补助、政府补贴相结合的筹资模式，首次实现农民60岁后领取国家普惠式养老金。2010年，国家颁布了《中华人民共和国社会保险法》，规定新型农村社会养老保险待遇由基础养老金和个人账户养老金组成，参加新型农村社会养老保险的农村居民，符合国家规定条件的，按月领取新型农村社会养老保险待遇。2011年，人力资源社会保障部办公厅颁布了《关于做好当前新型农村和城镇居民社会养老保险试点工作的通知》，提出扩大新农保试点和覆盖范围，提高缴费档次。

---

① 侯海涛，李波. 最新社会保险工作实务全书[M]. 北京：企业管理出版社，1997：1076.

（二）老年医疗保障的改革与完善

这一阶段，我国对公费医疗与劳保医疗改革进行了探索，就医疗保险引入个人分担费用机制与医疗费用社会统筹开展了一系列试点工作。1989年，国家批准丹东、四平、黄石和株洲作为医疗保险制度改革试点城市，海南和深圳作为社会保障综合改革试点省、市，这都为后续医疗保险制度的建立和完善提供了依据。1993年，党的十四届三中全会明确了社会主义市场经济体制的主要框架，提出建立城镇职工医疗保险制度的目标：实行社会统筹与个人账户相结合，逐步覆盖所有城镇劳动者。改革的重点是既要解决公费医疗和劳保医疗本身难以为继的问题，同时配套解决经济体制转型出现的社会问题和推进国有企业改革。1994年，国务院颁布了《关于职工医疗制度改革的试点意见》，首先在江苏镇江、江西九江进行医疗保险统账结合的试点，随后试点范围扩大到20多个省区的近40个城市。个人分担机制的引入在一定程度上消除了原有制度的弊端，但并未从根本上建立有效的医疗费用约束机制，致使一系列混乱现象发生。1998年，在充分试点的基础上，国务院出台了《关于建立城镇职工基本医疗保险制度的决定》，这是我国医疗保障制度改革历程中的重要一步。同时，国家配套推进医药卫生体制改革，强化医疗服务管理，以保障制度的顺利实施与稳定运行。到2000年前后，全国多数地区都组织实施了医疗保险制度改革，医疗保险新制度在全国基本建立。此后，我国城镇职工基本医疗保险制度不断完善，覆盖范围也不断扩大。

随着家庭联产承包责任制的普遍推行、人民公社制度的取消、财政体制的变迁和市场经济的浪潮，以集体经济为基础的农村合作医疗制度迅速衰落。农民的健康保障问题逐渐显现，到1989年，实行农村合作医疗的行政村只占全国行政村总数的4.8%。[①]大部分农民失去了低水平的医疗保险，不得不重回自费医疗阶段。基于这一情况，1990年，卫生部、国家计划委员会、农业部、国家环保局、全国爱卫会联合发布了《中国农村实现"2000年人人享有卫生保健"的规划目标》，明确提出2000年人人享有卫生保健的最低目标。1992年，《关于加强农村卫生工作若干意见的通知》要求，按照自愿互利的原则，鼓励受益群众、全民、集体企事业单位和社会团体多方面筹集资金，支持建设乡镇卫生院、村卫生室和举办农村合作医疗。1993年，党的十四届三中全会通过的《中共中央关于建立社会主义市场经济体制若干问题的决定》中明确提出，发展和完善农村合作医疗制度，农村合作医疗制度重新得到重视。1997年，国务院批复了卫生部等五部门《关于发展和改善农村合作医疗的若干意见》，提出了建立和完善农

---

① 汪时东，叶宜德.农村合作医疗制度的回顾与发展研究［J］.中国初级卫生保健，2004（4）：11-13.

村合作医疗的若干具体措施。2003年,《国务院办公厅转发卫生部等部门关于建立新型农村合作医疗制度的意见》中指出,新型合作医疗(简称新农合)制度是由政府组织、引导、支持,农民自愿参加,个人、集体和政府多方筹资,以大病统筹为主的农民医疗互助共济制度。自此,新农合制度正式开始试点推广。2009年,农村地区全面建立新农合制度,全国所有城市也全部开展了城镇居民医疗保险工作。经过不断调整发展,新农合的覆盖面不断扩大,"应保尽保"的目标基本实现。

(三)老年社会救助的改革与完善

1993年开始,上海等一些城市陆续开始进行城市最低生活保障的实验。1997年,国务院发布了《关于在全国建立城市居民最低生活保障制度的通知》,从政策上正式确定了在全国范围内实施最低生活保障工作。在这项政策中,首次对城市最低保障的对象作出明确规定——家庭人均收入低于当地最低生活保障标准的持有非农业户口的城市居民,具体确定为三类人员:无生活来源、无劳动能力、无法定赡养人或抚养人的居民;领取失业救济金期间或失业救济期满仍未能重新就业,家庭人均收入低于最低生活保障标准的居民;在职人员和下岗人员领取工资或最低工资、基本生活费后以及退休人员领取退休金后,其家庭人均收入仍低于最低生活保障标准。1999年,国务院颁布《城市居民最低生活保障条例》,这是我国城市居民最低生活保障(以下简称城市低保)制度迅速发展的一个重要标志。

进入21世纪,最低生活保障制度获得空前发展。2001年,国务院办公厅发布了《关于进一步加强城市居民最低生活保障工作的通知》,扩大低保覆盖面,缩小应保未保面。在同年的中央经济工作会议上,大会一致同意增加低保所需资金,确保账户资金专款专用。从2004年开始,民政部开始探索建立以城市低保制度为主体,以临时救助制度为补充,医疗救助、教育救助、住房救助相配套的社会救助体系。2006年,民政部指出要适当提高城市居民最低生活保障水平。在城市低保工作取得显著成效的同时,民政部开始着手农村居民最低生活保障制度(以下简称农村低保制度)的建设工作。2003年4月,民政部办公厅出台了《关于进一步做好农村特困户救助工作的通知》;同年10月,党的十六届三中全会提出探索建立农村低保制度。2007年,开始实行农村低保制度。[1] 2007年年底,全国31个省(自治区、直辖市)的2 777个涉农县(市、区)全部建立了农村低保制度。农村低保救助人数增加到3 566万人。

---

[1] 许尧,王雪. 新中国70年保障贫困人口生活的历程、轨迹与经验[J]. 西北农林科技大学学报(社会科学版),2019, 19(6):1-9.

此外，在医疗救助方面，2002 年，中共中央提出对农村贫困家庭实行医疗救助。2003 年，民政部、卫生部、财政部三部门发布了《关于实施农村医疗救助的意见》，全国各地区开始了农村医疗救助试点工作。2005 年，《国务院办公厅转发民政部等部门关于建立城市医疗救助制度试点工作意见的通知》要求，5 年内全国建立医疗救助制度。2009 年，民政部、卫生部、财政部、人力资源社会保障部联合印发了《关于进一步完善城乡医疗救助制度的意见》，进一步完善医疗救助制度。在住房救助方面，为规范廉租住房保障资金管理，提高廉租住房保障资金使用效益，2007 年，财政部印发了《廉租住房保障资金管理办法》，为城镇贫困家庭提供住房救助。

（四）老年社会福利的改革与完善

1986 年，民政部制定第二个五年规划（1986—1990），明确提出了社会福利事业改革发展要由国家单一负担转变为国家、集体、个人三方共同负担，实现"救济型"福利事业到"福利型"福利事业的转变。[①] 1993 年 4 月，民政部发布了《国家级福利院评定标准》；同年 8 月，民政部会同国家计委等 14 个部门联合发布了《关于加快发展社区服务业的意见》，明确提出为城市老年人、残疾人、优抚对象提供社会福利服务。为加快老龄事业的发展，1999 年，国家成立了全国老龄工作委员会，是国务院主管全国老龄工作的议事协调机构，对包括老年保障在内的老龄事业进行统筹规划和指导。2000 年 8 月，中共中央、国务院印发了《关于加强老龄工作的决定》，提出各级基层要重视老年群体福利方面的保障；倡导构建养老服务体系，在老年教育、晚年安置、健康护理等方面给予政策支持。

在具体的养老服务规定上，2005 年 3 月，民政部发布了《关于开展养老服务社会化示范活动的通知》，首次提出以居家养老为基础，以社区老年福利服务为依托，以老年福利服务机构为骨干的老年福利服务体系。此后，居家养老的基础性地位在一些重要政策文件中都得到确认，如《国务院办公厅转发全国老龄办公室和发展改革委等部门关于加快发展养老服务业意见的通知》《关于全面推进居家养老服务工作的意见》等。从老年教育服务来看，在 1984 年的全国首次老龄工作会议上，"老有所学"的理念首次被提出。1985 年召开的全国老年大学经验交流会，对推进研究制定老年教育有关政策法规发挥了积极作用。1988 年，中国老年大学协会正式成立，促进了我国老年教育实践活动和制度机制的变革与创新。1994 年，国家计委、民政部等部门联合制定

---

① 戴卫东. 福利：V 型责任论：中国老年社会福利政策的一个理论建构[J]. 社会政策研究. 2018（1）：69-84.

了《中国老龄工作七年发展纲要（1994—2000年）》，老年教育首次正式出现在国家政策性文件之中。1995年通过的《中华人民共和国教育法》（以下简称《教育法》）更是明确规定，要建立全国性的包含老年教育在内的终身教育体系，并且鼓励发展多种形式的继续教育，推动全民终身学习。1996年，第八届全国人民代表大会常委会第二十一次会议通过了《中华人民共和国老年人权益保障法》，明确老年人享有继续受教育的权利，这是老年教育的概念首次出现在正式法律文件之中。2000年，中共中央、国务院印发了《关于加强老龄工作的决定》，明确提出发展多种形式的老年教育，兴办各类老年学校。2011年，国务院印发的《中国老龄事业发展"十二五"规划》明确提出，要创新老年教育体制机制，探索老年教育新模式。从城市适老化建设服务来看，2001年，民政部发布了《"社区老年福利服务星光计划"实施方案》，决定今后两至三年，从中央到地方，发行福利彩票筹集的福利金绝大部分用于资助城市社区的老年福利服务设施、活动场所和农村乡镇敬老院的建设。这是中华人民共和国成立后首次大规模、全方位推进城乡社区老年福利设施建设的政府行动。

六、高质量发展阶段（2012年至今）

2012年12月，第十一届全国人民代表大会常务委员会第三十次会议对《中华人民共和国老年人权益保障法》进行修订，首次提出积极应对人口老龄化是国家的长期战略任务。为更好应对我国人口老龄化进程带来的影响和挑战，党的十八大以来，以习近平同志为核心的党中央高度重视应对人口老龄化工作，通过顶层设计大力推动养老服务业的发展，多领域政策密集出台，我国老年保障由此进入高质量发展阶段，并进入了系统化、体系化的发展轨道。党的十八大以来，习近平总书记对老龄工作作出重要指示30多次，为老年保障发展指明了方向，提供了基本遵循。

在老年经济保障方面，2014年，国务院发布了《关于建立统一的城乡居民基本养老保险制度的意见》，将新农保和城镇居民社会养老保险两项制度合并实施，在全国范围内建立起统一的城乡居民基本养老保险制度，标志着我国农村养老保险制度从城乡二元分割发展阶段过渡为城乡统一发展的新阶段。[①] 2015年，国务院发布了《关于机关事业单位工作人员养老保险制度改革的决定》，规定机关事业单位工作人员与城镇从业人员统一实行"统账结合"的基本养老保险制度，这使得机关事业单位养老保险由以前的财政保证走向社会保险，标志着社会重点关注的制度"碎片化"问题得到初步解

---

① 郑秉文. 中国养老金发展报告2017［M］. 北京：经济管理出版社，2018：26.

决,制度并轨迈出实质步伐。①2018年,国务院发布了《关于建立企业职工基本养老保险基金中央调剂制度的通知》,决定自2018年7月1日起建立养老保险基金中央调剂制度。2019年,国务院印发了《降低社会保险费率综合方案》,要求职工养老保险统筹费率高于16%的省份统一降低至16%,低于16%的省份逐步提高到16%。同时,国家也已建立起基本养老保险待遇确定和基础养老金正常调整机制,推动基本养老保险待遇水平随经济发展而逐步提高,确保参保居民共享经济社会发展成果,促进城乡居民基本养老保险制度健康发展,不断增强参保居民的获得感、幸福感和安全感。2023年,《人力资源社会保障部、财政部关于2023年调整退休人员基本养老金的通知》中规定,全国调整比例按照2022年退休人员月人均基本养老金的3.8%确定。各省以全国调整比例为高限确定本省调整比例和水平。截至2022年年末,城乡居民基本养老保险参保人数为54 952万人,比上年增加155万人,实际领取待遇人数为16 464万人。全年共为2 687万困难人员代缴城乡居民养老保险费,在一定程度上减轻了家庭的养老压力。

在老年医疗保障方面,随着整个社会经济的高速发展,城乡差距不断扩大,医保政策在城乡之间的差距受到越来越多关注,新农合和城镇居民医保这两项制度城乡分割的弊端逐步显现。2016年,国务院发布了《关于整合城乡居民基本医疗保险制度的意见》,要求推动新农合和城镇居民医保这两项制度整合,逐步在全国范围内建立起统一的城乡居民基本医疗保险制度。整合后的城乡居民基本医疗保险从制度安排上缩小了城乡医疗保障的差距,提高了城乡居民参保的积极性和公平性,参保人数得以增加。2017年年末,全国参加城乡居民基本医疗保险的人数达到87 343万人,全年资助5 203万人参加基本医疗保险,参保总量较2016年增加42 483万人,远远大于参加企业职工基本医疗保险的30 320万人。②截至2022年年末,城乡居民基本医疗保险参保人数达98 349万人。享受待遇21.57亿人次,比上年增长3.7%。2022年,城乡居民基本医疗保险人均财政补助标准达到每人每年不低于610元。

在老年社会救助方面,2014年,国务院印发了《社会救助暂行办法》,明确了最低生活保障、特困人员供养、受灾人员救助、医疗救助、教育救助、住房救助、就业救助和临时救助等八个方面制度;同年,财政部、民政部、全国老龄办联合发布了《关于建立健全经济困难的高龄、失能等老年人补贴制度的通知》。2015年,司法部、全国老龄办出台了《关于深入开展老年人法律服务和法律援助工作的通知》,对深入开展老年人法律服务和法律援助工作作出全面部署,着力解决医疗、保险、救助、赡养、婚

---

① 李培.我国基本养老保险扩面的收入分配效应研究[M].成都:西南财经大学出版社,2015:100-101.
② 国家统计局.中华人民共和国2017年国民经济和社会发展统计公报[R/OL].(2018-02-28). http://www.gov.cn/guowuyuan/2018-02/28/content_5269506.htm.

姻、财产继承和监护等老年人最关心、最直接、最现实的法律问题。2021年，司法部、中央文明办联合印发了《法律援助志愿者管理办法》，明确司法行政机关与老龄办建立工作协作、信息共享机制，共同开展针对老年群体的专项法律援助志愿服务活动。此外，在医疗救助方面，2017年民政部等六部门出台了《关于进一步加强医疗救助与城乡居民大病保险有效衔接的通知》，对大病保险报销后仍然困难的低收入老年人等困难群体实施重特大疾病医疗救助；同年出台的《"十三五"健康老龄化规划》更注重老年群体的健康持久水平，加强了对老年贫困群体求医问药的救助力度，使老年群体的健康医疗保障与社会同步发展。2020年4月，民政部和国务院扶贫办印发了《社会救助兜底脱贫行动方案》，提出加快形成信息完整、动态更新的全国留守老人基础数据库，完善困难残疾人生活补贴和重度残疾人护理补贴制度。在住房救助方面，2014年住房城乡建设部、民政部、财政部联合印发了《关于做好住房救助有关工作的通知》，指出要切实保障困难群众的基本住房。2015年，住房和城市建设部、国家发展改革委、财政部印发了《关于做好2015年农村危房改造工作的通知》，对农村五保户、低保户和贫困残疾人家庭给予危房改造补助。2018年11月《住房城乡建设部、财政部关于印发农村危房改造脱贫攻坚三年行动方案的通知》中要求，把建档立卡贫困户放在优先位置，确保2020年前完成200万户建档立卡贫困户存量危房改造任务。2021年4月，住房和城乡建设部、财政部、民政部、国家乡村振兴局联合印发的《关于做好农村低收入群体等重点对象住房安全保障工作的实施意见》，提出为了巩固脱贫攻坚成果，要更好维护农村低收入群体住房保障。在殡葬救助方面，2012年，民政部出台了《关于全面推行惠民殡葬政策的指导意见》，将基本殡葬服务纳入了政府公共服务保障范围。目前，全国31个省（自治区、直辖市）全部建立了面向城乡困难群众的惠民殡葬政策。截至2022年年末，全国城市低保对象682.4万人；全国城市低保平均标准为每人每月752.3元，比上年增长5.7%；全国农村低保对象3 349.6万人；全国农村低保平均标准为每人每年582.1元，比上年增长9.8%；全国城市特困人员救助供养35.0万人，其中，60周岁及以上老年人22.0万人；全国农村特困人员救助供养434.5万人，其中，60周岁及以上老年人345.5万人。

老年社会福利政策措施主要表现在以下几个方面。

在养老服务方面，2018年新修正的《中华人民共和国老年人权益保障法》明确规定，国家建立和完善以居家为基础、社区为依托、机构为支撑的社会养老服务体系，为推动养老服务发展提供了重要法律依据。2019年，《国务院办公厅关于推进养老服务发展的意见》提出，确保到2022年在保障人人享有基本养老服务的基础上，有效满足老年人多样化、多层次养老服务需求。2021年，国务院发布了《"十四五"国家老龄事业发展和养老服务体系规划》，围绕推动老龄事业和产业协同发展、推动养老服务体系高质量发展，明确了"十四五"时期的总体要求、主要目标和工作任务。同年，国家发展改革委等部门联合印发了《国家基本公共服务标准（2021年版）》，明确了老年人福利补贴等养老助老服务的具体保障范围和质量要求；民政部发布《养老机构老年人健康档案管理规范》《养老机构老年人跌倒预防基本规范》《养老机构服务标准体系建设指南》《养老机构生活照料操作规范》《养老机构老年人营养状况评价和监测服务规范》等12项行业标准，进一步加强养老机构服务质量监管；民政部、国家市场监管总局联合印发了《关于强化养老服务领域食品安全管理的意见》，强化养老服务领域食品安全管理；民政部、住房城乡建设部、国家市场监管总局联合印发了《关于推进养老机构"双随机、一公开"监管的指导意见》，积极推进养老机构的常态化监管工作。截至2022年年底，全国共有注册登记的养老机构4.1万个，比上年增长1.6%；床位518.3万张，比上年增长2.9%；社区养老服务机构和设施34.7万个，共有床位311.1万张；民政部门管理的精神卫生福利机构142个，床位7.2万张。[①]

在老龄健康服务领域，2013年10月，国务院出台了《关于促进健康服务业发展的若干意见》，将加快发展健康养老服务作为主要任务之一加以推进，明确提出要推进医疗机构与养老机构等加强合作，发展社区健康养老服务。2018年，在党的十九大报告中，习近平总书记明确提出，实施健康中国战略，积极应对人口老龄化，构建养老、孝老、敬老政策体系和社会环境，推进医养结合，加快老龄事业和产业发展。2019年，国务院发布了《关于实施健康中国行动的意见》，强调加快推动从以治病为中心转变为以人民健康为中心，并将实施老年健康促进行动作为维护全生命周期健康的重要一环。2021年，中共中央、国务院印发了《关于加强新时代老龄工作的意见》，从健全养老服务体系、完善老年人健康支撑体系、促进老年人社会参与、着力构建老年友好型社会、积极培育银发经济、强化老龄工作保障和加强组织实施等方面，对新时代老龄工作作出部署。

关于老年人照护服务也一直处于不断探索和发展中。2014年，国家卫生计生委办公厅发布《关于开展计划生育家庭养老照护试点工作的通知》。2016年，人力资源社会保障部办公厅发布了《关于开展长期护理保险制度试点的指导意见》，决定在承德、长春等15个城市开展长期护理保险试点；同年，中共中央、国务院印发《"健康中国2030"规划纲要》，提出加强重点人群的健康服务，促进健康老龄化。2017年，国务

---

① 民政部，全国老龄工作委员会办公室. 2022年度国家老龄事业发展公报［R/OL］.（2023-12-14）. www.gov.cn.

院办公厅印发了《关于制定和实施老年人照顾服务项目的意见》，确定了20项提升老年人获得感和幸福感的照顾服务的重点任务。2020年，为进一步推进长期护理保险试点工作，国家医疗保障局、财政部颁布了《关于扩大长期护理保险制度试点的指导意见》，新增呼和浩特、天津等14个城市为长期护理保险试点城市。2021年，国家卫生健康委办公厅印发了《关于开展老年医疗护理服务试点工作的通知》，指导15个省份在创新多元化老年医疗护理服务模式、增加多层次老年医疗护理服务供给等方面先行先试；同年，国家医疗保障局、民政部联合印发了《长期护理失能等级评估标准（试行）》，指导各地规范开展长期护理保险失能等级评估。2022年，49个试点城市长期护理保险参保人数为16 990.2万人，享受待遇人数为120.8万人。2022年，长期护理保险基金收入240.8亿元，支出104.4亿元；长期护理保险定点服务机构7 679个，护理服务人员33.1万人。2022年，在全国城乡社区接受健康管理服务的65岁及以上老年人数为12 708.3万人，60岁及以上获得基本康复服务的残疾老年人人数为374.5万人；全国共有国家老年医学中心1个，国家老年疾病临床医学研究中心6个，设有老年医学科的二级及以上综合性医院5 909个，建成老年友善医疗机构的综合性医院8 627个、基层医疗卫生机构19 494个，设有安宁疗护科的医疗卫生机构4 259个。[1]

在老年教育服务方面，2012年，由全国老龄办等部门联合印发的《关于进一步加强老年文化建设的意见》指出，大力发展老年教育是贯彻终身教育理念、构建学习型社会的必然要求，也是社会发展进步的重要标志。2013年，《中华人民共和国老年人权益保障法》以法律形式最直接、明确地宣示了老年人的权利，指出"老有所学"成为中国老龄事业的重要发展目标和构筑积极老龄化社会的重要路径。2016年，国务院办公厅印发了《老年教育发展规划（2016—2020年）》，要求扩大老年教育资源供给，扩展老年教育发展路径。2017年，国务院印发了《"十三五"国家老龄事业发展和养老体系建设规划》，提出要优先发展城乡社区老年教育、支持鼓励各类社会力量举办或参与老年教育等新举措。2018年，第十三届全国人民代表大会常委会第七次会议第三次修正《中华人民共和国老年人权益保障法》，增加了把老年教育纳入终身教育体系的内容。2019年，国务院办公厅印发了《关于推进养老服务发展的意见》，提出要建立全国老年教育公共服务平台，推进老年教育资源、课程、师资共享，探索养教结合新模式等举措。2020年，国务院办公厅印发了《关于促进养老托育服务健康发展的意见》，指出要支持各类机构举办老年大学、参与老年教育，搭建全国老年教育资源共享和公共服务平台。2021年，中共中央、国务院印发了《关于加强新时代老龄工作的意见》，意见将老年教育纳入终身教育体

---

[1] 民政部，全国老龄办. 2022年度国家老龄事业发展公报［R/OL］.（2023-12-14）. www.gov.cn.

系，同时提出要扩大老年教育资源供给；同年，国务院印发的《"十四五"国家老龄事业发展和养老服务体系规划》提出，要创新发展老年教育。国家开放大学终身教育平台也于2022年5月20日正式上线，且面向社会免费开放，标志着老年教育已从国家层面向全社会普及推广。

在城市适老化建设服务方面，2012年，国务院颁布实施了《无障碍环境建设条例》，为城乡无障碍环境建设开展提供法规保障。2016年，中国残联等13部门印发了《无障碍环境建设"十三五"实施方案》，提出要广泛开展残疾人、老年人家庭无障碍改造。2020年7月，民政部、国家发展改革委等九部门联合印发了《关于加快实施老年人居家适老化改造工程的指导意见》，推动各地改善老年人居家生活照护条件，提升居家养老服务质量。2020年9月，工业和信息化部、中国残疾人联合会发布了《关于推进信息无障碍的指导意见》，明确聚焦老年人、残疾人、偏远地区居民、文化差异人群等信息无障碍重点受益群体。截至2022年年末，全国新开工改造城镇老旧小区5.25万个、惠及居民876万户，648万60周岁及以上老年人已享受公租房保障。[①] 此外，为着力解决老年群体等特殊群体在使用互联网等智能技术时遇到的困难，2020年11月，国务院办公厅印发了《关于切实解决老年人运用智能技术困难的实施方案》，要求各地区、各部门要落实主体责任，加强工作统筹，建立工作台账，明确时间表和路线图，聚焦涉及老年人的高频事项和服务场景，坚持传统服务方式与智能化服务创新并行，切实解决老年人在运用智能技术方面遇到的突出困难，确保各项工作做实做细、落实到位，为老年人提供更周全、更贴心、更直接的便利化服务。2021年，工业和信息化部启动"互联网应用适老化及无障碍改造专项行动"，出台的《移动互联网应用（App）适老化通用设计规范》明确提出，适老版界面、单独的适老版App中要对字体大小和行间距进行调整，严禁出现广告内容及各种插件、弹窗等。多地出台了相关政策措施，积极推进互联网应用（App）适老化改造。北京通过印发《北京市互联网应用适老化和无障碍改造专项实施方案》，加快推进互联网应用（App）无障碍改造工作，加速开启"智享养老"的美好生活；广东通过加强多部门统筹协调，开展互联网应用（App）适老化及无障碍改造专项行动，为老年人使用智能技术提供良好辅助。石家庄、青岛、昆明、海口等多个城市启动智慧助老公益行动，广泛动员各方力量为老年人提供志愿培训服务，推动老龄社会信息无障碍建设。

---

① 民政部，全国老龄办.2022年度国家老龄事业发展公报［R/OL］.（2023-12-14）.www.gov.cn.

本章小结

1. 老年保障从产生至今，大致上经历了以下时期：1601—1948年是老年保障的萌芽和形成时期，1949—1980年是老年保障的初步发展时期，1981—2001年是老年保障的全面发展时期；2002年至今是老年保障的改革时期。

2. 随着人们对个体和群体老龄化认识的不断加深，老年保障学也随之产生。发达国家的人口老龄化现象出现得更早，发展进程也不断加快，老年保障学也因此首先出现在发达国家。我国人口老龄化出现较晚，老年保障学的产生与发展也较晚于发达国家，但我国老龄问题研究进展迅速，相关政策也密集出台。

>> 重要概念

老年　老年保障　人口老龄化　老年社会保障　老年医疗保障　老年经济保障　老年社会救助　老年社会福利

复习思考题

1. 简述西方老年保障制度的发展历程。
2. 简述中华人民共和国成立后老年保障制度的发展历程。
3. 试述当前我国老年保障存在的问题。
4. 当前老年保障有哪些新形态和新发展特征？
5. 试分析当前我国老年保障的发展趋势及改革方向。

第四章
老年经济保障

第一节 老年经济保障的理论认知

一、老年经济保障的内涵

老年经济保障是指对退出劳动力市场或无劳动能力的老年人实行经济方面的社会保护和社会救助政策，主要包括养老保险、社会救助等。我国的老年经济保障以基本养老保险制度为主，社会救助制度以最低生活保障制度为代表。政府主导并管理的第一层安全网——基本养老保险制度，是我国公共老年经济保障体系的核心。基本养老保险制度包括城镇职工基本养老保险制度、城乡居民基本养老保险制度和其他老年群体的退休制度等。保护低收入群体生活的最后安全网——构成公共老年经济保障体系的最低生活保障制度，是为所有人均收入无法达到当地最低生活保障水平的城市和农村家庭贫困人口提供足额补助的项目。

二、老年经济保障的理论基础

（一）生命周期假说理论

1954年，美国经济学家弗兰科·莫迪利安尼（Franco Modigliani）与R. 布伦伯格（R. Brumberg）发表《效用分析与消费函数》，奠定了生命周期假说理论的基本观点。

生命周期假说理论从人的生命周期发展和收支的社会干预角度，提出了建设社会养老保障制度的必要性。

第一，消费应该从一生收入出发。弗兰科·莫迪利安尼认为，人一生收入的分布是不均衡的，收入主要集中在青年期和中年期，但应该让生命周期内收入与消费持平，消费者在任何年龄上的消费支出和即期收入无关，而是与其一生全部收入有关，每个人要根据自己一生中的全部预期收入来安排消费支出。

第二，理性的消费方式会让收入实现边际效用最大化。每个人在自己生命周期的各个年龄段上进行消费支出时，都要选择一个稳定的接近于他们所预期的平均消费率来进行消费，将不均衡的收入均衡地分布在生命的每一个时期，实现生命周期内的边际效用最大化。

第三，非理性的消费方式会导致养老困境。市场经济是商品生产和商品消费的经济形态，生产是为需要而生产，需要是生产动力的主要来源。相对于人的需要，资源永远是稀缺的，即单纯从需要出发的消费是非理性的。青年期和中年期不理性的消费会导致老年期可支配收入减少，进而有可能产生老年贫困，加剧老年时期基本生活风险。

第四，通过投资、遗产等获得的个人财产也会影响消费支出。因为稳定，一生的全部劳动收入基本上是能够被估算出来的，是生命周期内理性平均消费率确定的主要依据。但投资和遗产作为即时收入增大了收入总额，在一定程度上影响了消费支出。

第五，储蓄是平衡终身消费的有效方式。当暂时性收入较高时储蓄也较高，反之亦然。因此，储蓄是保证平均消费的有效方式，将年轻时较高的超过平均消费的部分，以储蓄的形式弥补年老时收入不足或有可能产生的消费不足，使人一生保持持平消费。

生命周期假说理论认为，人一生的总收入等于总消费，但收入分布不均衡造成消费的不均衡、非理性，导致老年生活无保障。储蓄最主要的功能就是将不均衡的收入分布均衡化，从而保证人一生的平均消费率，保障老年生活。这对于市场经济条件下可能产生的盲目消费有积极的引导作用，更对我国社会养老保险费的缴纳有推动作用。养老保险费的缴纳本质上与基于生命周期假说理论的养老保险储蓄在功能上是一致的，同时养老保险费以强制缴纳规避了因个人储蓄的随意性而可能造成的养老风险。

（二）世代交叠模型理论

世代交叠模型理论于20世纪50年代由美国著名经济学家萨缪尔森（Samuelson）提出，旨在填补货币经济理论微观分析不足的缺陷，目的在于解析货币储藏职能和人们储藏货币的行为动机。在诸多储藏货币的行为动机中，养老是最主要的动机之一。

由此可见，由于社会价值观念的不同，行为方式会有较大区别。我国传统社会奉行"养儿防老"，家庭财产更多以代际传递的方式无偿进入下一代的抚育、帮扶中，一旦子代社会化受挫、获取社会财富能力不足，整个家庭将面临无保障风险。生命周期假说理论站在个体视角，主张每个人应该将其一生收入平均化在生命的每个周期，实现消费理性化，老年生活才有保障。与生命周期假说理论所不同，世代交叠模型理论则从整体结构出发，认为任何一个时期都会有不同代的人存在，每个人在生命的不同时期都会和不同代际的人进行交易，那么被用作储藏功能的货币其实又会进入流通领域，继续发挥交换职能。

政府的职责就是通过制定政策、计划等将年轻人手中的货币收入的一定量转移到老年人手中，以保障其基本生活水平。如此代际转移，任何一代人的基本生活都会有保障。同时，世代交叠模型理论认为，老年人与年轻人之间财产代际转移的效率会大于普通储藏的效率。显然，世代交叠模型理论从经济学角度揭示了不同代际的货币交易规律和特点，并从社会管理角度构建了适应所有人的可持续交易模型，从共时态角度揭示了社会资源在不同代际的分配，从历时态角度也说明了不同代际社会合作的必要性，为建立现代社会保障制度奠定了理论基础。

（三）代际正义理论

1971年，美国哈佛大学教授约翰·罗尔斯（John Rawls）在其著作《正义论》中正式提出了代际正义理论，主要观点包括以下三个方面内容。

第一，正义储存是实现代际正义的主要方式。罗尔斯认为，应该将正义延伸到未来的各代人，即当代人应该有正义储存的义务，这构成了代际正义的主要内容。罗尔斯的代际正义理论实际上构建了储存—发展的分析结构：社会发展程度较低的是积累阶段，需要较高的净储存率，即人们需要留给后代人的要比从上一代继承的多；社会发展程度较高的是维持阶段，即每一代人留给后代的和从上一代继承的大体相等。任何一个社会都有维持正义储存的义务，社会制度的主要功能就是保证社会发展的物质基础进而履行正义储存义务。

第二，正义的环境条件保障代际正义的实现。罗尔斯认为，正义储存得以实现需要一定的环境因素。首先，自然资源的有限性。相对于人的欲望，资源具有稀缺性。资源的稀缺性和社会发展的持续性之间形成了当前—长远、有限—无限的二元对立矛盾，从而产生了正义储存的必要性。其次，文化和主义的多元性。当代民主社会的一个永久性特征就是承认任何一个合理的完备性学说的价值与平等地位，即承认文化和主义多元性的事实，并且承认每一个信奉者都可以根据对学说的理解去追求自己的美好生活。但由于文化和主义多元性及其对观念理解的不同，会造成生活安排的冲突和摩擦，产生了规则制定的必要性。最后，人作为道德存在物，具有道德的力量，有为未来人生活、生存而储存的道德理性或价值理性。

第三，代际正义的实质是公平正义。罗尔斯认为，区别于当代人之间交易的互利正义，代际正义更强调一种"公正地对待所有世代"的动机和预期。公正可以被简单理解为"给每个人所应得的"，但由于学术视角的不同和对学说理解的不同，应得的范围和程度也不同，但当不同代际就公平达成一致时，正义的储存率就确定了。

代际正义是可持续的人口生产对可持续的经济、社会发展提出的基本要求，是将有限资源在不同代际之间合理分配的一种体现。

三、老年经济保障的政策

因年龄增长而丧失劳动能力是一种确定性的不可避免的风险，很多国家的养老金规模是国内生产总值（GDP）的重要组成部分。从养老金规模占GDP的比重来看，挪威占比最高，早在2010年就已经达到了GDP的83.66%，2020年更是高达350.97%；而2020年韩国、日本、加拿大的养老金规模占GDP的比重分别为43.13%、34.53%及23.76%。中国基本养老金规模占GDP的比重较小，截至2020年年末占比为5.72%，从这个角度而言，中国基本养老金仍有较大发展空间。所以，在家庭养老功能日益弱化的趋势下，只有国家才能实现对社会性财富的权威分配。在所有老年社会政策中，老年经济保障最为关键，老年经济保障程度直接关系到老年人社会经济地位的高低。

（一）国外部分国家老年经济保障政策

近年来，受长期持续低生育率和人口平均预期寿命不断提高的影响，许多欧美国家的人口年龄结构正在发生变化，人口老龄化问题日益凸显。这不仅系统性地影响了这些国家的社会经济结构，也给其老年经济保障体系的发展带来一定压力。为了增强社会福利的可持续性，一些欧美国家开始从不同方面改变老年经济保障政策。

1. 利用保险精算加强保障公平性

老年经济保障制度是通过经济、医疗和社会服务等方面的措施，为退出劳动力市场或者无劳动能力的老年人提供社会保护和社会救助的制度。公共养老金计划是老年经济保障制度的基础，其主体是养老保险制度。欧洲国家的养老金体系大体可以分为以下两种模式：以现收现付制的社会养老保险体系为主要特征的俾斯麦模式和以多支柱养老金体系为主要特征的贝弗里奇模式。二者的主要区别在于公共养老金计划和职业养老金计划在养老金体系中的地位不同。

部分欧洲国家在最初设计养老保障制度时就已经预留了调整空间，它们正在利用这些空间加强保险精算，以期能够更好地保障劳动力供给，并进一步将保险缴费与税赋从性质上区分开来。这些国家过去确定人们养老金水平的参考因素主要有三个：参保人职业生涯中收入最高时的收入水平、参保人缴费数额最高时的收入水平以及参保人职业生涯末期的收入水平。此外，也有一些人可以享受与特定事件相关的或者不需要个人缴费即可获得的特殊待遇。如今，在保险精算的帮助下，这些国家调整了相关政策，改为根据参保人在整个职业生涯中的平均收入情况来评估其应该享有的养老金水平，并取消了各种特殊待遇。德国和瑞典可以被视为此类国家的代表。

2. 改变养老待遇确定方式

长期以来，许多欧美国家都建立了养老金指数化调整机制，可以根据工资指数、消费者物价指数或综合运用这两种指数来对公共养老金计划进行调整。作为有关国家养老金计划的重要组成部分，这种机制的主要作用是确定参保人应享有的待遇。参保人的养老金被以指数化方式确定下来，以便提供一定数额的养老金，或者更确切地说，提供一定水平的养老待遇，然后再通过调整缴费率或税率来缓解资金压力。各国也可以通过改变其所选用的指数标准来控制公共养老金支出水平。在这种政策思路下，近年来，德国从使用工资总额指数转向了使用净工资指数，法国从使用工资指数转向混合使用工资和消费者物价两种指数（先使用工资指数对个人应享有的待遇进行评估，再根据消费者物价指数每年调整评级），英国则从使用消费者物价指数转向主要以工资指数为依据进行调整。

作为应对人口老龄化问题的一项新战略，一些国家制定了名义缴费确定型养老金计划。在有关计划中，人们确定了缴费率的最高水平，将待遇水平变成了内生变量，并综合考虑缴费率和人口抚养比等因素来确定受益人可以获得的资金。意大利和瑞典已经确定采用名义缴费确定型养老金计划，德国则通过在其指数化公式中引入人口因素，确立了介于传统的待遇确定型养老金计划和名义缴费确定型养老金计划之间的制度安排。

3. 由现收现付制向基金制转变

由于基金制养老金计划可以扩大养老收入份额，因此，也有一些国家朝这个方向发展，在其公共养老金计划内设立人口缓冲基金。美国、芬兰、爱尔兰和西班牙就制订了新的强制性计划作为公共养老金计划的补充，丹麦、瑞典、德国和法国则在公共养老金计划中增加了一些关于私人补贴的自愿性条款，旨在取代部分强制性公共养老金规定，确保个人真正参与进来。

但现收现付制养老金计划在某种程度上体现了代际的分配效率，是一种代际财富转移制度,将现收现付制养老金计划完全转变为基金制养老金计划,可能会损害一代人乃至数代人的利益。而与人口老龄化有关的问题需要由更多人共同分担解决。同时,我们也应该注意到,大规模的人口老龄化可能导致基金制养老金计划出现问题。此外,还有必要考虑如何保护基金免受各种金融风险的影响,通过审慎的监管来应对市场风险,以便更好地发挥基金在人口老龄化社会中作为补充养老金手段的作用。

(二)中国老年经济保障政策

1949年后,我国的老年经济保障政策主要经历了两个不同阶段。传统的老年经济保障政策,在我国实现由计划经济向市场经济的转变中也暴露出弊端。其一,制度性歧视,在农村老年群体中基本没有实施社会性收入保障政策;其二,城市养老保险制度基本是政府、企业单方面责任制,基金的筹集模式是现收现付制,采用与就业直接相关的养老保障单位制。然而,现阶段我国基本建立了适应社会主义市场经济要求,并体现城乡不同特点的城市和农村老年保障体系。在老年经济保障政策层面主要有两大任务:其一,建立多支柱的集政府、企业、社会组织和个人多元力量的老年经济保障体系;其二,确保老年人也平等地享受改革开放的成果,确保老年人收入水平随着社会经济发展逐步提高。具体而言,我国现阶段老年经济保障政策包括城镇和农村两大领域,涉及社会保险、社会救助和社会福利三大层次。

1. 第一层次:老年社会保险经济保障政策

(1)城镇职工养老保险制度。1997年,国务院发布了《关于建立统一的企业职工基本养老保险制度的决定》,正式确立统账结合的养老保险缴费制度模式,明确企业缴费不得超过工资总额的20%,其中8%划入个人账户,12%归统筹账户;个人缴费全部计入个人账户,缴费额不低于个人缴费工资的4%,并逐步提升到8%。

统账结合的养老保险缴费制度模式在运行过程中遇到转轨成本、个人账户空账运行等一系列问题,2005年,国务院发布了《关于完善企业职工基本养老保险制度的决定》,这是我国养老保险体系建立过程中的一次重要调整,明确企业缴费率为20%,缴费计入统筹账户,单位缴费不再划入个人账户;个人缴费率为8%,计入个人账户。同时提出个体工商户和灵活就业人员应该参加企业职工基本养老保险,缴费由个人承担,缴费率为20%,其中12%计入统筹账户,8%计入个人账户。2018年7月,中共中央办公厅、国务院办公厅印发了《国税地税征管体制改革方案》,明确各项社会保险费统一由税务部门全责征收,意味着我国社会保险多元征收模式的终结。2019年,国务院办公厅印发了《降低社会保险费率综合方案的通知》,要求城镇职工养老保险统筹费率高于16%的省份统一降低至16%,低于16%的省份逐步提高到16%。至此,我国城镇职工养老保险制度覆盖了所有工薪劳动者，且实现了工薪劳动者在养老保险缴费阶段的公平，为劳动力跨地区、跨行业流动提供了有力保障。

（2）机关事业单位工作人员养老保险制度。1992年6月，机关事业单位基本养老保险制度改革试点在各地展开。2008年2月，国务院通过了《事业单位工作人员养老保险制度改革试点方案》，确定在山西、上海、浙江、广东、重庆五省市试点事业单位养老保险制度改革，与事业单位分类改革配套推进。2015年1月，国务院发布了《关于机关事业单位工作人员养老保险制度改革的决定》，提出了"一个统一，五个同步"的改革基本思路，标志着养老金"双轨制"的破冰，近4 000万名机关事业单位工作人员将和城镇职工一样缴纳养老保险费。2023年5月，人力资源社会保障部、财政部印发了《关于2023年调整退休人员基本养老金的通知》，明确从2023年1月1日起，为2022年12月31日前已按规定办理退休手续并按月领取基本养老金的企业和机关事业单位退休人员调整基本养老金水平，总体调整水平为2022年退休人员月人均基本养老金的3.8%。

（3）农村养老保险制度。2014年2月，国务院印发了《关于建立统一的城乡居民基本养老保险制度的意见》，由此，在新农保基础上形成了城乡居民基本养老保险制度，不再对城乡居民分别进行制度创设，从而开创了统筹城乡社会保险制度的新阶段。我国农村社会养老保险开展多年，但农民参保意愿一直不是很强烈。为了将农村符合条件的居民纳入参保范围，2023年，农村养老保险再出新政。新政策规定，在2023年8月31日之前，年满60周岁及以上的农村居民，本人不缴费也可按月领取基础养老金；此外，有条件的老年人在享受前面所述的基础养老金的情况下，还可以自愿参保；与此同时，取消了缴费年限限制，缴费标准设立10个档次，满足了农村居民多样化选择的需求。

2. 第二层次：老年社会救助经济保障政策

老年社会救助经济保障政策是老年经济保障政策的有机组成部分，是一种单向的政府行为。目前，与老年人收入相关的社会救助主要是城市和农村最低生活保障制度，是为家庭人均收入低于当地最低生活保障标准的贫困人口提供差额补助的新型社会救济制度。其目的是解决保障对象的基本生活问题。

（1）城市居民最低生活保障制度。为保障城市贫困人口的基本生活，1993年，上海最先开始进行城市居民最低生活保障制度试点工作。1994年，民政部在全国民政工作会议上，明确要将城市最低生活保障试点城市进一步扩大，广州、厦门和大连等沿海城市也开展了试点工作。1997年，国务院颁布了《关于在全国建立城市居民最低生活保障制度的通知》，进一步明确要求地级以上城市在1998年年底以前建立城市居民最低生活保障制度，县级政府和县政府所在镇要在1999年年底以前建立这项制度。1999年，国务院通过了《城市居民最低生活保障条例》，该条例明确城市居民最低生活保障制度的保障对象为三类人员：一类为"三无"人员，即无生活来源、无劳动能力又无法定赡养人、扶养人或抚养人的城市居民；一类为领取失业救济金期间或失业救济期满仍未能重新就业，家庭人均收入低于最低生活保障标准的城市居民；还有一类为在职职工和下岗职工在领取工资或最低工资、基本生活费以及退休人员领取退休金后，其家庭人均收入仍低于最低生活保障标准的城市居民。为规范最低生活保障标准的制定和调整方法，民政部于2011年颁布了《关于进一步规范城乡居民最低生活保障标准制定和调整工作的指导意见》，该意见明确列出了消费支出比例法、基本生活费用支出法和恩格尔系数法三种最低生活保障标准测算方法作为推荐使用方法，同时各地可适当参考城乡居民人均消费支出、城乡居民人均可支配收入、城乡居民基本消费费用以及经济发展水平、财政状况等因素，对最低生活保障标准进行适当调整。2020年，中共中央办公厅、国务院办公厅联合颁布了《关于改革完善社会救助制度的意见》，提出要进一步明确规范完善最低生活保障制度，分档或根据家庭成员人均收入与最低生活保障标准的实际差额发放最低生活保障金。在最低生活保障标准方面，提出要综合考虑居民人均消费支出或人均可支配收入等因素，结合地区财政能力合理制定最低生活保障标准和建立动态调整机制，完善最低生活保障标准与物价上涨挂钩的联动机制。在最低生活保障制度的运行管理方面，提出要加强分类动态管理，健全社会救助对象定期核查机制。

（2）农村居民最低生活保障制度。与城市低保制度相比，农村低保制度的发展相对滞后。农村低保制度同样经历了试点、全面推广和深度发展阶段。农村低保制度最早由上海和山西阳泉于1994年开展试点工作。1996年，民政部在全国民政会议上提出，要在20世纪末初步建立与地区经济发展水平相适应的农村社会保障制度；同年，民政部进一步明确要积极探索建立农村低保制度，提出即使最低生活保障标准低一点，也要把农村低保制度建立起来。2004年年底，全国有8个省（自治区、直辖市）的1 200多个市县建立起农村低保制度，保障对象涉及480多万农村居民。2007年，国务院发布了《关于在全国建立农村最低生活保障制度的通知》，明确农村低保制度是解决农村贫困人口温饱问题的重要举措，也是建立覆盖城乡的社会保障体系的重要内容，农村低保制度的建立对于促进农村经济社会发展，逐步缩小城乡差距，维护社会公平具有重要意义。2012年，国务院出台了《关于进一步加强和改进最低生活保障工作的意见》，提出要统筹城乡、区域和经济社会发展，使最低生活保障标准与经济发展相适应，将最低生活保障制度与其他社会保障制度进行衔接。2013年，习近平总书记在湘西视察时提出了"精准扶贫"的重要论述。为了更好地发挥最低生活保障制度和扶贫开发的制度合力，民政部和国家扶贫办于2016年提出了《民政部等部门关于做好农村最低生活保障制度与扶贫开发政策有效衔接的指导意见》，明确要强化这两项制度的衔接，制定农村最低生活保障标准动态调整机制，确保所有地方农村最低生活保障标准逐步达到国家扶贫标准。2020年，中共中央办公厅、国务院办公厅联合出台了《关于改革完善社会救助制度的意见》，提出要完善基本生活救助制度、规范基本生活救助标准调整机制和加强分类动态管理，并指出要推进社会救助制度城乡统筹，逐步缩小城乡差距，加强与乡村振兴战略衔接。

3. 第三层次：老年人社会福利经济保障政策

老年人社会福利经济保障政策是根据老年人的特殊需要和自身特点，由社会提供给老年人特殊的照顾性物质帮助和社会服务的保障政策。如老年人的优惠购物和免费或低费享受社会服务、增加退休养老津贴、降低老年人看病就医的收费标准等。

我国城乡社会福利政策的主要内容包含城市离退休人员的福利工作、农村"五保户"老人的福利工作、尊老敬老的相关措施等。一是建立福利院和敬老院，收养没有生活保障的老年人，并扩大对社会上一般老年人的收养安置，为解决老年人的生活照料、医疗服务及精神慰藉等问题起到了很好作用。二是大力推进社区服务，居家养老是未来发展的大趋势，各级政府普遍开展对生活困难的老年人发放物资、资金补助，社区中则开展生活照料和家务帮助活动，充分发挥街道养老机构的辐射带动作用。三是为老年人提供特殊的优惠服务，我国目前大多数城市都为70岁及以上老年人提供凭老年卡免费乘公交车服务以及享受公园优惠等。四是建设多层次的城乡老年人服务体系，地方政府积极组织实施开发式扶贫，扶持低龄、健康、有劳动能力的贫困老年人从事种植、养殖和加工等项目，增强贫困老年人的生产自助能力；积极发挥社会力量在老年贫困救助中的作用，推动各地老年基金会等社会团体、企事业单位和个人开展慈善救助和社会互助，采取结对帮扶、认养助养、志愿服务、走访慰问等多种形式，普遍为贫困老年人提供多样化扶助。五是高龄津贴制度实现省级层面全覆盖，《国家基本公共服务标准（2021年版）》已将"80岁以上老年人发放高龄津贴"作为"老有所养"方面的基本公共服务标准，由地方人民政府负责，民政部作为行业主管部门牵头落实。

总之，在老年经济保障政策方面，我国已经构建起一个多层次、多项目、多元化的社会政策体系。在城镇，要加快建设统一、规范和完善的养老保险体系，鼓励发展个人储蓄性养老保险，多渠道筹集社会保险基金，为应对人口老龄化高峰做好准备。在农村，要逐步建立和完善土地保障、家庭赡养和社会扶持相结合的农村养老保障体系。农民养老以家庭赡养为主，倡导赡养人之间签订家庭赡养协议，积极探索城镇化进程中的养老保障问题。同时，根据政府救济和社会互助相结合的原则，积极推进贫困老年人的社会救助和社会福利体系建设，加大老年人社区管理和社区服务模式的创新力度。

第二节 老年经济保障的主要模式

当劳动者因达到解除义务劳动的年龄或因年老丧失劳动能力，从而失去劳动收入时，国家会保障劳动者的基本生活水平，为其提供稳定的经济来源。随着工业化进程的加快和家庭结构的转变，老年保障方式逐渐由家庭养老向非保险特征的国家年金制度和缴费式养老保险制度转变。

在社会保障制度尚未完善时，家庭养老是主要的老年保障模式，家庭养老模式主要通过家庭成员（儿女）提供经济来源、生活照料、精神慰藉等，满足老年人养老的基本需求，自然完成老年保障，从而实现父母抚养子女、子女赡养父母的代际互惠反哺模式。用现代社会保障的观点来看，家庭养老功能的实现水平和运行效率决定着个体老年期生活效用的供给状态，影响其养老质量。尤其在东亚地区的传统家庭中，老年人的生老病死风险主要由家庭提供保障；家庭保障的费用支出主要由家庭承担，保障基金的积累增值、代际转移支付等过程，也多是在家庭中完成。

随着生产力不断发展、生产关系不断调整以及家庭结构发生变化，传统观念和家庭养老首先在工业国家瓦解。这些国家的老年保障制度逐渐完善，老年人的经济来源从主要由家庭提供转变为社会提供，家庭养老的主要功能也由提供物质资助转变为提供精神慰藉。

一、老年养老经济保障

以责任主体为划分依据，可将老年养老经济保障归纳总结为三类：社会养老保险模式、职业养老保险模式和个人养老保险模式。各种模式相互补充构成了多支柱的养老保险体系。

（一）社会养老保险模式

1. 福利型养老保险模式

福利型养老保险模式是福利国家广泛采取的一种养老模式，最早为英国创设，适用该类型的国家还包括丹麦、新西兰等。该模式是完全以政府为责任主体的养老保险模式，强调普惠制原则，即基于税收和财政预算建立，由政府直接经办，按照普惠制原则支付养老金的制度安排。养老保险费全部来源于政府税收，个人不需缴费。

该模式的特点是实行完全的现收现付制，并按"待遇确定"的方式确定养老金水平。享受养老金的对象不仅为劳动者，还包括社会全体成员。当公民达到退休年龄或老年人达到规定年龄时，政府会为他们提供一定水平的养老金。通常，发放养老金的标准与受益人的贡献不关联，即养老金和受益人的身份、职业、在职期间的工资水平、纳税年限等均无关系，是一种典型的"人人皆养老"的养老模式。但是在人口老龄化的冲击下，福利型养老保险模式对福利国家造成了过高的财政压力。因此，在之后的养老金实践中，政府责任逐渐减小，而企业和个人的责任不断加强。

列宁的国家保险理论和福利型养老保险模式类似，是国家统筹的另一种养老保险模式，由苏联创建，后为东欧各国、蒙古、朝鲜以及中国（基本社会保险制度创立前）所采用。该模式与福利国家的养老保险模式一样，都是由国家包揽养老保险活动和筹集资金，实行统一的保险待遇计发办法，劳动者个人无需缴费或少缴费，退休后即可享受相对高水平养老金。但与福利型养老保险模式不同的是，这一模式适用的对象并非全体社会成员，而只针对在职劳动者，养老金层次单一，养老金待遇水平与在职工资和工龄直接挂钩，替代率水平较高。

2. 社会保险型养老保险模式

社会保险型养老保险模式又称为传统型养老保险制度，最早创设于德国，后被西欧、美国、日本等国家所效仿。这种模式的特点是多方分担保险责任，即保险费用由政府、企业或雇主、个人三方共同承担。资金来源以个人和单位为主，个人缴纳部分保险费，企业或雇主缴纳部分保险费，政府按照不同标准拨款资助，从而实现资金来源多元化。该模式强调老年人的养老待遇与其在职期间的工资水平、工作年限以及纳税数额挂钩，但参保对象并不覆盖全体公民，主要是工薪劳动者。

3. 强制储蓄型养老保险模式

强制储蓄型养老保险模式是国家通过法律规定，强制个人、企业按照一定的收入比例缴纳社会保险费，本金经过社会保险基金投资运营后，会和收益一起存入雇员的个人账户中，当劳动者达到法定退休年龄时，会将个人账户积累的全部资金一次性或逐月发还给本人作为养老金。现阶段，该模式的主要代表国家有实行中央公积金制度的新加坡和实行私人养老金制度的智利。

（二）职业养老保险模式

职业养老保险模式由雇主依法和集体协议举办并担保支付养老金，是一种具有集体互济性的养老保险模式。它的责任主体是雇主，包括单雇主、多雇主或雇主组织。狭义的职业养老保险仅指商业性团体养老保险，广义的还包括由雇主举办的各种养老金计划。

职业养老保险模式具有三个环节：首先，依据国家法律进行集体谈判，达成集体协议和制定职业养老金计划；其次，通过雇主单方供款或雇主雇员双方供款（可能在税前支付）的方式筹集养老保险资金，建立养老保险公共账户和个人账户（也可能不建立个人账户），依法对养老保险基金进行非市场化运作和市场化运作；最后，按照养老保险方案支付养老金，由单雇主、多雇主或者雇主组织的养老金计划经办人承担养老金支付责任。

职业养老保险模式主要有三种：（1）单雇主模式，即公司独立举办和经营的养老保险模式，如传统现收现付雇主养老金模式；（2）多雇主联合模式，即公司独立举办，由两个以上公司联合经营的养老保险模式；（3）行业性模式，即行业统一举办和经营的养老保险模式，如公务员养老保险、教师养老保险、铁路工人养老保险等。

职业养老保险模式安排的主要特征为：（1）两重法定性，即遵守国家法律制定行业性或者公司性养老保险方案；（2）资金多元性，包括雇主单方供款、雇主和参与其中的雇员双方供款，以及政府可能给予的税收优惠政策，允许雇主雇员向职业养老保险制度的供款在税前列支；（3）合格计划与非合格计划，基于税收优惠政策建立的职业养老保险计划需要接受资格审查和年度检查，被称为合格计划，没有税收优惠政策待遇的职业养老保险计划不需要接受资格审查和年度检查，被称为非合格计划；（4）集体主义，即在企业范围内或行业范围内的互济；（5）支付方式多样化；（6）企业文化与市场机制相结合。

（三）个人养老保险模式

个人养老保险模式的责任主体是养老金受益人，是指由国家依法建立，个人参与，依托中介机构进行投资运营的私人养老金模式，该模式不具有互济性。无论是公务员、雇员还是自雇人，均由个人获得收益并承担相应风险。个人养老保险主要是指个人商业养老保险，广义概念还涉及个人储蓄养老保险。

个人养老保险分为制度性安排和非制度性安排。个人养老保险制度性安排是指依专项法律建立的个人养老保险计划，包括强制性计划和自愿性计划，例如，智利的个人养老金计划是强制性计划，美国401（k）计划是自愿性计划。制度性安排的资金被视为既定养老金而依法锁定，一般情况下不允许提前支取。个人养老保险非制度性安排是指个人自愿按照商业规则建立的个人养老保险计划，如购买商业养老保险产品或在银行建立养老储蓄账户。非制度性安排的养老金可能流失,保险所有者可能因为各种原因改变计划内资金的使用目标,如退保、提前支取养老储蓄等。

1. 个人商业养老保险

个人商业养老保险是一种商业保险行为,个体投保人根据合同约定,向保险人支付保险费,保险人根据合同约定,承担支付养老金的责任。个人商业养老保险可能发生在养老金计划的不同阶段,包括以下几种类型:(1)在资金筹集阶段购买商业养老年金产品,到退休时点一次性结算;(2)在退休时点购买商业养老年金产品,支付生存年金或定期年金;(3)委托保险公司终身管理个人养老金计划。在实践中,个人储蓄养老保险在任何时点上都可能与个人商业养老保险发生关联性。

2. 个人储蓄养老保险

个人储蓄养老保险是指个人自愿或被强制建立养老储蓄账户,账户资金被锁定到法定年龄才可以领取。个人养老储蓄包括强制性个人养老储蓄、半强制性个人养老储蓄和完全自愿性计划。

强制性个人养老储蓄是指依法强制建立养老储蓄,其资金筹集、基金管理和待遇支付三个环节都必须依法进行的制度安排。这类养老储蓄可能与国家养老保障制度或社会养老保险制度关联。例如,根据智利1980年颁布的《养老金制度改革法》,雇员必须按照工资10%的费率在缴纳个人所得税之前进行养老储蓄;在我国,根据《国务院关于建立统一的企业职工基本养老保险制度的决定》的规定,个人养老储蓄账户是社会养老保险计划的一部分,社会保险经办机构按照个人工资8%的费率,在缴纳个人所得税之前代扣养老储蓄。

半强制性个人养老储蓄是指个人自愿建立养老储蓄,一旦建立这类计划,其资金筹集、基金管理和待遇支付三个环节都必须依法进行的制度安排。例如,根据1978年美国401(k)计划,私营公司自愿建立养老金计划,雇员自愿决定是否供款和如何供款。一旦建立了这类计划,雇主必须依据法律规定的范围和标准向其雇员个人养老储蓄账户供款,不得随意排除雇员,雇主供款不得对雇员具有歧视性;雇员必须依法管理自己个人养老储蓄账户的养老基金,不得提前支取,法律另有规定的除外。

完全自愿性计划是指个人自愿建立和管理的养老储蓄计划,个人有权终止。

二、老年医疗经济保障

(一)国家健康服务模式

国家健康服务模式是指由政府直接举办的医疗保障事业,政府通过税收形式筹集医疗保障基金，并采用国家财政预算拨款的形式将医疗保障资金分配给医疗机构，向国民提供免费或低收费的医疗服务。采取这种模式的主要是西方福利国家，如英国、瑞典等。

根据英国建立的国民健康服务体系（NHS），政府几乎承担医疗保障所需的全部财务和支付责任。20世纪70年代至80年代，英国国立医疗机构经费的95%来自政府拨款（82%来自普通税，13%来自医疗方面的国民保险收入），另5%来自服务收费等；2020—2022年虽然拨款略有下降，但仍然保持在90%左右。

1947年以来，瑞典开始实施全面免费医疗制度，瑞典政府通过强制国民参与医疗保险，让国民享有免费医疗权利，患者虽然也需要自付一定金额，但都规定了自付上限。例如，2020—2022年瑞典全国统一的患者医疗费门诊自费上限为1 100克朗/年、住院费自费上限为100克朗/日、医药费自费上限为2 200克朗/年，也就是说，当瑞典国民在12个月内向当地医院支付超过1 100克朗时，下一个治疗费用便不需要自己支付。

（二）社会医疗保险模式

社会医疗保险模式是由国家通过立法形式强制实施，由雇主和个人按一定比例缴纳保险费，建立社会医疗保险基金，支付雇员（有时可包括其家属）医疗费用。采取这类医疗保险模式的国家有德国、日本等。

德国法定医疗保险覆盖了德国90%以上的人口，其中就包括退休人员。1941年，德国法定医疗保险在扩大覆盖职业类型的过程中，首次将领取养老金的退休人员纳入制度，并在法定医疗保险中建立了"养老金领取者医疗保险"。相较于在职人员，退休人员在满足不同限制条件下，可以以义务参保人、自由参保人和家庭联保人三种身份参加法定医疗保险，退休人员的参保缴费在程序上比较简单，只需在申请法定养老金时填写法定医疗保险参保信息及医疗保险缴费补贴申请，即可由法定养老保险机构完成参保缴费和申领补贴的手续。退休人员与在职人员实行一样的法定医疗保险一般费率和同一疾病基金的额外费率（如2021年一般费率为14.6%，额外费率由各疾病基金决定），其缴费基数核定基于法定养老金、职业年金类养老金、兼职类工作收入以及包括房屋出租、投资类收入等在内的财产性收入，具体因参保身份不同而有所差异。

1958年，日本颁布了《国民健康保险法》，要求除雇员保险覆盖外的所有国民都必须加入国民医疗保险。1961年，全国的市町村开始实施新的国民医疗保险，并实现了医疗保险全民覆盖，人人都可以、到处都可以、随时都可以的医疗保险制度正式确立。值得关注的是，1973年，日本政府通过财政承担了老年人的自付医疗费用，即实施老年人免费医疗。但急剧上升的医疗费用使得日本政府从1983年起不得不重新启用老年人共付部分并不断提高其费率，2003年老年群体的共付比例调整至10%，此后也在不断调整上升，至2022年日本老年群体的共付比例为30%。

（三）储蓄医疗保险模式

储蓄医疗保险模式是依据法律规定，强制性地以家庭为单位建立医疗储蓄基金并逐步积累，用以支付日后患病所需的医疗费用的医疗保险模式。目前只有少数国家采用这种模式，其中新加坡为运用此模式的代表国家，其主要制度包括三个方面内容。一是保健储蓄计划。这是一项全国性的、强制性的储蓄计划，要求每一个有工作的人，包括个体业主，都要根据法律规定参加保健储蓄计划。二是健保双全和增值保健双全计划。这是为了补充保健储蓄计划，针对患重病或慢性病的人设立的一项自愿参加的大病保险计划，其目的是帮助参保人支付重病或慢性病的医疗费用。三是保健储蓄基金。保健储蓄计划和健保双全计划已经把新加坡绝大多数人口纳入进来，但为了进一步照顾贫困人群，新加坡政府在1993年建立了保健储蓄基金，它是由政府设立的捐赠基金，致力于为不能支付医疗费用的穷人提供一个安全网，以确保每个公民都能得到基本医疗服务，无力支付医疗费的穷人可以向保健储蓄基金委员会申请帮助，由委员会审批和发放基金。

（四）市场医疗保险模式

市场医疗保险模式是按市场法则自由运行，医疗保险作为一种商品在市场上自愿买卖的医疗保险模式。卖方是指民间团体或私人保险公司，买方既可以是企业、民间团体，也可以是政府或个人。商业医疗保险模式主要以美国为代表。

美国老年人社会医疗保险的主要制度分为医疗保险（medicare）和医疗补助（medicaid）。其中，65岁及以上的老年人主要通过医疗保险享受联邦医疗保险制度。医疗保险主要分为Part A、Part B、Part C、Part D四个部分，分别为住院保险、补充医疗保险、医疗保险优惠计划以及处方药计划。如果在美国工作，并缴纳医疗保险税10年以上，那么当年满65岁后便符合免费加入医疗保险计划的条件，可以参加Part A，即不用再支付保险费。医疗补助主要面向低收入家庭及其子女，由联邦政府和各州政府共同资助，资助比例因各州贫困程度而异。另外，美国最主要的养老模式是老年人全包服务项目（program of all-inclusive care for the elderly，PACE），这是典型的商业运营、政府监督模式。该模式以高龄、身处疾病状态的社区老年群体为重点服务人群，为老年人提供包括社会支持服务、医疗服务、康复服务等在内的全面养老医疗护理服务，政府通过整合医疗保险和医疗补助的财务资源，以按人计价的方式支付经费给老年人全包服务项目中心，老年人全包服务项目中心在按人计价的固定额度下，达到一定的服务质量，自行统筹运用，承担财务亏损风险。美国实行广泛的按代码收费制度，所有医疗服务和费用均可通过代码查询得知。目前，美国商业医疗保险平均每人每年的费用约为7 000美元，但具体费用根据个人需求和条件而有所不同。

三、补充性经济保障

（一）生活救助

生活救助是以贫民为对象，采取资产调查的方式进行有选择的救济服务。在很长一段时期，救助对象往往被视为"社会边缘人"，如老年人、孤寡者、病残者、流浪汉甚至罪犯等。

英国目前的社会救助制度，是以供款形式的各种现金救助为主，此外还包括失业者就业帮扶、社区看护等各种服务在内的服务型救助。主要分为补贴性收入、求职者津贴、住房补贴、劳动税收抵免、社会基金和补充津贴五项内容，其中，与老年人救助相关的项目主要为补贴性收入。补贴性收入是英国政府为低收入群体设立的救济金，类似于中国最低生活保障金，其发放对象通常是病残者、单亲父母以及60岁及以上的老年人，覆盖面在很大程度上取决于贫困线标准，截至2022年，英国贫困线标准定为家庭收入低于税后收入中位数的60%。

日本的生活救助作为八类救助的核心，是日本社会救助制度中最基本的救助，先由政府根据不同地区确立最低生活费用标准，有显著困难的家庭可以根据其差额向政府提出申请补助。除补算差额外，还有年终一次性发放人工营养费补助、入院患者用品补助以及各种加算等形式，加算是对孕产妇、高龄者、母子家庭、残疾者等的额外补贴。此外，因为少子老龄化对日本劳动力供给产生了很大影响，日本的家庭结构也随着人口数量和结构的变化而变化。日本厚生劳动省公布的国民生活基础调查数据显示，截至2022年，日本65岁及以上老年人或者未满18岁的未婚人与65岁及以上老年人共同生活的高龄者家庭数量约为1 693万户，占整体的31.2%，首次超过3成。这意味着，日本将有更多老年人接受社会救助，老年人在被救助者中的比例也将大大提升。

德国社会救助制度主要包括社会救济、住房津贴、青年津贴、儿童津贴等项目。其中，社会救济是最低层次的保障，主要面向生活贫困的低收入群体。内容可分为两类：一类是生活救助，即向生活在贫困线以下的低收入者提供生活补助，包括用于食物、住宿、衣物、个人卫生、家用器具以及其他满足个人日常生活需要的费用；二是特别救助，即对公民在特殊情况下出现的困难提供救济，包括教育救助、卫生预防救助、医疗救助、生育救助、高龄救助等。德国的社会救济是为确保每一位需要救济者能维持体面生活而提供的帮助，按照德国《生活救济法》规定，任何公民在面临不依靠外来帮助个人就无法解决困难的情况时都有资格获得救济。由于实施社会救济的责任集中在地方政府身上，具体事务由市镇或社区社会救济机构以及地方社会局（地方社会救济机构）来负责，德国社会救助资金完全由政府财政提供。2022年，德国政府财政提供的资金中75%来自市、县政府，州政府只负担25%。

（二）老年福利

根据国家在社会福利供给中所承担的职能，社会福利分为补缺型和机制型两种模式。补缺型模式是指国家的社会福利机构只有在其他"正常"的供给渠道（如家庭和市场）不能维持时，才为遭遇困难的人提供帮助。在这种社会福利供给模式下，国家的责任是对家庭和市场进行补充，以美国、加拿大等国家为代表。机制型模式把社会福利当作工业社会正常和首要的功能，对社会福利进行制度化设计，社会福利成为保障社会经济安全运行必不可少的机制。在社会福利项目的提供中，国家的责任是首要的，而家庭和市场是补充的。这种模式起源于德国的《社会保险法》，并在瑞典等国家发展到极致。

对老年群体而言，社会福利是指老年社会福利津贴及相关服务。老年福利的实施主体是国家（通过政府有关职能部门）和社会（通过社会福利事业相关团体），享受对象通常是达到一定年龄的老年人。一般将老年福利作为社会福利体系中的一项内容或其中一个领域，与残疾人社会福利、儿童社会福利、妇女社会福利并列。

通常情况下，老年人晚年生活收入的来源主要包括有酬工作收入、养老金、与退休前工资有关的津贴以及老年人的财产性收入等。然而，现实中这些渠道并不总是畅通的。收入来源的局限性使得相当一部分老年人没有购买所需商品和服务的经济能力，特别是因年龄的增长、身体功能的衰退以及医疗保健而导致开支的增加，老年人生活质量不断下降。因此，如何保障老年人福利水平就成为政府的一个重要目标。老年津贴是老年社会福利体系的重要组成部分，它是由政府提供给老年人的一种定期给付，是政府的一种转移支付。老年津贴制度不受收入、财产和就业等条件的限制，具有很强的社会公平效应，对于低收入群体和无养老保障群体的作用显著。

老年福利具有三个特点。一是福利对象的普遍性。在人口老龄化压力下，老年福利已经成为世界各国重要的社会保障政策之一。人口老龄化程度的加深导致出现大规模需要照料和护理的老年人,迫使各国扩大老年福利政策覆盖范围,加之受现代福利普惠价值观的影响,老年福利的对象基本上覆盖了全体老年人。二是福利政策的多层次性。在人口老龄化严重的国家和地区,除了为每一位老年人提供基本的普惠福利,几乎所有国家和地区都会根据老年人的需求特点,提供相适应的福利安排,如为贫困老人提供老年补助金、为经济困难的失能失智老人提供服务补贴、为居住困难老人提供住房保障等。三是福利提供主体的多元化。因为老年福利政策的多层次性,福利提供的主体也具有多元化特点。老年福利的提供主体通常有政府、企业、社会团体、社会组织、慈善机构、家庭及个人等。

第三节 老年经济保障模式比较

一、老年养老经济保障的模式比较

老年养老经济保障包括家庭养老和社会养老两个领域的措施,二者存在较大区别。与养老金制度相比,家庭养老主要通过赡养关系来实现,具有自觉自愿性、低成本高效率的特点,在改善老年人精神健康状况、维系家庭情感、节约社会公共资源等方面优势明显。然而,随着工业化进程的加快以及家庭结构的转变,家庭养老风险和负担急剧上升,工人阶层对社会保障的需求也愈发强烈。在社会养老保险制度中,福利型养老保险模式的优点在于运作简单易行,政府通过收入再分配的方式,为老年人提供基本生活保障,以抵消市场经济带来的负面影响。但该模式也具有明显缺陷:一是政府负担过重,政府财政收入的相当一部分都用于养老保险支出,要维持如此庞大的财政支出,政府就必须采取高税收政策,这便加重了企业和纳税人的负担;二是养老金保障水平相对较低,通常只能保障最低生活水平而不是基本生活水平;三是社会成员普遍享受养老保险待遇,缺乏对个人的激励,往往强调公平而忽视效率。

因此,随着养老金待遇领取人口的不断增加和待遇给付水平的刚性增长,各国开始探索缴费型和储蓄型保险模式,增加了对养老金体系有重要支撑作用的企业年金制度。企业年金制度与社会基本养老保险制度相比有明显区别。

1. 性质不同

企业年金属于养老保险第二支柱,作为公共养老金的补充而存在,普遍是在政府的鼓励扶持下由企业自愿建立。企业年金制度是企业人力资源管理和员工福利计划的重要组成部分,而社会基本养老保险制度则是国家通过立法明确规定的、具有强制性的基本养老保险制度。

2. 管理体制不同

长期以来，大多数国家的社会基本养老保险制度实行的是强制性或半强制性的政府管理制度，而企业年金制度实行的是法人受托和市场运营制。受托人与企业年金基金账户管理机构、企业年金基金托管机构和企业年金基金投资管理机构分别签订委托管理合同。

3. 产品规范化程度不同

企业年金不是标准化产品，它往往因企业经营特色和职工结构不同而具有个性化的特点，只要劳资双方达成一致，企业年金的供款可以调整或中止，而社会基本养老保险是标准化产品。

4. 财务责任承担模式不同

在社会基本养老保险模式中，通常由政府财政兜底，养老保险风险较低，而企业年金由企业承担责任，风险较大，如果企业出现财务问题会影响企业年金的发放。

二、老年医疗经济保障的模式比较

（一）实施主体比较

国家健康服务是由政府直接负责，由国家财政预算拨款来将资金分配给医疗机构，从而向国民提供免费或低收费的医疗服务。例如，瑞典政府举办了几乎所有的医疗事业；英国政府按照区域人口数量，结合其他因素向国立医疗机构直接拨款，2022年英国国立医疗机构80%以上的经费来自政府拨款。不难发现在国家健康服务模式中，政府处于主体地位。

社会医疗保险由国家通过立法形式强制实施，社会医疗保险基金由雇主和个人按一定比例缴纳构成，由医疗保险机构统一筹集、管理和使用，不以营利为目的。市场医疗保险的供求关系是由市场调节的，其买卖按市场法则自由进行，卖方由民间团体或私人保险公司构成，买方可以是企业、民间团体，也可以是政府和个人。储蓄医疗保险以个人责任为基础，强调个人通过积累支付部分医疗费，政府分担部分费用，享受的医疗服务水平越高，付费也越多，从而可避免过度利用医疗服务行为的发生，减少医疗资源的浪费。

（二）资金来源比较

实行国家健康服务模式的国家，资金来源于税收，全部或大部分由国家财政的公共开支支付，个人基本上不缴纳保险费或缴纳比例很低。例如，英国实行国民保险，历年来医疗保险资金来源大部分由国家依靠税收予以承担（约90%），只有10%是由国民保险基金（7%）和本人（3%）负担。2020—2022年虽然拨款略有下降，但仍然保持在较高水平。

实行社会医疗保险模式的国家，一般将医疗保险和其他社会保险待遇的资金筹措结合起来，向劳资双方征收单一的保险费。比较常见的办法是，由雇主和雇员按照一定限度以下的工资固定百分比缴纳保险费，多数国家政府不提供任何补助，少数国家规定政府负担一部分保险费。

实行储蓄医疗保险模式的国家，其资金来自强制征收的个人储蓄，实行长期积累制，国家在政策上予以优惠待遇。保健储蓄金可用于支付本人及家庭成员的住院治病费用和部分昂贵的门诊检查治疗项目费用，保健储蓄金账户的主人过世后，余额以现金形式归还家属且不缴纳遗产税。同时，大多数国家规定劳动者在就医时本人还要缴纳一定的医疗费用，才能享受医疗保险待遇。

实行市场医疗保险模式的国家，医疗保险费用主要由本人负担。例如，美国的医疗保险主要由住院保险和补充医疗保险组成，根据个人负责的原则，住院保险除每月缴纳定额月费以外，住院还需本人负担高额费用。美国联邦政府不对住院保险提供任何财政援助，仅对补充医疗保险提供财政补助，资金来自65岁以下就业者缴纳的社会保险税。根据联邦卫生组织报告，2021年平均每人的医疗保险计划费用为7 470美元。

总之，从资金来源的角度看，政府负担较重的是国家健康服务模式，而市场医疗保险模式中个人承担的比重则较高。

（三）医疗服务体制和卫生政策比较

随着经济的发展和人们对健康需求的增加，一些西方市场经济国家的政府加强了对卫生系统的干预，一方面对医疗供给体系采取了扩张政策，另一方面扩大了健康保险的范围，确保人们普遍获得最低水平的、有保障的卫生保健。根据各国卫生服务筹资、提供和组织形式以及政府作用的差异，市场经济国家的卫生服务体制和政策大致可以分为以下几种模式。

第一，实行国家健康服务模式的国家，以英国为例，对所有医疗机构实行国有化，由中央政府提供资金，分配预算到地区卫生部门，再由地方卫生部门分配预算到医院和全科医生，免费向全民提供医疗卫生服务。但是同样实行该模式的瑞典和意大利则是分权型，地方卫生部门为各自区域内的居民提供医疗服务津贴，中央政府只给予补助，并同地方政府协商医疗费用占GDP的比重。

第二，实施社会医疗保险模式的国家，主要由私立医疗机构和私人医生提供服务，医疗服务的供给以市场调节为主。这些国家都推行强制性保险计划，通过强制性健康保险筹集国家大部分的医疗费用，为全民提供基本医疗服务，同时允许人们自愿购买私人健康保险作为补充，以获得更好的医疗服务。该模式主要通过雇主和雇员缴纳保险费的方式筹集基金，由相对独立的疾病基金会或医疗保险机构进行管理。

第三，实行储蓄医疗保险模式的国家，以新加坡为例，医疗服务和医疗保险没有完全依靠市场机制，政府对其采取强有力的干预和严格的宏观调控。

第四，实行市场医疗保险模式的国家，以美国为例，其医疗服务体系以多元化著称，并且不论医疗服务的提供还是医疗资金的筹集都主要通过市场需求来调节，尽管医疗资源丰富，但地理分布很不均衡，且政府只为军人和退伍老兵建立医疗机构和提供直接的医疗服务，为老年人和残疾人提供健康保障服务。

（四）比较四种模式的不足之处

由于历史背景、经济发展状况等的不同，各个国家的医疗保险模式通过不断完善和探索形成了当前的格局，但仍存在一定不足。国家健康服务模式的问题在于医疗机构运行缺乏活力，医疗资源配置效率低下，难以满足国民不断增长的医疗需求，并且由于供需双方缺乏费用意识，使得医疗消费水平过高、政府财政不堪重负。社会医疗保险模式实行现收现付制，追求财政当年的收支平衡，没有纵向积累，不能解决代际医疗保险费用负担转移问题，随着人口老龄化社会的到来，这种矛盾日趋尖锐。储蓄医疗保险模式的缺点在于，不能实现社会互助共济、共同分担疾病风险，低收入人群得不到医疗保障或无法得到更好的医疗服务。市场医疗保险模式不足之处在于保险费用较高，覆盖范围和保障力度有限。

三、补充性经济保障的模式比较

（一）社会救助

社会救助的享有是与人的需要相联系的，无论任何原因，只要无法维持生活便可享受救助。但是在救助申领的过程中往往存在道德风险，因此许多国家对申领救助制定了相应的家计审核制度，但是有的国家则没有相应规定。

福利型国家强调任何个人都有维持最低生活水平的权利，而与他所从事的职业无关，一般只要有公民权便可享受待遇。地方政府有权利和义务对那些家庭收入无法满足或不足以满足最低生活需要的居民进行救助，救助多采取现金形式，救助的条件为收入是否低于本地区的贫困线。

不同国家的救助模式各不相同。德国强调享受社会救助的是那些被排除在劳动力市场之外的人、失业者以及一些老年人；美国则以贫困线来划分贫穷家庭和贫民，并对其施以社会救助，社会救助的形式有房租补贴、救济金、补助金、食品券等。

（二）老年福利

在老年福利方面，美国采取补缺型模式，瑞典采取机制型模式，二者有明显的不同。

在范围和内容方面，美国老年福利制度更多地侧重于层次较低的社会救助，对老年贫困群体、少数民族老年群体等特殊群体照顾较多，鼓励普通人自我养老，通过发展养老服务产业来提供服务，政府的补缺型特征明显；而瑞典政府对于老年福利制度的干预在广度和深度上远远强于美国，百年的沉淀使得瑞典的老年福利政策体系更加全面，其法律更加强调政府在老年人生活多方面的责任，涵盖了老年保障、健康保障、老年参与、精神慰藉等内容。

在服务体系方面，补缺型模式下的美国养老服务产业比较发达，能够提供养老服务的私人企业和养老机构较多，在老年住宅的提供和老年日常生活照料上发挥了重要作用；机制型模式下的瑞典政府曾一直主导老年福利制度的运行，但随着人口老龄化带来的社会养老负担的加重，瑞典政府于1982年公布了《社会服务法》，开始鼓励家庭等非正式机构承担养老责任，并大力倡导居家养老。目前，社区居家养老已经成为瑞典老年人的一种幸福选择，瑞典也已经建立了较为完善的社会化养老服务体系，社会保险缴费的负担有所减轻。

第四节 部分国家或地区的老年经济保障制度安排

一、加拿大老年经济保障制度安排

加拿大老年经济保障体系包括三个支柱：第一支柱为普享型公共养老金和相关津贴，第二支柱为收入关联型公共养老金，第三支柱为私人养老金。这三个支柱分别对应世界银行"五支柱"模式中的"零支柱""一支柱"和"三支柱"。

（一）第一支柱：普享型公共养老金和相关津贴

第一支柱包括老年经济保障计划、收入保障补贴计划、配偶津贴和遗属津贴三个部分。1951年，加拿大议会通过了《老年经济保障法》（Old Age Security Act, OAS），并于次年开始实施"普享"的老年经济保障计划。该计划为全体居民每月提供54加元的普享养老金，领取年龄是70岁。老年经济保障计划的建立标志着加拿大公共养老金制度从过去的收入调查式向全民覆盖式转变。受自由主义福利思想的影响，老年经济保障计划提供的养老金水平非常低。为了防止老年贫困，1961年，加拿大政府出台了收入保障补贴计划（guaranteed income supplement，GIS）。收入保障补贴计划是向领取老年经济保障计划的低收入老年人额外发放具有救助性质的养老金，发放数额取决于其家庭（婚姻）状况和收入水平，并与物价挂钩，不能推迟领取。收入保障补贴计划的最初目标是在收入关联型公共养老金计划成熟之前弥补老年经济保障计划的不足，以确保所有加拿大老年人都能通过老年经济保障计划和收入保障补贴计划获得最低收入的保障。收入保障补贴计划原本被设计为临时制度，但一直延续至今，对缓解老年贫困发挥了重要作用。如果在加拿大住满10年以上，就符合领取收入保障补贴计划的条件，2021年符合条件的申请人最高每月可以领取948.82加元。在老年经济保障计划和收入保障补贴计划之外，加拿大还向60~64岁的低收入者提供基于补缺理念的配偶津贴和遗属津贴。其中，配偶津贴的发放需以配偶达到65岁为基本条件，遗属津贴的发放需以配偶去世且本人没有新的配偶为基本条件。2022年，该计划要求夫妻双方家庭年收入不超过36 048加元，则可以申领配偶津贴，每月最高额度为1 219.68加元且无需缴税；若该家庭为丧偶家庭，并且年收入不超过26 256加元，则每月最高可领取1 453.93加元且无需缴税。

（二）第二支柱：收入关联型公共养老金

由于自愿性私人养老金覆盖面有限，老年经济保障计划提供的养老金水平又比较低，加拿大于1961年引入了一项收入关联型公共养老金计划，该计划面向年满18周岁的雇员和自雇者，具有强制性，目标替代率的上限是个人调整后月工资的25%。设置相对较低的目标替代率与加拿大自由主义福利体制的特征相吻合，即主张公共养老金的发展不能挤占私人养老金的发展空间。

收入关联型公共养老金计划主要包括六个方面的内容。一是保障内容。除了提供养老金，收入关联型公共养老金计划还提供残疾收入保障、死亡津贴和遗属保障。二是缴费率。三是缴费基数。四是缴费年限。领取全额公共养老金的缴费年限为39年，最低缴费年限为1年。五是领取养老金年龄。领取公共养老金的标准年龄为65岁，最早可以从60岁开始领取，如果提前领取，养老金数额则相应扣除一定比例。同时，加拿大鼓励推迟领取养老金，每延迟一年领取，养老金将增加8.4%，最迟领取养老金的年龄不得超过70岁。六是养老金调整。每年收入关联型公共养老金计划都将根据消费者价格指数（CPI）进行调整。2016年7月，自由党上台后制定了新的收入关联型公共养老金计划实施方案。根据新方案，2019年起，将收入关联型公共养老金计划的替代率自25%逐渐提升至33.3%。与替代率的提升相对应，缴费率也随之进行了调整，2019—2023年，将缴费率自4.95%提升至5.95%，2024年及以后还将进一步提升缴费收入上限和缴费率。此时，人们平均每月增加7加元保费，到2023年共计每月增加34加元保费。经过多年的投资管理，基金规模增长迅速，截至2023年一季度末，收入关联型公共养老金计划总体资产规模已达到5 700亿加元，在全球养老基金资产规模排名中居于前列。

此次改革具有前瞻性，妥善解决了代际公平和制度可持续之间的冲突。总的来看，收入关联型公共养老金计划以缴费为前提，具有强制性，覆盖就业群体，养老金与收入关联，遵循精算平衡，主要制度目标是实现低水平的收入替代和缓解贫困，而不是收入再分配。

（三）第三支柱：私人养老金

加拿大私人养老金规模较大，且平均养老金替代率高于经济合作与发展组织（OECD）国家的平均水平。截至2020年年末，加拿大养老保险总规模为6.23万亿加元，过去30年的平均复合增长率高达7%。加拿大第三支柱个人养老金规模约为1.96万亿加元，约占养老保险总规模的31.46%。

加拿大的私人养老金包括职业养老金和个人养老金。其中，职业养老金类型多样，其主体是注册养老金计划（registered pension plan，RPP）和集合型注册养老金计划（pooled registered pension plan，PRPP）。大部分职业养老金由雇主和雇员双方缴费，只有少部分职业养老金完全由雇主缴费。此外，个人养老金的内容也非常丰富，有多种方案可供选择，主要包括注册退休储蓄计划（registered retirement savings plan，RRSP）、注册养老收入基金（registered retirement income fund，RRIF）和免税储蓄账户（the tax-free saving account，TFSA）。2009年，加拿大政府创立了税后积累（TEE）税优模式的免税储蓄账户，覆盖18岁及以上的加拿大居民，支持多账户储蓄投资。注册养老收入基金是与注册退休储蓄计划匹配衔接的一个养老基金，用来转移注册退休储蓄计划的积累额。注册养老收入基金不支持继续缴费，只接收转移性质的养老金资产。2016年加拿大人口普查数据显示，1 400万加拿大家庭中有65.2%的家庭在2015年至少参与了一种储蓄性质的养老金计划，35%的家庭参与了注册退休储蓄计划，40.4%的家庭参与了免税储蓄账户。2019年和2020年，65岁及以上加拿大老年人注册退休储蓄计划收入占全部养老金收入的比重分别为5.7%和5%。

加拿大三支柱老年经济保障体系中养老金资产规模雄厚，公共养老金和私人养老金发展相对均衡。2020年，私人养老金绝对规模达到41 725.9亿加元，在经济合作与发展组织国家中仅次于美国和英国。2000—2014年，在65岁及以上加拿大老年人的退休收入中，私人养老金占全部养老金的比重从39.3%稳步上升至45%；2015—2020年，该比重在44.9%~46.1%小幅波动。

二、英国老年经济保障制度安排

英国的养老保险制度由国家养老金计划、职业养老金计划和个人养老金计划三个支柱构成。国家养老金计划包括国家基本养老金计划（basic state pension，BSP）、第二养老金计划（state second pension，S2P）和养老金补贴制度（minimum income gurantee，MIG），其共同特点是由政府提供并由政府承担兜底责任。职业养老金计划和个人养老金计划均属于私人养老金计划，采取市场运作模式。私人养老金计划是英国家庭财富最主要的部分，根据英国统计局的调查结果，截至2020年3月底，英国私人养老金规模已达到6.445万亿英镑，占英国家庭财富的首位，占比达42%。在英国，国家养老金计划仅能保障职工退休后的基本生活需要或者说最低生活需要，更高的退休待遇主要是依靠职业养老金计划和个人养老金计划来满足。

（一）第一支柱：国家养老金计划

一是国家基本养老金计划。国家基本养老金计划基金的资金来源于国民保险税，除残疾人等特殊群体可以免除缴纳外，雇主和年收入5 000英镑以上的雇员均要缴纳。能够获得国家基本养老金的退休年龄在逐渐提高，2010年，女性退休年龄从60岁提高到65岁，与男性统一。2018年，男性和女性退休年龄共同提高到66周岁（2020年达标），预计到2028年和2039年，退休年龄将被进一步提高到67周岁和68周岁。任何人只要缴费年期数相同，无论个人缴费金额多少，都将领取同等水平的养老金。缴费（或视同缴费）年限满35年后，达到退休年龄即可领取全额的国家基本养老金，金额为每周185.15英镑（2022年和2023年标准）。可以领取的最低缴费年限是10年，领取金额按缴费年限与35年的比例折算。

二是第二养老金计划。所有缴纳国民保险税且没有参加职业养老金计划或个人养老金计划的雇员都将自动加入第二养老金计划。第二养老金水平约为雇员职业生涯中收入最好的20年的平均工资的25%，具体根据收入水平和工作年限确定。2012年之前第二养老金计划根据消费者价格指数进行调整，从2012年起改为与工资收入增长率挂钩。政府允许雇员从这个制度中"迁出"（也称"协议退出"）至职业养老金计划、个人养老金计划等私人养老金计划中去。国家第二养老金与工资收入的比例在逐步上升并稳定在13%~18%的水平。据统计，如果缴费满40年，对于普通收入者，第二养老金与国家基本养老金收入相当（即替代率为17%~18%）。

三是养老金补贴制度。养老金补贴制度是一项由政府为已经领取国家基本养老金的贫困人口提供补贴的制度，经费来源于政府一般税收收入。通过提供补贴，使低收入老年人达到国家规定的最低收入标准。养老金补贴制度主要包括三种形式：一是最低收入保障补助，退休人员养老金低于最低收入标准的，由国家补助到最低收入标准（英国最低收入标准为英国家庭收入中位数的60%）；二是储蓄补助，为了鼓励雇员在工作期间储蓄，政府对65岁及以上（女性60岁及以上）达到一定储蓄金额的人额外提供福利；三是特殊补贴，又分为财力调查补贴和非财力调查补贴，财力调查补贴包括租房补贴和市政税补贴，非财力调查补贴包括冬季取暖燃油补贴和个人看护补贴。

（二）第二支柱：职业养老金计划

职业养老金计划由私人和公共部门的雇主自愿提供，分待遇确定型（DB）、缴费确定型（DC）和二者混合型三种类型。所有公共部门和大多数大公司提供的都是待遇确定型职业养老金计划，但由于待遇确定型职业养老金计划在人口老龄化过程中将承担较大的社会风险，会因经济状况的变化而导致较高赤字。因而，越来越多的大公司对职业养老金计划进行调整：一是改为缴费确定型职业养老金计划，雇员按照工资一定比例进行缴费，雇主进行投资，本金和收益在雇员退休后支付；二是仍然选择待遇确定型职业养老金计划，但通过与保险公司签订合同，风险由保险公司承担。公共部门的职业养老金计划也在酝酿调整。英国法律没有规定职业养老金的具体缴费比例，约1/4的职业养老金计划由雇主缴费，也有雇主和雇员共同缴费的，费率由雇主决定。

由于第一支柱的国家基本养老金替代率较低，大部分人退休后的主要收入来源于第二支柱的职业养老金。根据英国养老金监管局的数据，截至2021年3月，英国待遇确定型职业养老金计划总资产约为1.7万亿英镑，缴费确定型职业养老金计划总资产约为0.1135万亿英镑。待遇确定型职业养老金计划在英国养老金市场占据着主导地位，是英国金融市场系统性风险的来源之一。截至2021年，英国职业养老金计划的覆盖率已经达到90%左右，养老金整体净替代率维持在60%~70%。

（三）第三支柱：个人养老金计划

个人养老金计划是一种个人自愿参加的缴费确定型个人养老金计划。英国法律规定，没有为雇员提供职业养老金计划的雇主必须与一家或多家保险公司达成协议，使其雇员能够参加这样的计划。雇员可以在确定的保险公司和投资种类中自愿选择参加，雇主将为选择参加这些计划的雇员代扣应缴费用并向保险公司缴纳。同时，个人也可不经雇主直接参加保险公司提供的缴费确定型个人养老金计划及寿险计划。在2001年4月之前，个人养老金计划只允许自雇人士或没有参加职业养老金计划的人士加入。从2006年4月开始，所有年龄低于75岁的人均可加入个人养老金计划。个人养老金计划的收费标准也有上限，默认投资组合的管理费率不能超过0.75%。截至2021年年底，英国雇员参加个人养老金计划，其缴费比例集中在工资收入的2.5%~4.5%的占比43.8%；缴费比例集中在工资收入的4.5%~6.5%的占比约25%。即使高于工资收入的6.5%的雇员占比也有23.8%；低于工资收入的2.5%的雇员占比已经从1/3左右下降到6.7%。可见，英国雇员参加个人养老金计划的缴费积极性还是比较高的。

三、日本老年经济保障制度安排

日本的老年经济保障制度最早可以追溯到20世纪50年代。1954年，针对公司雇员出台了《厚生年金保险法》；1955年，针对普通群众出台了《国民年金法》。之后，与世界各国养老金体系类似，日本也逐步形成了三大支柱养老金体系。截至2020年，日本的养老保险覆盖率已高达99%。2021年年底，日本三大支柱养老金总余额约为424兆日元，占GDP的74%。

（一）第一支柱：公共养老金

日本公共养老金由国民年金和厚生年金两部分组成。国民年金作为基础年金，强制20~60岁的国民参加，由国家和个人各负担一半费用，国民可以在银行和其他金融机构、邮局和便利店以现金或者信用卡的方式缴费，也可以设定从银行账户里每月自动扣除；厚生年金则按收入的一定比例缴费，自2017年起缴费率固定在18.3%，雇员超过5人的企业强制参加，由雇员与所在单位各承担一半（9.15%）。此外，雇员无工作的配偶（家庭主妇）被强制要求加入国民年金，缴费从雇员工资中一并扣除。

日本公共养老金由厚生劳动省监管。2001年开始，厚生劳动省成立日本政府养老金投资基金（government pension investment fund，GPIF），对发放养老金之后的盈余资金进行运营管理，负责养老金的保值增值。2021年日本政府养老金投资基金的收益率为5.42%，收益额为10兆925亿日元；2001年至2021年总收益率为3.69%，累计收益105兆4 288亿日元。

（二）第二支柱：企业养老金计划

日本企业养老金计划与公共养老金规模基本平分秋色。2002年以前，日本企业养老金基本上属于规定收益的年金，可分类到待遇确定型养老金计划中。厚生年金基金、合格退职金皆属此类。这些养老金计划都基于较高的预定投资收益率而设立，在房产泡沫破裂后基金出现崩盘局面，加上雇员工作变动时养老金转移存在困难，在经济动荡和失业率升高的背景下，已经不能适应环境要求，因此，厚生年金基金、合格退职金已相继停止。2002年，日本参照欧美企业年金制度设置了新待遇确定型养老金计划。同年，缴费确定型养老金计划也开始设立。

新待遇确定型养老金计划具体分为基金型和依据劳动关系而成立的契约型两种，可以相互转换，也可以转换成其他类型的年金，相比过去的待遇确定型养老金计划有较高的灵活性，且仍有一定的税收优惠，当基金积累不足时可追加缴费，所追加的缴费仍可全部计入企业的当期损失。新待遇确定型养老金计划确定了待遇支付水平，缴费需要根据投资收益情况调整。一般来说，预定利率每下降1%，缴费费率就要上涨20%。待遇确定型养老金计划的缴费可由雇主和雇员共同承担，雇主缴费全额计入成本，雇员缴费税前额度最高为每年4万日元。截至2022年3月末，日本待遇确定型养老金计划总数12 108只，覆盖930万人，总资产68.1万亿日元。退休人员人均每年领取70.2万日元。

日本借鉴美国401（k）计划，建立了企业型缴费确定型养老金计划，该计划被称为日本版401（k）。雇主缴费部分算作损失进行扣除，扣除额度有限额，若雇员仅参加企业型缴费确定型养老金计划，每月最高限额5.5万日元；若雇员同时参加了企业型缴费确定型养老金计划和待遇确定型养老金计划，每月最高限额为2.75万日元。2011年之前，企业型缴费确定型养老金计划不允许雇员缴费。2011年8月之后允许雇员缴费，雇员缴费部分也可进行税前扣除，但需要满足的要求是雇员和雇主缴费总和每月不得超过5.5万日元，且雇员缴费额度不能超过雇主。截至2022年3月底，日本参加企业型缴费确定型养老金计划的人数为543.3万人，管理资产351万亿日元，人均约646万日元。在企业养老金计划中，还有一个非常重要的养老金计划，即一次性给付的退职金制度（Lump-sum severance benefit，LSSB），该制度拥有延迟工资的性质，雇员无需事先缴费。

（三）第三支柱：个人养老金计划

第三支柱为个人自愿加入的个人养老金计划，包括2001年引入的个人型缴费确定型养老金计划和2014年开始的个人储蓄账户计划（nippon individual savings account, NISA）。

个人型缴费确定型养老金计划是具有税收优惠的退休储蓄账户，规模占比尚小，但发展速度较快。该计划与第二支柱中企业型缴费确定型养老金计划形成相互补充，覆盖20～59岁的所有在职雇员、个体户、自由职业者以及家庭主妇，由国家养老基金联合会（厚生劳动省下属法人机构）负责监管。参与者建立退休储蓄账户，账户内的投入资金免税、投资收益免税，领取账户内资金时收税，可按不同领取方式进行相应的税费减免。必须正常缴纳国民年金的居民才可以参加个人型缴费确定型养老金计划，否则无法继续在个人型缴费确定型养老金计划账户下进行养老金投资。但是之前已投入的资金仍可正常投资使用。个人型缴费确定型养老金计划参加人在年满60岁之后即可领取，如缴费年限小于10年，则领取年龄有所增加，最晚领取年龄不超过75岁。如果是在60岁以后首次参加个人型缴费确定型养老金计划，则可以在加入之日起5年之后领取。个人型缴费确定型养老金计划可以一次性领取，也可以选择年金化领取（领取期限为5～20年）。如果金融机构允许，也可能选择终身年金领取，或者上述方式的混合。截至2022年3月底，个人型缴费确定型养老金计划管理资产规模为2.19万亿日元，参加人数238.7万人，只占参加国民年金总人数的3.5%，人均资产91.7万日元，年金化领取的平均金额为67.7万日元，终身年金领取的平均金额为342.3万日元。

个人储蓄账户计划是具有税收优惠的个人储蓄账户，是为了鼓励年轻人为养老做投资和储蓄而设置的。个人储蓄账户计划规模尚小，但发展速度很快。2014年推出时最初面向所有20岁及以上居民，设置缴纳上限（普通个人储蓄账户计划）。后于2016年扩大至20岁以下青少年（初级个人储蓄账户计划），2018年增加小额累计投资免税计划，20岁以上居民只能在普通个人储蓄账户计划和小额累计投资免税计划中择一参加。截至2022年3月底，个人储蓄账户计划管理资产规模为27.6万亿日元，参加人数1 722.6万人，人均160万日元。

第五节　中国老年经济保障的特征与模式

一、中国老年经济保障制度特征

（一）需求的普遍性

衰老是生命不可避免的自然规律，因此任何人都希望安度晚年，都需要有相应的老年经济保障。人们对经济保障的普遍需求，正是根源于老年风险的普遍性。相较于失业、疾病等不确定事件而言，老年是一个确定的、可以清晰预见的、个人不可避免的人生阶段。由于个体在能力、经济和家庭条件等方面存在差异，因而对收入下降、身体衰弱等风险的承受能力也各不相同，特别是随着家庭规模小型化、保障能力弱化以及市场风险的集中化和多重化，任何人都不能保证自己能够独自承担年老带来的冲击。因此，在养老风险日益普遍化之时，老年经济保障成为老年人最普遍的需求。

（二）公平与效率的统一

追求公平与效率的统一是我国社会保障制度建设的核心理念。效率优先往往更加强调社会保障制度对经济体制改革的推进作用，而公平的价值取向更加倾向于将社会保障制度视为最重要的社会政策之一。纵观我国社会保障制度的发展进程，就是在公平与效率的博弈中不断进步与完善的过程。

在计划经济体制下，我国社会保障制度以低效率为代价，追求低层次的结果公平，从而导致了高额的社会成本。社会主义市场经济的建立与发展，深刻影响和改变了曾经长期支配我国社会保障制度运行的基本观念，针对计划经济体制下的低效率和绝对平均主义，我国逐步引入市场机制，鼓励竞争，以"效率优先、兼顾公平"为原则进行了一系列改革，力求在保证公平的同时，有效提高社会经济效率。

现代社会保障制度建立在社会公平的基础上，旨在实现人们对于平等、和谐生活的追求，力图保障全体社会成员共享社会经济发展成果。按照构建社会主义和谐社会的社会公平和正义原则，社会保障制度是全体国民应该普遍享受的权利。

对此，我国政府以公平为原则在社会保障领域进行改革。2021年，民政部正式取消了最低生活保障的城乡区分。一体化的社会保障制度有助于城乡要素平等交换，合理配置公共资源，为农村发展注入新活力。《国务院关于印发"十四五"就业促进规划的通知》明确要求，支持多渠道灵活就业和新就业形态发展。加快落实《关于维护新就业形态劳动者劳动保障权益的指导意见》，建立完善适应灵活就业和新就业形态的劳动权益保障制度，引导支持灵活就业人员和新就业形态劳动者参加社会保险，提高灵活就业人员和新就业形态劳动者的社会保障水平。放开灵活就业人员在就业地参加基本养老保险、基本医疗保险的户籍限制。这些措施都充分地体现了公平优先、兼顾效率的价值取向。

（三）保障与经济社会均衡发展

老年经济保障制度是国家为了维护社会稳定、提高人们老年生活质量、保障社会公平而建立的一种制度,是社会保障制度的一个重要部分。我国经济发展和经济保障制度变迁的历程表明,经济社会的健康发展是我国老年经济保障制度转型发展的基础,公平有效的老年经济保障制度反过来又促进了经济发展,二者呈现出均衡的发展状态。

改革开放前,受制于我国较低水平的经济总量和生产力发展水平,政府在国民养老方面无力投入更多资金。在家庭养老和社会保险共存的社会中,低水平的社会保险导致人们更多选择家庭养老,就当时的国力而言,实行以家庭养老为主,国家和集体扶持的保障模式是最好的选择。但是,父母依赖家庭子女养老直接导致生育增加,人口迅猛增长。子女数量的增加使得父母将有限的收入用于应对家庭成员的生存,自然挤占了用于子女教育发展的资金,从而限制了劳动力水平的提升,进而也抑制了经济增长。在改革开放初期,我国经济总量较低,限制了老年经济保障水平的提高,较低的老年经济保障水平反过来也间接抑制了经济增长。

经过改革开放以后的长期建设,我国经济持续稳定增长,经济总量不断攀升,国民生产总值已跃居世界第二位,人均国民生产总值也大幅提高。我国的老年经济保障政策伴随经济的腾飞也不断发展完善。1991年,我国初步建立了社会统筹和个人账户相结合的现代养老保险制度,推进了企业职工基本养老保险改革,加大了社会保障的建设力度。政府积极承担更多的养老责任,老年人对"养儿防老"的依赖程度有所降低,生育更多子女的观念逐渐弱化,国家加大教育投入、恢复高考、实行九年义务教育,开展不同层次、不同水平的扫盲教育和专业教育,新一代劳动者的科学文化水平和综合素质得到明显提升,高素质劳动力又进一步促进了经济增长。改革开放以来,我国调整老年经济保障政策,不仅提升了养老质量和水平,而且也对经济增长起到了积极的促进作用。

二、中国老年经济保障模式嬗变

(一)中国老年养老经济保障制度

1949年以来,我国老年养老经济保障制度的发展主要分为以下三个阶段。

1. 第一阶段(1949年至20世纪80年代前期):以家庭保障为主,政府、单位、集体保障为辅

由于经济不发达和传统观念的影响,家庭养老在这一时期居于完全主导地位,尤其是广大农村地区,绝大多数老年人依靠其家庭养老。由于计划经济体制的影响,除了占主导地位的家庭养老,还存在一些由政府、单位和集体提供的老年保障形式,例如,政府和单位为城镇职工提供了退休金和一定的养老服务,还包括一些老年精神保

障举措；农村以集体形式为部分孤寡老人和贫困老人提供资金和实物帮助。

2. 第二阶段（20世纪80年代中期至90年代后期）：家庭保障开始弱化，社会化养老开始探索

市场化、工业化、城市化进程加快，促进了国民经济的快速发展，同时为老年人提供了一定的经济基础，但也增加了养老难度。尤其在人口流动加快、家庭结构变化、土地保障功能弱化的背景下，传统的家庭养老保障功能不断弱化。而这一时期，社会化养老还处于萌芽和初始阶段，企业职工基本养老保险制度开始探索和建立，但是有关其他群体的老年养老经济保障制度还没有完全建立起来，老年养老经济保障表现出覆盖面窄、水平低的特点。

3. 第三阶段（20世纪90年代后期至今）：社会化养老的发展与完善

20世纪90年代后期以来，尤其是进入21世纪以后，党和国家更加重视包括养老在内的民生事业的发展，采取了一系列的老年保障措施，社会化养老不断发展和完善。1997年，建立了统一的企业职工基本养老保险制度。为加快老龄事业的发展，1999年成立了全国老龄工作委员会。2000年，中共中央、国务院颁布了《关于加强老龄工作的决定》。2006年，国家颁布了《国务院办公厅转发全国老龄办公室和发展改革委等部门关于加快发展养老服务业意见的通知》。2008年，全国老龄委办公室等十部门发布了《关于全面推进居家养老服务工作的意见》。2010年11月，民政部在江苏无锡召开了全国养老服务推进会。2011年12月，国务院办公厅印发了《社会养老服务体系建设规划（2011—2015年）》。2014年，养老金双轨制开始正式并轨。2020年，《中华人民共和国国民经济和社会发展第十四个五年规划和2035年远景目标纲要》中提出，健全多层次社会保障体系，坚持应保尽保原则，按照兜底线、织密网、建机制的要求，加快建全覆盖全民、统筹城乡、公平统一、可持续的多层次社会保障体系。全国统筹以统一全国缴费政策和基金收支管理制度为核心，以信息系统和经办服务管理全国一体化为依托，有利于在全国范围内实现企业职工基本养老保险基金收支平衡。这一时期，包括城镇职工基本养老保险制度、新型农村社会养老保险制度、老年津贴制度等在内的各项养老保障制度不断建立和完善。

（二）中国老年医疗经济保障制度

1. 公费、劳保医疗制度时期

1951年颁布的《中华人民共和国劳动保险条例》规定，医疗保险费用由企业从职工福利费中列支，由此建立起了中华人民共和国的劳保医疗制度。1952年，政务院颁布的《关于全国各级人民政府、党派、团体及所属事业单位的国家工作人员公费医疗

预防的指示》以及卫生部发布的《国家工作人员公费医疗预防实施办法》中规定，由国家财政统一拨付给各级卫生主管部门统筹统支，建立起与国民经济恢复时期和计划经济时期相适应的公费医疗制度。公费医疗和劳保医疗制度为国家机关事业单位的工作人员和城市企业职工（主要是国营企业职工）提供了当时经济条件所能承担的医疗保障。

1955年，在农村实行合作化的背景下，一些地方（如山西高平米山乡）便开始探索实行"医社结合"，由社员出资（保健费）建立联合保健站，即集体保健医疗制度。在国家相关部门的重视与支持下，20世纪60年代，农村合作医疗制度在全国农村普遍建立。这种在农民自愿互助的基础上，依靠集体经济建立起来的互助合作医疗保障制度，为缓解农村缺医少药矛盾、解决广大农民看不起病或看病难问题发挥了重要的历史作用。

公费、劳保医疗制度在我国实施了40多年。在当时的历史条件下，该制度对保障企业职工，机关、事业单位工作人员以及革命残疾军人的身体健康，促进社会主义建设所发挥的重要作用早已彪炳史册。但是随着经济社会的发展进步，这些制度固有的缺陷和弊端日渐凸显：一是保障范围过窄，获得保障的人数太少；二是保障待遇参差不齐，缺乏共济性与公平性；三是企业负担畸轻畸重，不少企业拖欠职工医疗费；四是社会资源浪费严重，医疗费用增长过快等。随着时代的发展，这些制度已经到了难以为继的地步，特别是随着经济体制改革的不断深化（由计划经济体制转型为社会主义市场经济体制），所有制结构出现了调整变化（由单一公有制转变为以公有制为主、多种所有制共同发展），农村人民公社解体，实行包产到户、土地承包等改革措施后，劳保医疗制度只剩下5%左右。这些制度赖以生存的经济基础和体制基础已不复存在。"皮之不存，毛将焉附"，问题倒逼改革，出路也在改革。探索建立与社会主义市场经济体制相适应的、缴费型的、共济性的社会医疗保障制度已成必然趋势。

2. 医疗保险制度探索试验时期

地方基层政府对公费、劳保医疗制度的缺陷和弊端体会最深刻，所以探索创新的主动性和积极性也最高。20世纪80年代初开始，一些地方和企业就自发地进行改革探索（如北京、四川等）。当时主要是探索医疗费用与个人利益适当挂钩、职工大病医疗费用和退休人员医疗费用实行社会统筹等。

1989年，国务院批转的《国家体改委1989年经济体制改革要点》中提出，在丹东、四平、黄石、株洲进行医疗保险制度改革试点，同时，在深圳、海南进行社会保障制度综合改革试点。1993年，党的十四届三中全会通过的《中共中央关于建立社会主义市场经济体制若干问题的决定》中明确提出，建立社会保障制度，并将这项制度作为社会主义市场经济体制的重要组成部分，俗称"四梁八柱"。其中，明确要求职工养老、医疗保险由单位和个人共同负担，实行社会统筹和个人账户相结合的模式。

1994年，国家体改委等四部门制定了《关于职工医疗保险制度改革的试点意见》。从1995年开始在江苏镇江、江西九江进行职工医疗保障制度改革试点（即"两江"试点）。1996年，在总结"两江"试点做法和经验的基础上，为了进一步检验政策、发现问题、总结经验、探索规律、完善政策体系和体制机制，国务院决定扩大试点范围（每省可选择1~2个城市试点，实际启动试点的城市有40多个），扩大试点进行了两年多时间。

历时10多年的医疗保障制度改革试点探索（其中国务院直接组织指导的试点就有4年多时间），为探索我国医疗保障制度改革的实施路径和实现形式奠定了思想基础、群众基础、制度基础和实践基础，也为正式开启我国医疗保障制度全面改革的征程提供了理论依据和实践依据。

3. 全面进行医疗保障制度改革，建立全民医保制度时期

以1998年《国务院关于建立城镇职工基本医疗保险制度的决定》为标志，我国进入全面进行医疗保障制度改革（即建立全民基本医疗保险制度）时期。这个时期，根据不同的改革重点又可大体分为六个阶段。

第一阶段，1999年至2003年为全面建立城镇职工基本医疗保险制度阶段，这也是最重要、最艰难的阶段。从2003年起，一方面，在原有农村合作医疗制度的基础上，建立新型农村合作医疗制度（简称"新农合"），这是由政府组织、引导、支持，农民自愿参加，个人、集体和政府多方筹资，以大病统筹为主的农民医疗互助共济制度（2010年颁布的《中华人民共和国社会保险法》则将其定义为农村居民基本医疗保险制度）；另一方面，建立起了社会医疗救助制度，重点解决重度残疾人、农村"五保户"和城镇"低保户"等困难群体的基本医疗保障问题。这是体现社会政策托底功能的制度安排。

第二阶段，2007年，国务院出台《关于开展城镇居民基本医疗保险试点的指导意见》。经过一年左右的试点，本着由财政给予一定补助、居民自愿参加的原则，在全国建立城镇居民基本医疗保险制度。重点解决城镇居民中非就业人群（一老一小）的基本医疗保险问题。

第三阶段，2009年3月，以《中共中央、国务院关于深化医药卫生体制改革的意见》为标志，开启了新一轮医药卫生体制改革（新医改）。这个阶段改革的短期目标是重点解决群众"看病贵，看病难"问题，长期目标是要实现公立医疗机构的"四个分开"，即政事分开、管办分开、医药分开、营利与非营利分开，建成"四个体系"，即

覆盖城乡居民的公共卫生服务体系、医疗服务体系、医疗保障体系、药品流通供应保障体系。

第四阶段,根据国家发展改革委等9部门的文件,在基本医疗保险制度的基础上,我国于2012年又建立了大病保险制度。这一制度在学理和法理上一直存在争议,在实施中也暴露出不少矛盾和弊端,主要是与基本医疗保险制度的保障功能、与党的十八大提出的建立重特大疾病保障救助机制、与《中华人民共和国社会保险法》的相关规定相违逆。

第五阶段,2012年3月,国务院《政府工作报告》正式宣告,中国已基本建立全民基本医疗保险制度。这一制度覆盖全国城乡居民,参保人数超过13亿人,参保率占全国总人口的95%以上,是全世界保障人数最多的医疗保险制度。

第六阶段,2013年开始进入健全完善全民医保制度阶段。一是整合城乡居民基本医疗保险制度。这项改革直到《国务院关于整合城乡居民基本医疗保险制度的意见》下达后才进入"快车道"。截至2017年,全国除少数几个省(区)外,基本完成了整合任务,实现了"六统一",即统一覆盖范围、统一筹资政策、统一保障待遇、统一医保目录、统一定点管理、统一基金管理。二是根据党的十八届五中全会关于加快探索建立长期护理保险制度的要求,2016年人力资源社会保障部办公厅印发《关于开展长期护理保险制度试点的指导意见》,并组织指导15个城市开展长期护理保险试点。这是社会保障体系中一项"压阵殿后"的制度(被称为第六险),对化解人口老龄化社会风险,满足数以千万计的失能群体的生活照料和医疗护理需求,确保基本医疗保险制度可持续发展,健全完善社会保障体系等都有着不可或缺、不可替代的重要作用。

4. 全面建成中国特色医疗保障体系,推进中国医保高质量发展时期

2020年颁布的《中共中央、国务院关于深化医疗保障制度改革的意见》明确提出,我国的医疗保障体系分为基本医疗保险、大病保险与医疗救助三级。2021年,三项保险支出分别为24 043.1亿元、4 085亿元和619.9亿元,分别占医疗保险总支出的83.6%、14.2%和2.2%。截至2021年年底,基本医疗保险覆盖13.6亿人,参保率稳定在95%以上,全民医保基本实现。这是中国医保制度演进发展的更高层级,也是中国医保制度走向更加公平、更加可靠、更加完善、更加成熟的时期,也是任务更艰巨复杂的时期。

(三)中国老年社会福利经济保障制度

1. 高龄津贴

高龄津贴是一种兼有社会救助和社会福利性质的社会保障措施。《国家基本公共服

务标准（2021年版）》中明确提到，为80岁以上老年人发放高龄津贴。即便之前没有参加过社会保险，只要符合当地政策规定也可以申领，切实有效地保障了这部分老年人能够更加稳定地维持基本生活。

国内多数省份都是将年龄超过80周岁的老年人作为高龄津贴的发放对象，同时分别将80~89岁、90~99岁、100岁及以上的老年人依次确定为第一档、第二档、第三档，并对各个档次采取不同的津贴发放标准。原则上我国高龄津贴的给付标准依据当地最低生活水平、津贴水平和领取者年龄进行分类分级，并根据当地经济发展情况、人民生活水平的提高和最低生活水平的变化随时调整。从《民政部关于建立高龄津（补）贴制度先行地区的通报》来看，大部分地区只有年龄超过80周岁的老年人才可享受津贴待遇，80~89岁的老年人每人每月发放100元，90~99岁老年人为200元，100岁及以上的老年人为500元。因为不同地区的经济发展情况存在差异，所以各地的高龄津贴制度标准并不相同。例如，在广东河源，具有本市户籍且年龄在80岁及以上的老年人，2022年的高龄津贴发放标准为80~89岁每人每月50元以上，90~99岁每人每月100元以上，100岁及以上的每人每月200元；在石家庄鹿泉，80~89岁每人每月60元，90~99岁每人每月100元以上，100岁及以上每人每月500元。此外，也有少数地区会根据实际情况适当降低年龄门槛。如山东龙口规定，年满70岁的本市公民即可领取高龄津贴，具体发放标准为，70~79岁每人每年300元，80~89岁每人每年400元，90~98岁每人每年600元，99岁及以上每人每月600元。

高龄津贴的期限没有统一标准，可以按月支付、在重阳节或年底支付，也可以每半年支付一次，具体发放时间以各省市民政部门通知为依据。2019年，国务院新闻办公室表示，我国31个省（自治区、直辖市）均已建立高龄津贴制度，29个省（自治区、直辖市）设计了老年人护理补贴制度，30个省（自治区、直辖市）形成了老年人服务补贴制度，29个省（自治区、直辖市）建立了老年护理服务体系。相对于城市老年津贴制度的发展，虽然农村相关制度的发展相对落后，但仍有超过3 000万农村老年人已经受益。由于养老机构的服务质量不断提升，加上众多专项行动陆续推进，老年人能够选择的养老方式也日益增多。

2. 老年人健康管理

《国家基本公共服务标准（2021年版）》中提出，每年为辖区内65岁及以上常住居民提供1次生活方式和健康状况评估、体格检查、辅助检查、健康指导等服务；每人每年提供1次中医体质辨识和中医药保健指导，相应费用将由中央财政和地方财政共同承担。该项规定不仅能减轻老年人的经济负担，还能为老年人定期体检，防病于未然。

3. 护理补贴

在现实生活中，因意外或者生病等原因导致一些人生活不能自理，尤其是随着年龄的增长，出现生理失能的可能性会增加，并给家庭带来沉重负担。对此各地政府针对此类群体生活护理困难的问题，根据当地经济社会发展水平、相关群体经济情况以及身体状况发放一定的护理补贴。例如，《广东省民政厅　广东省财政厅　广东省老龄工作办公室关于建立经济困难的高龄失能等老年人补贴制度的实施意见》明确规定，对特困人员和低保家庭中的60周岁及以上的轻度失能老人每人每月发放不低于100元补贴、中度失能老人每人每月发放不低于150元补贴、重度失能老人每人每月不低于200元补贴；此外，低收入家庭（低保标准1.5倍以内）60周岁及以上的失能老人、特困人员和低保家庭80周岁及以上的高龄老年人，每人每月按不低于60元的标准发放补贴。2023年，福建南安对具有本市户籍且年满60周岁及以上的最低生活保障对象、计划生育特殊家庭中的完全失能老年人，每人每月提供300元的补贴。

4. 养老服务补贴

养老服务补贴主要针对的是经济困难的失能、失智、高龄、独居老人，其目的是运用政府补贴提供居家养老或机构养老服务，缓解此类特殊群体的养老压力。例如，2020年起，杭州桐庐对具有桐庐户籍并居住在杭州市范围内的居家老年人提供高龄普惠服务，给付标准为80~89岁每人每月45元养老服务电子津贴，90岁及以上每人每月90元养老服务电子津贴；此外还提供失能失智照料服务，计划生育特殊家庭和低保家庭、低保边缘家庭、支出型贫困基本生活救助家庭中，经评估为重度失能失智的老年人享受每人每月780元养老服务电子津贴，经评估为中度失能失智的老年人享受每人每月570元养老服务电子津贴。养老服务电子津贴是老年人享受政府提供服务的电子权益，依托杭州"互联网＋养老"系统平台，按月发放至老年人本人的社会保障卡（市民卡）养老服务专户中，用于购买养老服务，养老服务电子津贴不可提现。

5. 计划生育奖励费

在国家提倡一对夫妻生育一个子女期间，自愿终身只生育一个子女的夫妻，国家将给予一定奖励。例如，2022年，广东佛山对符合条件的本市户籍城镇居民，男性年满60周岁、女性年满55周岁，每人每月可领取200元奖励。

6. 节日补贴

政策的制定和调整是为了让人们拥有更加安定幸福的生活。因此，许多地区常常结合地方经济水平和传统文化习惯，在节日为退休老年人发放补贴。此类补贴多属于地方福利，一般常见于经济较发达城市。例如，2022年，杭州对已纳入市区社会化管理的退休人员，提供3 800元的节日补贴，如春节补贴1 200元、端午补贴800元、中秋补贴 800 元。这种补贴一方面能够缓解老年人的消费支出负担，另一方面能从精神上提高老年人的生活幸福感和获得感。

7. 取暖补贴

我国北方冬季需要支出的供暖费用较高，国家为了减轻退休人员的生活负担，每年都会发放取暖补贴。例如，2022 年，山东退休人员每年取暖补贴为 1 700 元，一次性随养老金发放，山西为 3 360 元，青海为 3 900 元，宁夏为 4 349 元。

本章小结

1. 经济保障是老年保障必不可少的一项内容。在老年保障体系建设过程中，老年经济保障制度是国家为了维护社会稳定、提高老年生活质量、保障社会公平而建立的一种制度，是社会保障的重要组成部分。建立科学的老年经济保障机制，可以让老年人获得适度、稳定的经济来源，以满足老年人的经济需求，使老年人安享幸福晚年。

2. 老年经济保障相关理论包括生命周期假说理论、世代交叠模型理论、代际正义理论等。以责任主体为划分依据，可将老年养老经济保障归纳总结为社会养老保险模式、职业养老保险模式和个人养老保险模式三种。各种模式相互补充则构成了多支柱的养老保险体系。

3. 许多欧美国家的人口老龄化问题日益凸显，已经开始从不同方面改变其老年经济保障政策。中国现阶段老年经济保障政策包括城镇和农村两大领域，涉及社会保险、社会救助和社会福利三大层次。中国老年经济保障制度的特征是需求的普遍性、效率与公平的统一、保障与经济社会均衡发展。

>> 重要概念

老年经济保障制度　福利型养老保险模式　职业养老保险模式　个人养老储蓄　国家健康服务模式　生活救助　社会福利

复习思考题

1. 详细阐述生命周期假说理论、世代交叠模型理论和代际正义理论。
2. 国外典型国家的老年经济保障政策有哪些？
3. 论述中国的三大层次老年经济保障政策。

4. 社会养老保险模式具体可以分为哪几种模式?

5. 试比较国家健康服务模式、社会医疗保险模式、储蓄医疗保险模式、市场医疗保险模式的异同。

6. 老年福利具有哪些特点?

7. 加拿大、英国、日本同样都建立了三支柱的老年经济保障体系,试比较三个国家之间的异同点。

8. 中国老年经济保障制度的特征有哪些?

9. 试论述中国老年养老经济保障制度的发展历程。

10. 老年经济保障的国际经验与教训有哪些?

第五章
老年社会保障

第一节 老年社会保障理论认知

一、老年社会保障的内在需求

(一)老年群体面临的困境

老年人口是人口结构中的重要组成部分,在经济发展和医疗技术水平显著提升的过程中,人口预期寿命逐渐增长,老年人口在总人口中的比例持续提高。在身体机能下降和社会角色转换等的影响下,老年群体面临收入中断、疾病等方面的风险,同时也存在养老照料和社会融入支持不足等方面的困境。

1. 生命周期转换过程中的收入中断与疾病等风险

在劳动期转换到老年期的过程中,社会个体面临生理特征和社会特征的多重转变。在生理特征方面,老年群体生理机能下降,健康程度面临逐渐减弱的风险,疾病风险开始提高,需要有相应的制度保障老年群体的健康需求。在社会特征方面,随着社会个体由劳动期向老年期的转变,社会角色也发生了变化,由创造经济价值的劳动者转变为接受经济价值再分配的老年人,从兼具生产与消费功能转变为单纯的消费功能。随着老年群体收入中断风险的提高,在缺少社会支持的情况下,可能会导致老年群体基本生活需求难以满足,甚至陷入贫困。

2. 经济体制转变过程中的家庭养老照料功能下降

在工业化进程中，家庭在养老照料方面的功能趋弱。在自然经济条件下，家庭是生产与消费的结合体，既承担着创造经济价值的生产功能，也是消费支出的基本单位。随着工业化进程的逐步推进，家庭的生产功能开始向社会转移，家庭内部劳动开始向社会劳动转移。在此过程中，由于工伤风险、失业风险加大，家庭经济收入的稳定性有所下降，相应的家庭养老照料功能减弱。同时，家庭规模缩减使得家庭内部代际人口结构失衡，家庭养老照料功能下降。

3. 社会结构变化过程中的社会融入困境

在经济发展过程中，现代信息技术对经济增长的促进作用不断加强，现代信息技术应用范围也逐渐由生产领域向生活领域拓展，这使得社会成员交往方式和购物渠道等方面发生显著变化。老年群体在适应社会结构变化过程中面临诸多困境：首先，老年群体面临出行不便的问题，由于身体机能下降，在乘坐公共交通工具过程中需要提供一些便利设施，才能满足老年群体在从事社会活动过程中的出行需求；其次，老年群体在社会融入过程中面临数字鸿沟的制约，老年群体对现代信息技术的掌握能力不足，在社会交往、日常生活等方面难以适应现代信息技术应用的快速变化，需要社会支持。

（二）老年群体的社会保障需求

1. 收入保障需求

随着老年群体退出劳动力市场，其养老收入面临中断风险，需要社会保障制度提供收入方面的支持。收入保障需求包含两个层次：第一，老年期收入至少满足老年群体的基本生存，防止老年群体陷入贫困，这是老年收入保障的低维度标准；第二，养老收入应该满足老年群体的基本生活需求，养老收入是对劳动期收入的替代，养老收入水平应该保持在合理区间，保障老年群体在生活消费支出等方面的需求，这是老年收入保障的高维度标准。针对老年收入保障的低维度标准，需要建立低保制度，承担老年收入保障的兜底功能；针对老年收入保障的高维度标准，需要建立养老保障制度，提供合理的养老收入。

2. 医疗保障需求

随着老年群体生理机能的下降，其疾病风险也显著提高。为了应对老年群体的疾病风险，充分保障老年群体的健康水平，需要建立多层次医疗保障制度体系。首先，医疗保险制度应该充分发挥疾病风险的分担功能，采用个人缴费积累和现收现付等制度模式，满足老年群体疾病治疗保障的需求；其次，医疗保健和康复服务是帮助老年群体提高健康水平和疾病恢复能力的重要保障，随着老年群体规模的持续扩大，老年人口医疗保健和康复服务需要不断完善；最后，老年群体医疗保障需求不仅体现在疾病治疗和恢复方面，疾病预防也是重要内容，加强疾病预防可以有效降低疾病风险，减少医疗救治支出，健康档案管理是加强疾病预防的重要方式，建立老年群体健康档案是满足其医疗保障需求的有效途径。

3. 福利保障需求

在退出劳动力市场之后，老年群体收入水平下降，同时伴随着身体健康程度的逐渐减弱，为了保障老年群体的基本生活，实现老有所养、老有所乐、老有所为的发展目标，需要为老年群体提供必要的福利保障。通过高龄津贴、失能老人照护津贴等方式为特殊老年群体提供一定的经济支持，以老年福利设施建设等方式丰富老年群体精神文化生活，利用不同维度的福利保障机制提升老年群体的生活质量。

4. 养老照料服务需求

身体机能下降是老年群体的主要特征，随着年龄的增长，老年群体自我照料能力逐渐下降。在家庭人口规模缩减和劳动力跨区域流动的过程中，家庭照料功能趋于弱化，养老照料服务成为老年群体社会保障的核心需求之一。针对老年群体养老照料服务需求，需要构建政府、企业、社会和家庭相结合的多层次的养老照料服务体系，政府应该发挥养老照料服务的主体责任，建立养老照料服务体系框架，实施推动养老照料服务的政策和制度，承担养老照料服务的兜底责任，积极引导社会资本投入养老照料服务行业，充分发挥社区和志愿者等基层养老照料服务主体的作用，鼓励家庭在养老照料服务中发挥积极作用。

5. 社会融入支持需求

在科技进步推动下，现代信息技术在社会交往、日常生活等方面的应用越来越广泛，老年群体在快速变革的信息时代会产生社会融入性障碍。为解决老年群体在互联网使用、出行、就医等方面的困难，需要建立老年群体社会融入支持机制，消除老年群体的社会融入性障碍，促进老年群体更好地分享经济发展成果，保障晚年生活。

二、老年社会保障的理论基础

（一）生存公平与劳动公平理论

生存权利是每一位社会成员都应享有的基本权利，只有维护社会成员基本需求，才能保证社会发展过程中的底线公平。老年群体由于劳动能力减弱，收入能力下降，收入低于基本生存需求的风险增加，满足老年群体基本生存需求是全社会的共同责任。

为此，可以采用多种手段保障老年群体的基本生存需求：一是建立最低生活保障制度等社会救助制度，在老年群体收入低于最低生活保障标准的情况下，利用国家财政资金进行收入补贴支持；二是建立与缴费相关联的收入保障机制，包括社会基本养老保险制度、商业养老保险制度和医疗保险制度等，通过收入再分配的方式满足老年群体基本生存需求。

劳动公平是指每一位社会成员都可以参与劳动，并具有根据劳动贡献获得相应报酬的权利。当期的老年群体是上一期的劳动群体，每一代老年人都曾对国民财富增长做出过贡献。而当期国民财富价值创造中包含了跨期的转移贡献，如上一期劳动群体的技术创新。因此，在财富分配过程中，应当给予老年群体合理的价值分配，让老年群体共享经济发展成果。由于老年群体已经退出劳动力市场，让老年群体获得经济成果的主要方式是建立与经济增长相关联的社会保障制度，例如，将公共养老金待遇调整与收入增长相关联，最低生活保障标准与物价增长相关联等。老年社会保障是实现老年群体共享经济发展成果和保障劳动公平权利的重要方式。

（二）社会融合理论

融合是排斥的相对概念，社会融合理论是在研究社会排斥问题过程中衍生出来的。在工业化过程中，社会分层逐渐凸显，由此带来的社会排斥问题将对构建和谐社会产生不利影响，需要通过构建社会融合机制来促进社会和谐稳定发展。

在时代快速变迁过程中，科学技术、消费观念等方面都在不断变化，老年群体受身体机能下降、脱离劳动力市场等方面的限制，在适应时代变迁过程中存在一定障碍，如信息时代下的数字鸿沟。面对老年群体社会融入困境，一方面需要保障老年群体收入，维持其身体健康状况，以提高老年群体的社会融入能力；另一方面需要建立老年群体社会融入支持机制，不断促进老年群体融入社会。

（三）收入再分配理论

根据英国著名经济学家阿瑟·塞西尔·庇古（Arthur Ceoil Pigou）的福利经济学思想，社会福利最大化取决于两个条件：一是国民财富总量增加，二是国民财富分配公平。福利经济学思想主要通过收入边际效用的变化来解释社会福利的变化情况。根据边际效用递减理论，随着收入水平提高，边际收入效用逐渐下降；边际收入对不同收入群体的效用满足程度有所差别，对高收入群体的满足效用低，而对低收入群体的满足效用高。在此原理下，将财富由高收入群体向低收入群体转移，低收入群体的福利水平将大幅提高，而高收入群体福利虽然受损但是相对比例较小，由于福利增加在抵消福利损失之后还存在剩余，由此社会福利得以提升。只要存在群体间的收入差距，就具备通过收入再分配来实现收入最大化的动机。老年群体在退出劳动力市场后，收入水平下降，对老年群体进行收入再分配是社会福利最大化的必然要求。

社会保障是国民财富收入再分配的主要形式：养老保险通过收入代际转移再分配和生命周期再分配的形式，满足老年群体的基本生活需求；医疗保险可以通过社会分担疾病风险的方式，为老年群体提供医疗保障，实现收入再分配；最低生活保障等社会救助制度以全体社会成员的纳税为资金来源，满足老年群体最低层次的保障需求。综上所述，老年社会保障是推进社会福利最大化的政策基础和有效路径。

三、老年社会保障的内涵及发展趋势

（一）老年社会保障的内涵

老年社会保障是满足老年群体收入、医疗、福利保障、照料服务和社会融入等多方面需求的多维保障制度。老年社会保障的理论内涵可以从狭义和广义两个角度进行界定。从狭义角度看，社会保障由社会保险、社会救助、优抚安置和社会福利构成，老年社会保障是针对老年群体提供养老保障和医疗保险、最低生活保障和福利保障的制度安排。狭义的老年社会保障内涵难以全面覆盖老年群体的保障需求，在社会快速变迁过程中，老年群体社会融入等方面的需求显得尤为重要，帮助老年群体消除数字鸿沟，营造适老、敬老的社会环境等方面也应纳入老年社会保障范畴，从而形成广义角度的老年社会保障理论内涵。

老年社会保障实质上是对老年群体的经济支持、照料支持和社会融入支持，超越传统社会保障边界，形成更为广泛的理论内涵。从老年社会保障的理论内涵出发，推动老年社会保障发展与完善，对积极应对人口老龄化具有重要意义。

（二）人口老龄化与老年社会保障的发展趋势

人口老龄化对老年社会保障的影响主要体现在三个方面：一是人口预期寿命延长导致老年社会保障模式产生相应变化；二是老年人口比重提高使得老年社会保障支出增加；三是代际赡养比提高影响老年社会保障体系结构。

1. 人口预期寿命延长与老年社会保障发展

随着经济水平的持续提高和医疗技术的不断进步，人口预期寿命逐渐延长，高龄化成为人口老龄化发展的重要趋势。在高龄化影响下，老年社会保障模式会随之进行相应调整，照料支持型和福利保障型老年社会保障模式在整个体系中的比重将有所提

升。在高龄化社会，老年群体照料服务需求显著提高，促进高龄人口融入经济社会发展，构建适老化社会环境也越发重要。在人口预期寿命不断延长的影响下，老年社会保障也将面临保障模式转变的可能。

2. 老年人口比重提高与老年社会保障发展

在人口预期寿命延长等因素的作用下，老年人口比重持续提高，老年社会保障对象的规模将显著扩大，老年社会保障支出必然会提高。养老保险、医疗保险等制度将面临基金支出增长的压力。在老年人口比重逐渐提高的趋势下，老年社会保障需要构建筹资保障机制，如建立养老保险风险储备基金等。老年社会保障支出增加是必然趋势，需要以老年人口比重发展趋势作为判断依据，并提出合理的应对措施。

3. 代际赡养比提高与老年社会保障发展

人口老龄化对老年社会保障的影响不仅体现在保障需求的提升，同时也伴随着供给能力下降。劳动人口比重下降而老年人口比重上升的代际人口结构变化，使得老年社会保障可持续性受到影响。为了减轻代际赡养压力，促进经济可持续发展，老年社会保障体系的内部结构需要重组。在养老保障方面，需要构建多层次养老保障体系，增加生命周期收入再分配的比重；在医疗保障方面，需要提高健康管理等预防性医疗保障，通过提高老年群体健康水平从而减少疾病治疗支出。

第二节　老年社会保障模式分类

老年社会保障是多主体参与且满足不同保障需求的多维社会保障体系，包括养老保障、医疗保障和社会福利保障等方面。老年社会保障模式可以从不同视角进行划分。一是以筹资机制为视角，可以划分为福利国家型、自保公助型和个人积累型。福利国家型老年社会保障筹资主要来自国家财政和税收，自保公助型老年社会保障筹资强调通过个人和企业缴费满足保障需求，个人积累型老年社会保障筹资主要来源于个人在劳动期的缴费积累。二是以保障运行机制为视角，可以划分为社会保险型、社会福利型和私人市场型。社会保险型老年社会保障是通过国家强制社会保险立法满足老年群体的保障需求，社会福利型老年社会保障是在国家财政筹资支持下通过福利形式提供老年社会保障，私人市场型老年社会保障主要是指利用商业保险、私人市场养老服务供给等方式保障老年群体的基本生活。

在此，本书提出以老年社会保障的功能定位为视角，将老年社会保障划分为风险防范型、福利保障型和照料支持型。

一、风险防范型老年社会保障

根据老年群体社会保障需求，老年群体面临收入中断、疾病等诸多风险，需要国家提供必要的社会保障，保障老年期的基本生活需求，实现老有所为、老有所养和老有所乐的发展目标。

（一）风险防范型老年社会保障范畴

风险防范型老年社会保障模式的核心功能在于通过代际收入再分配、生命周期收入再分配等方式规避老年时期的潜在风险，其保障范畴与老年风险相对应。根据老年群体面临的风险，风险防范型老年社会保障范畴主要包括养老保险制度、医疗保险制度、社会救助制度等。

1. 养老保险制度

老年群体退出劳动力市场之后，面临收入中断的风险。养老保险制度是以收入再分配为主要形式，为老年群体提供收入保障的制度性安排。

养老保险制度依据制度主体不同，可以分为社会养老保险和商业养老保险。社会养老保险是国家通过立法强制实施，是强制性的收入再分配，一般采用现收现付制养老保险和缴费积累制养老保险等模式。现收现付制养老保险是以当期劳动力缴费来支付老年群体养老保障需求的代际收入再分配模式，该模式强调社会公平；缴费积累制养老保险则是劳动者通过劳动期缴费积累获取退休期养老金领取权利的自我消费平滑模式，在政策层面可以划分为个人账户养老金、企业（职业）年金、个人养老金等模式，充分体现了多缴多得原则。商业养老保险以市场为主体为社会成员提供商业养老产品，参保人可以在劳动期按照养老产品计划进行缴费，在达到领取年龄之后按照约定获取养老金。

养老保险制度依据筹资运行模式的不同，可以划分为自保公助型养老保险、福利国家型养老保险和自我积累型养老保险。自保公助型养老保险是通过国家立法强制实施，采用公平与效率相结合的原则，以个人筹资为主、国家财政为辅的制度设计；福利国家型养老保险充分体现国家在养老保障方面的主体责任，养老保险筹资以国家财政为主，保障范围较广，保障水平相对较高；自我积累型养老保险是完全依靠个人缴费积累满足养老需求的制度安排，依据个人在劳动期缴费以及缴费积累的投资回报确定养老金给付水平。

2. 医疗保险制度

随着老年群体年龄逐渐增长，疾病风险也显著提高，有效防范老年群体疾病风险是保障老年群体生活质量的基本要求。医疗保险利用大数法则实现疾病风险的社会分担，通过不同群体之间的收入再分配与个人缴费积累满足医疗保障支出需求。医疗保险根据实施主体不同可以分为社会医疗保险和商业医疗保险等。社会医疗保险是以政府为主导，具有强制性的医疗保险制度，覆盖范围较广，收入再分配力度较强；商业医疗保险是以市场为主要途径，根据自愿原则，以缴费作为医疗保险给付的资格条件，在参保群体内部进行风险分担。

3. 社会救助制度

社会救助制度是指国家对因灾害、疾病等原因导致生活困难的社会成员给予经济或物质扶助，帮助其恢复到正常生活的制度设计。社会救助是一种针对收入下降风险进行的兜底保障，是维护社会成员基本生存权利的有效政策工具，是社会运行的"最后一道安全网"。老年群体在疾病等风险的影响下，陷入贫困和生活困难状态的可能性较高，社会救助制度是保障老年群体基本生存需求的重要制度。社会救助制度在社会保障体系中具有重要地位，也是社会保障制度安排中历史最为悠久的制度，其最早可以追溯至英国伊丽莎白时期的《济贫法》，该法的出现反映出早期资本主义国家政府对老年贫困问题的关注。

（二）风险防范型老年社会保障特征

1. 互济性保障

风险防范型老年社会保障旨在利用收入再分配的方式，扩大人口老龄化风险在不同社会群体间的分担范围，在老年群体遭受养老、医疗和生活困境等风险时，通过代内、代际互济，帮助老年群体克服风险。例如，医疗保险制度是在老年群体遭受疾病风险，而个人或家庭的资金有限、抗风险能力较弱时，通过参保人之间的风险分担和互助共济，为老年群体提供疾病治疗资金的制度。低保制度也在政策上体现出全体社会成员互助共济的功能。

2. 恢复性保障目标

风险防范型老年社会保障的目的主要是帮助老年群体基本恢复到遭受风险之前的状况。养老保险制度可以通过养老金给付替代参保人劳动期的工资收入，在老年群体退出劳动力市场的情况下，以养老金收入帮助老年群体维持一定的收入水平；医疗保险制度以风险分担的方式为老年群体提供疾病治疗的资金支持，帮助老年群体恢复健康；老年群体在遭受收入中断、灾害等风险时，社会救助通过财政补贴等方式帮助其恢复到风险之前的生活水平。总体而言，风险防范型老年社会保障的最终目标和保障原则是其具有的恢复性。

二、福利保障型老年社会保障

在人口老龄化水平持续提升过程中，老年人口比重逐渐提高，提高老年群体福利水平是推动社会福利最大化的重要途径。福利保障型老年社会保障是以提高老年群体福利水平为主要目标，以国家财政为支撑，为老年群体提供收入、交通、住宅等方面福利保障措施的制度安排。

（一）福利保障型老年社会保障范畴

福利保障涉及范围较广，按照不同保障维度，可以分为老年经济福利、老年公共福利和老年住宅福利等。

1. 老年经济福利

老年经济福利是以解决老年群体收入困境和提高老年群体收入水平为主要目标的收入再分配政策。老年津贴是老年经济福利的主要内容，通常是在政府主导下，以年龄为标准对老年群体进行收入补贴，致力于解决高龄老年人收入不足等问题。老年津贴具有广泛性和普惠性特点，是以公民的基本权利为前提的福利保障。

2. 老年公共福利

老年群体随着年龄增长，身体功能下降速度越来越快，在公共卫生服务、公共交通福利和公共服务设施等方面的需求越来越高。

老年公共福利是指为了解决老年群体在出行、生活等方面的困难和改善老年群体的健康状况而开展的以国家财政支持为主的一系列福利保障措施。老年公共福利包括老年公共卫生福利、老年公共交通福利和老年公共服务设施福利等。老年公共卫生福利一般包括为老年群体提供健康档案管理、免费体检等公共卫生服务的福利保障措施，可以有效发挥预防疾病风险和提高老年群体健康状况的作用；老年公共交通福利是指为老年人提供公共交通出行价格补贴和便利服务等方面内容的福利保障，其目的是缓解老年群体出行困难；老年公共服务设施福利是指在社区、公共活动场所等提供免费服务设施的制度安排。

3. 老年住宅福利

老年住宅福利是为了实现老有所居的目标而在老年住宅兴建补贴、购房与租房补助等方面为老年群体提供的福利保障。随着老年群体退出劳动力市场，其收入能力显著下降，如果住房需求尚未得到有效满足，依靠老年群体自身将很难实现住房需求，因此需要以政府为主体，全社会共同参与，为老年群体提供各种住房便利。

（二）福利保障型老年社会保障的特征

1. 保障范围普惠性

福利保障型老年社会保障通常是以公民权利为基本前提的保障机制，与收入水平、缴费贡献和社会阶层等条件无关。因此，福利保障型老年社会保障具有普惠性特征。在福利保障给付方面多以年龄为标准，为符合年龄条件的老年群体提供无差别的经济、公共卫生、住宅等方面的保障和服务。

2. 保障功能多样性

福利保障型老年社会保障具有保障功能多样性的特征，与风险防范型老年社会保障不同，福利保障型老年社会保障不仅在经济层面提供保障，还在公共卫生、公共交通、住宅、公共设施和教育等方面提供多维度的福利保障，涉及范围广，保障功能多样。

三、照料支持型老年社会保障

照料支持型老年社会保障主要提供养老照料服务、老年发展支持和老年环境支持等方面的保障措施。

（一）养老照料服务

在工业化快速发展的过程中，家庭由生产与消费功能的集合体转变为单纯消费功能的单位，伴随功能的转变，家庭养老照料能力也呈下降趋势。为了弥补家庭养老照料功能弱化对老年群体养老需求满足的影响，各国开始从机构养老照料服务和社区居家养老照料服务等方面为老年群体提供养老服务保障。机构养老照料服务包括养老公寓、公益性养老机构和养老护理院等，不同机构的针对性不一。养老公寓主要面向具备自理能力的老年群体，提供基本的日常生活服务，收费偏高；公益性养老机构主要面向具备一定自理能力的老年人，提供多样化的照料服务；养老护理院则为失能、半失能老人提供专业化照料。社区居家养老照料服务是以老年群体居家养老意愿为前提，为其提供居家养老照料服务的保障方式。

（二）老年发展支持

老年群体不仅有经济保障、照料服务等方面的需求，还要让老年人成为社会发展的主要资源和主要力量。以促进老年群体社会融入为目标，为老年群体提供老年大学等教育服务，是实现老有所乐发展目标的根本要求。

老年大学等教育服务包括两个维度：一是针对经济社会发展过程中出现的数字鸿

沟等社会融入性障碍，为老年群体提供日常生活帮扶教育；二是针对老年群体发展和培养兴趣爱好而开展的专业性、系统性教育服务。

（三）老年环境支持

在经济社会快速发展过程中，人们生活环境也发生了显著变化，老年群体面临生活环境、出行环境和社会环境等方面的障碍。老年环境支持是以环境改造为主要方式，帮助老年群体克服环境障碍，为老年群体提供适宜环境的保障机制。在生活环境改善方面，通过家庭内部呼叫系统等设施的配置，为老年群体提供良好的居家生活环境；在出行环境改善方面，通过公共交通和道路适老化改造等方式，为老年群体营造便捷的出行环境；在社会环境改善方面，通过公共服务、公共活动场所的适老化改造等，为老年群体提供生活便利。

第三节　老年社会保障模式比较

老年社会保障的不同模式在功能定位、保障方式、覆盖范围、筹资来源等各个方面都存在差别。本书对风险防范型、福利保障型和照料支持型老年社会保障进行比较分析。

一、功能定位比较

功能定位差异是划分不同老年社会保障模式的核心依据，也是体现老年社会保障特征的核心指标。

风险防范型老年社会保障的核心在于分担老年群体在养老、医疗和贫困等方面的风险，化解老年群体的经济困境。养老保障是对老年群体养老风险的代际分担和生命周期分担，养老保险制度利用现收现付制和缴费积累制为老年群体提供养老金收入；医疗保险制度是将老年人个体疾病风险在全社会范围内共同分担；社会救助制度是利用国家财政收入实行老年群体贫困风险的兜底保障，以全社会资源共同承担生存风险。

福利保障型老年社会保障的功能定位在于提高老年群体的福利水平，是在保障老年群体基本需求的前提下，进一步改善其经济和物质条件。老年经济福利重点在于提高老年群体的收入水平，支持老年群体利用福利津贴获取养老照料等服务；老年公共交通福利、老年住宅福利等旨在改善老年群体的物质条件。在人口老龄化程度逐渐加深的趋势下，提高老年群体福利水平是保障民生的重要途径。

照料支持型老年社会保障是以促进老年群体社会融入和为老年群体提供发展支持

为主要目标。养老照料服务是为不同健康程度的老年群体提供生活照料和专业化照料的保障支持服务，可以促进老年群体重新融入社会生活；老年发展支持和老年环境支持旨在消除老年群体社会融入的障碍性因素，促进老年群体更好地共享经济发展成果。

二、保障方式比较

保障方式是实现老年社会保障的直接手段，不同老年社会保障模式在保障方式方面存在显著差异。

风险防范型老年社会保障主要采用经济支持的方式满足老年群体收入需求。养老保险制度以养老金为主要方式替代劳动期工资收入，保障老年群体退休期收入需求；医疗保险制度为老年群体提供医疗救治的资金支持，避免老年群体因资金短缺而无法恢复健康；社会救助制度是为满足老年群体基本生存需求而提供的经济支持。

福利保障型老年社会保障在保障方式上采用经济支持和物质支持相结合的方式。老年津贴、老年公共交通优惠和老年公共卫生财政支出等福利保障是确保老年群体经济收入水平提升的手段，而老年公共服务设施等福利保障是为了促进老年群体生活质量提升而给予的物质保障。

照料支持型老年社会保障在保障方式上以服务供给为主。养老照料服务是为应对老年群体身体机能下降，而提供包括生活照料和专业化护理在内的系列服务；老年发展支持和老年环境支持是在老年教育、娱乐和出行等方面提供的服务支持。在社会快速发展和变迁过程中，照料支持型老年社会保障在老年社会保障体系中的重要性越发凸显。

三、覆盖范围比较

老年社会保障覆盖范围主要受保障对象资格条件的影响，不同老年社会保障模式在老年群体享受保障的资格条件上有所差异，覆盖范围方面也有不同。

风险防范型老年社会保障的对象的资格标准体现在两个方面：一是具有社会保险缴费贡献的老年群体，该老年群体由于在劳动期缴纳了养老、医疗等保险费，因此可以在退休期享受养老保险待遇和医疗保险待遇；二是陷入贫困的特殊老年群体，社会救助制度为其提供基本生活保障。风险防范型老年社会保障的覆盖范围主要是有缴费贡献的老年群体以及贫困等特殊老年群体。

福利保障型老年社会保障以享有老年群体的基本权利为资格条件，在保障范围方面具有普惠性，不与缴费、收入等因素挂钩，保障覆盖范围最广。

照料支持型老年社会保障在保障对象资格条件方面以普惠性为主，在适老化改造等环境支持保障中以全体老年人为保障对象。照料支持型老年社会保障兼顾养老服务产业的市场化发展，例如，私营养老照料服务以老年群体缴费为资格条件，针对服务购买群体提供不同程度的养老照料服务。

四、筹资来源比较

筹资来源不同是各类老年社会保障模式的特征体现。

风险防范型老年社会保障的筹资来源主要包括三个部分：一是代际转移支付，现收现付制养老保险制度和社会统筹基本医疗保险制度通过劳动人口缴费满足保障支出需求；二是个人缴费积累，个人账户养老保险和个人账户医疗保险是以老年群体劳动期缴费的生命周期转移支付为资金来源；三是国家财政，社会救助制度通常是以国家财政为资金来源。

福利保障型老年社会保障的筹资来源以国家财政为主，通过税收支持老年经济福利、老年公共福利和老年住宅福利等保障措施。

照料支持型老年社会保障的资金来自国家财政与市场化收入，其中，在普惠性照料支持保障方面依靠国家财政支持，在与老年群体缴费挂钩的服务保障方面，则依靠缴费收入及其市场化运营得利。

第四节 部分国家或地区的老年社会保障制度安排

一、部分国家或地区的风险防范型老年社会保障制度安排

（一）养老保险制度

1. 英国养老保险制度安排

在养老保险制度发展过程中，英国构建了三支柱养老保险制度体系：第一支柱是国家养老金计划，养老金领取以居民权利为基本条件，具有普惠性特征，养老金水平以满足基本生活需求为标准，资金来源于两部分，一部分是征收的国民保险费，另一部分是税收支持；第二支柱是职业养老金计划，参保人依据收入水平确定缴费额，以缴费贡献作为养老金领取的资格条件和待遇确定标准，具体包括渐进式退休计划、国家收入关联计划等；第三支柱是个人养老金计划，主要利用雇主和雇员缴费，采用生命周期缴费积累的方式满足养老保障需求。英国的多层次养老保障体系是为应对人口老龄化冲击而构建的，已有研究表明，多层次模式是促进养老保障体系可持续发展的

有效途径。

2. 智利养老保险制度安排

随着人口老龄化程度不断加深,在人口年龄结构老化与财政支出压力增加的双重影响下,20世纪70年代以来,世界范围内普遍进行了养老保险制度改革,以智利为代表的养老保险私有化改革是重要模式之一。在智利养老保险制度改革过程中逐渐形成了三支柱养老保险体系。

第一支柱体现政府对养老保障的兜底责任,负责对参加强制性个人储蓄养老保险制度的社会成员提供最低养老金担保,在参保人达到一定缴费年限标准的情况下,如果退休期养老金未达到最低养老金标准,政府将会补足养老金至最低标准,满足参保人基本养老保障需求;同时,政府还会对未参加强制性个人储蓄养老保险制度的贫困老年人提供社会救济,保障其基本生存权利。第二支柱是强制性个人储蓄养老保险制度,也是智利养老保险制度体系的核心组成部分,参保人将工资收入的10%存入养老金个人账户,养老基金管理公司对缴纳资金进行市场化运作,参保人的最低缴费年限为20年,在达到退休年龄后,参保人根据养老金账户缴费积累及增值,按照与养老基金管理公司的协议通过终身年金领取、一次性领取等方式获得养老金。第三支柱是在强制性个人储蓄养老保险制度之外建立的个人自愿性储蓄养老保险制度,参保人可以选择将额外资金存入强制性个人养老金账户或者第二账户,通过缴费积累形式获取额外养老金收入,政府通过税收优惠激励参保人参加个人储蓄养老保险。

(二)医疗保险及长期护理保险制度

医疗保险及长期护理保险制度是防范老年群体疾病风险,实现疾病风险社会分担的重要保障机制。

1. 美国医疗保险制度

美国建立了社会医疗保险和私人医疗保险相结合的医疗保险体系。社会医疗保险由联邦政府、州政府和地方政府建立,重点解决老年人、贫困人口等特殊群体的医疗保障需求,包括医疗保险和医疗补助等。其中,医疗保险主要提供住院保险,旨在解决保障对象的住院费用,包括医院服务费用和药品费用等;医疗保险同时提供自愿保险项目,符合参保标准的对象可以自愿选择购买,自愿保险项目可以提供制度规定范围内的诊疗、门诊等费用。私人医疗保险在美国医疗保险体系中占有重要比例,主要包括非营利性健康保险即"双蓝计划",以及营利性商业保险。其中,"双蓝计划"诞生于美国大萧条时期,医疗收入骤降使医院和医生意识到必须建立一个带有预付性质的医疗保险计划,以稳定客户及收入来源,包括"蓝十字计划"和"蓝盾医保计划"。

"蓝十字计划"于 1929 年在得克萨斯州达拉斯市创立，贝勒大学的 1 500 名教师每月向贝勒医院支付 50 美分的保费，从而获得每年 21 天的住院治疗；同一时期，美国西北部太平洋沿岸地区的伐木和采矿工人，开始向当地医生支付小额月费以获得医生就医服务，由此产生了"蓝盾医保计划"。"双蓝计划"被定性为非营利性，但由私营组织运作，采取社区统一费率，向一个社区所有居民征收同样保费，这与社会医疗保险有些相似。在私人医疗保险发展的推动下，2021 年，美国私人医疗保险覆盖率达到 66%，医疗保险总覆盖率达到 91.7%。[1]

2. 日本长期护理保险制度

为了满足老年群体护理需求，规避老年失能风险，日本建立了长期护理保险制度。该制度主要覆盖两类人群，第一类是 65 岁及以上老年人，保障对象缴纳的护理保险费与其收入相关联，保持以收入水平确定的固定金额，不同收入者的护理保险费有所差异。由于大部分老年人参加了养老保险制度，在养老金收入达到一定标准的情况下，护理保险费自动从年金中扣除，未参加养老保险或养老金未达到相应标准者，需要个人缴纳护理保险费。第二类是 40～64 岁人群，这部分群体的护理保险费与医疗保险共同缴纳，护理保险费缴费水平与收入水平相关联，同时也会根据地区间人口老龄化程度的差异而设定差别费率，40～64 岁参保人只有在患有划定范围内的病种时才能够享受护理保险，划定范围内的病种包括慢性阻塞性肺疾病、脑血管疾病等。参保人在参加长期护理保险制度之后可以享受包括设施服务和居家服务在内的综合护理保障服务。

设施服务主要体现在以下几个方面：一是特别养老院的设施服务，主要针对 65 岁及以上具有功能性障碍和长期护理需求，并且居家护理难以满足护理需求的老年群体，按照设施服务计划提供沐浴、饮食等方面的基本护理以及身体机能训练和疗养康复等方面的照护；二是老年人保健设施服务，旨在帮助老年人恢复身体机能，为可以脱离住院护理的老年人提供护理设施，满足其居家护理的基本设施需要；三是护理疗养型设施服务，主要为需要长期护理和疗养的老年人提供设施服务，包括疗养病床等。

居家服务主要体现在以下几个方面：一是访问服务，主要为居家护理老年人提供入户式访问护理服务；二是设施护理服务，可以将老年人送至拥有护理设施和资质的专门护理机构，为其提供全天护理服务；三是居家护理服务，主要是提供身体清洗、卧床体位调整等方面的服务。

---

[1] STATISTA 研究部. Health insurance coverage in the United States：2021［R/OL］.（2013-04-17）. https://www.statista.com/topics/7807/health-insurance-in-the-us/#topic Overview. 由于私人医疗保险覆盖群体和社会医疗保险覆盖群体之间有交叠，所以私人医疗保险覆盖率与社会医疗保险覆盖率之和大于医疗保险总覆盖率。

（三）社会救助制度

1. 英国老年救助制度

英国老年救助制度主要为收入难以维持基本生活需求的老年人提供必要的经济支持。当老年人收入低于一定标准线，可以申请老年救助，一经通过收入核查，政府将按周向老年人提供生活救助，但在老年人收入恢复或达到维持基本生活所需的标准后，救助金便停止发放。

2. 美国老年救助制度

美国老年救助制度包括经济救助和医疗救助等。在经济救助方面，如果老年人未领取养老年金，且没有申请安全补助金，在经过收入状况调查之后，收入低于一定标准的老年人可以向政府申请救济金，以满足其基本生存需求，防范老年贫困风险；在医疗救助方面，65岁及以上老年人可以向政府申请老年医疗救助计划，从而获得相应的医疗救助。

二、部分国家或地区的福利保障型老年社会保障制度安排

（一）老年经济福利

加拿大的老年津贴福利制度有两个基本要求：一是老年津贴福利领取资格与境内居住年限挂钩，在达到老年津贴领取年龄时，如果老年人在加拿大居住，且从18岁之后开始计算居住满10年，即可获得老年津贴领取资格，领取标准按照实际居住年限与40年之比进行比例折算，在居住满40年的情况下，可以领取全额津贴；二是老年津贴福利领取资格条件与公民权挂钩，在达到老年津贴福利领取年龄时，如果老年人离境时是加拿大公民，且从18岁之后开始计算在加拿大居住满20年，即使不在加拿大居住，也具有领取老年津贴的资格。

（二）老年住宅福利

实现老年人居者有其屋是老年社会保障体系中的一项重要内容，各个国家为了满足老年人基本居住需求，为老年人提供了必要的住宅福利支持。

1. 英国老年住宅福利

英国老年住宅福利包括以下几个方面：第一，民间协会若将新建或翻新住宅出租给老年人，政府则会对民间协会给予一定补贴，鼓励更多社会资本参与到解决老年人住房问题中；第二，以家庭为主要切入点，如果子女住宅附近具有兴建新住宅的空间，

可向政府申请补助资金，为父母新建住宅，供父母居住使用；第三，免费提供住房或减免租金，以民间组织为主要推动主体，鼓励拥有较大住宅的老年人在保持住宅所有权的前提下，为无住所老年人提供免费住宅房间。此外，老年人在购房过程中，可以享受分期贷款利息优惠，以降低老年人购房成本。

2. 瑞典老年住宅福利

瑞典是福利国家社会保障模式的典型代表之一，对社会成员的福利保障较为全面。瑞典老年住宅福利主要包括以下几个方面。①住宅津贴制度。住宅津贴制度适用于两种情况：一种是老年家庭收入未达到一定标准，可以申请领取住宅津贴，通常与养老年金合并发放；另一种是老年人在养老年金之外无其他收入，或者收入水平较低，也可以获得住宅津贴，津贴水平参考标准住房租金。②若建设面向养老年金领取者的特殊公寓，政府将返还建设者一定比例的建筑费用，同时还给予一定津贴。③针对社区贫困老年人，政府将提供收容救助，发挥老年住宅福利的兜底作用。

三、部分国家或地区的照料支持型老年社会保障制度安排

美国退休社区一般是指为生活能够自理的老年人设计的生活社区，在社区内提供一些家政服务和组织一些社交活动等。退休社区分为两种类型。一种是持续护理退休社区（continuing care retirement community，CCRC），为老年人提供居住服务以及随着健康状况变化而持续调整的长期护理服务，具体服务包括独立生活护理、辅助生活护理和全天家庭式护理等。持续护理退休社区根据老年人的身体健康状况和护理需求进行分级收费，包括生活护理费和变动费等。另一种是自然形成的退休社区（naturally occurring retirement community，NORC），美国联邦政府对自然形成的退休社区的定义是40%以上户主为老年家庭组成的社区，自然形成的退休社区鼓励退休在家的老年人结合在一起实现互助服务，自然形成的退休社区能够获得较好的公共资源配置和公共服务，针对高收入老年人也会提供以收费为条件的高层次服务。

第五节 中国老年社会保障的特征与模式

一、风险防范型老年社会保障的特征与模式

（一）国家保障向社会保障转变

在改革开放过程中，中国风险防范型老年社会保障经历了由国家保障阶段向社会

保障阶段的转变。早在1951年颁布的《中华人民共和国劳动保险条例》中就对养老、疾病等风险的保障进行了规定，该条例要求老年社会保障筹资由企业负担，企业按照工资总额的3%筹集社会保障资金，其中30%存于全国总工会形成劳动保险总基金，剩余70%留存企业形成劳动保险基金，用于支付企业职工养老、医疗等社会保障支出。在此阶段，企业职工不需要缴费，老年社会保障资金主要由企业负担，在计划经济时期国家通过行政指令配置资源，财政对企业承担兜底责任，这个时期可以称为国家保障阶段。

随着计划经济转向市场经济的改革，社会保障作为配套机制需要同步推进。1986年，国务院颁布了《国营企业实行劳动合同制暂行规定》（已废止），标志着就业"铁饭碗"就此消失。计划经济时期企业职工社会保障权益与企业职工身份挂钩，在有可能会产生脱离原有企业的情况下，企业职工社会保障权益也会随着脱离企业而消失，因此必须要建立社会保障制度。1991年，国务院颁布了《关于企业职工养老保险制度改革的决定》，国家开始探索企业职工养老保险制度改革。1995年，国务院颁布了《关于深化企业职工养老保险制度改革的通知》，加快企业职工养老保险制度改革试点。在总结试点经验基础上，1997年，国务院正式颁布了《关于建立统一的企业职工基本养老保险制度的决定》，标志着统账结合的企业职工基本养老保险制度正式建立。同时，社会医疗保险制度也在同步试点改革，由计划经济时期"劳保医疗""公费医疗"向社会医疗保险制度转变。1994年，国家体改委等4部门颁布了《关于职工医疗制度改革的试点意见》，对医疗保险筹资、制度结构等内容进行试点改革。1998年，国务院印发了《关于建立城镇职工基本医疗保险制度的决定》，标志着统账结合的社会医疗保险制度正式建立。经济体制改革过程中，为有效解决老年收入风险、疾病风险等问题，风险防范型社会保障制度不断完善，2003年国务院办公厅转发了《卫生部等部门关于建立新型农村合作医疗制度的意见》，标志着"新农合"制度建立，有效解决了农村老年人口医疗风险保障问题。2009年，国务院颁布了《关于开展新型农村社会养老保险试点的指导意见》，以统账结合制度模式代替"老农保"的完全个人账户制，提高了农民参保积极性和收入再分配水平。2015年，国务院印发了《关于机关事业单位工作人员养老保险制度改革的决定》，实现了养老保险制度"并轨"，风险防范型老年社会保障体系逐渐优化。

（二）单一主体向多元主体转变

在风险防范型老年社会保障制度建立初期，我国形成了以政府为单一主体的保障形式，国家财政最终承担劳动人口在养老、医疗等方面的支出，同时也承担了满足所有社会成员最低生活保障需求的职责。随着经济体制改革，国家保障开始向社会保障转变，风险防范型老年社会保障由单一的国家保障主体向国家、企业和个人相结合的多保障主体转变。其中，企业按照工资总额为职工缴纳社会保险费，职工自身承担养老保险个人账户和部分医疗保险个人账户等的筹资责任，国家开始由完全保障责任转变为兜底保障责任，主要负责补贴社会保险制度收支缺口和建立社会救助专项资金。伴随着居民收入水平的提升，商业保险、个人储蓄养老保险等快速发展，社会资本也逐渐参与到风险防范型老年社会保障之中。风险防范型老年社会保障主体由国家、企业和个人分担逐步发展到全社会共同分担。

风险防范型老年社会保障的本质在于扩大老年风险的分担范围，在老年个体难以应对养老、疾病和收入中断等方面的风险时，将风险分担范围扩大，保障老年群体的基本生活。风险防范型老年社会保障由单一的国家保障主体发展到国家、企业和个人相结合的多保障主体，再到全社会共同分担的保障形式，较好地实现了风险规避保障目标。

二、福利保障型老年社会保障的特征与模式

随着经济发展水平逐渐提高，中国福利保障型老年社会保障制度也在快速发展，在发展演进过程中主要体现为以下几个方面的特征。

（一）保障覆盖率持续提高

高龄化是人口老龄化的主要特征之一，在中国人口老龄化过程中，高龄老年人口的数量及比例持续提高。高龄老年群体在养老照料和医疗护理等方面的需求更加突出，需要更多经济支持以满足养老需求。为了提高高龄老年群体的经济福利，中国开始逐步推进高龄津贴制度建设。2013年，全国老龄委办公室、最高人民法院等24个部门联合发布了《关于进一步加强老年人优待工作的意见》，提出鼓励地方建立80周岁以上低收入老年人高龄津贴制度，各地区在落实政策过程中积极进行老年津贴制度探索与实践。截至2021年年底，领取高龄津贴的老年人口数量达到3 246.6万人，高龄津贴在各地区覆盖率逐渐提高。

（二）老年福利趋向均衡发展

中国福利保障型老年社会保障呈现两个均衡发展趋势。

一是经济福利与非经济福利均衡。老年群体不仅能够获得老年津贴以提高收入水平，而且在公共交通、公共场所、公共设施等方面也能够获得政策支持，老年福利水

平持续提升。《中华人民共和国老年人权益保障法》（以下简称《老年人权益保障法》）第五十八条规定，提倡与老年人日常生活密切相关的服务行业为老年人提供优先、优惠服务。城市公共交通、公路、铁路、水路和航空客运，应当为老年人提供优待和照顾。公共交通福利为老年群体提供了便捷的出行环境和经济支持，保障了其基本权益。同时，公共场所、公共设施也为老年群体提供优惠政策，保障了老年群体享受生活的权利，丰富了老年生活。《老年人权益保障法》第五十九条规定，博物馆、美术馆、科技馆、纪念馆、公共图书馆、文化馆、影剧院、体育场馆、公园、旅游景点等场所，应当对老年人免费或者优惠开放。

二是城乡老年福利均衡发展。在城乡二元经济结构的影响下，城市公共基础设施和福利设施覆盖率较高，而农村公共服务发展相对滞后。随着城乡人口老龄化"倒置"现象越发突出，农村养老服务问题日益凸显，推动城乡公共服务均等化成为推动乡村振兴和共同富裕的基本要求。《老年人权益保障法》第四十条规定，地方各级人民政府和有关部门应当按照老年人口比例及分布情况，将养老服务设施建设纳入城乡规划和土地利用总体规划，统筹安排养老服务设施建设用地及所需物资。近年来，各级政府逐步加强了农村福利设施建设，城乡老年福利保障均衡发展成为必然趋势。

三、照料支持型老年社会保障的特征与模式

（一）家庭养老照料向多元养老照料转变

受传统孝道文化影响，家庭养老一直以来都是中国传统的养老模式。家庭养老照料是由家庭成员为老年人提供生活照料和护理服务等活动的保障模式，家庭养老照料在老年保障体系中占有重要地位。随着城镇化进程的加快和人口结构的变化，家庭养老照料模式也受到了冲击：一是在人口老龄化程度逐渐加深过程中，家庭内部代际赡养比逐渐提高，家庭养老照料功能下降，伴随着家庭代际分居、子女劳动能力丧失等可能出现的情况，家庭养老照料越发难以满足老年人的需求；二是在城镇化过程中，劳动力向城乡迁移导致农村家庭养老照料需求难以满足，仍以家庭养老照料为主要形式将会产生结构性问题。

随着家庭养老照料功能减弱，养老照料供给开始呈现多元化发展。居家养老、社区养老和机构养老成为养老照料体系的重要组成部分。居家养老模式下老年人可以在家中接受上门养老服务，社区养老是老年人在社区内接受养老照料服务，机构养老则是老年人入住养老机构享受生活照料和护理服务等。为了应对人口老龄化对家庭养老照料的冲击，国家不断支持居家、社区和机构养老的快速发展。2016年，国家启动了

居家和社区养老服务改革试点，民政部、财政部发布的《关于中央财政支持开展居家和社区养老服务改革试点工作的通知》中提出，对硬件设施、社会组织等方面进行支持，同时探索"互联网+"居家养老、社区养老等创新形式。2021年，民政部颁发了《"十四五"民政事业发展规划》，提出要优化居家社区机构养老服务网络，完善居家养老支持措施，优化社区养老服务设施布局，进一步推进居家养老、社区养老服务发展。此外，国家也高度重视养老机构的管理工作，2013年，民政部颁布了《养老机构管理办法》，促进养老机构有序健康发展。2018年，国家发布了《养老机构等级划分与评定》（GB/T 37276—2018），并于2023年发布了《〈养老机构等级划分与评定〉国家标准实施指南（2023版）》，供地方开展养老机构等级评定工作时参考使用，进一步规范了养老机构发展，满足养老保障需求。

（二）发展支持型老年社会保障越发受到重视

在经济社会快速发展和不断变迁过程中，老年群体的养老服务需求也呈现出多样化特征，养老需求不再局限于照料服务，更加强调社会再融入，包括消除数字鸿沟、构建适老化生活环境等。

数字鸿沟是老年群体在社会发展过程中面临的主要社会融入性障碍之一，数字化、智能化是现代经济发展的重要特征，老年群体对智能设备、信息技术的运用能力不足，难以适应智能化发展带来的生活方式转变。2020年，国务院办公厅印发了《关于切实解决老年人运用智能技术困难实施方案的通知》，提出要便利老年人使用智能化产品和服务应用，扩大适老化智能终端产品供给，推进互联网应用适老化改造，为老年人提供更优质的电信服务，加强应用培训，开展老年化智能技术教育。不断加强老年群体运用智能设备和信息技术的能力，消除老年群体融入社会发展的数字鸿沟，促进实现老有所乐、老有所为的发展目标。

老年群体更好地融入社会生活，离不开便捷的生活和出行环境，为此近年来国家持续推进适老化改造工作。2015年，民政部、国家发展改革委等10部门联合印发的《关于鼓励民间资本参与养老服务业发展的实施意见》中提出，鼓励民间资本参与老年公寓和居住区养老服务设施建设以及既有住宅适老化改造。2022年，民政部、财政部、住房和城乡建设部和中国残联4部门联合印发了《关于推进"十四五"特殊困难老年人家庭适老化改造工作的通知》，提出"十四五"时期支持200万户特殊困难高龄、失能、残疾老年人家庭实施适老化改造，巩固家庭养老基础地位，进一步提升老年人居家生活的安全性和便利化。2023年，住房和城乡建设部组织编制了《城市居家适老化改造指导手册》，从推动居家适老化改造开始，营造良好的适老居家环境。随着人口老龄化程度逐渐提高，适老化改造需求显著增加，打造适老化社会环境是支持老年群体融入社会发展的关键途径。

四、中国香港、台湾的老年社会保障制度安排

（一）中国香港老年津贴福利

中国香港的老年津贴福利按照年龄标准可以分为两类：一类是高额高龄津贴，1973年起，中国香港社会福利署为70岁及以上的香港永久性居民提供高额高龄津贴，在申请高额高龄津贴时不需要进行资产和收入审查，津贴福利具有普惠性；另一类是普通高龄津贴，普通高龄津贴申请需要符合两个条件，首先是年龄在65～69岁，其次是在申请时需要经过资产和收入审查。

（二）中国台湾养老照料

中国台湾规定了老年人享有居家养老、机构养老等方面的权利。中国台湾为老年人提供的居家养老照料服务包括医护服务、复健服务、日常家务服务和关怀访视服务等。具体可以将其划分为两大类：一类是居家日常照料服务，主要是解决老年人在居家环境清洁、日常生活辅助等方面的需求；另一类是身体照顾，主要提供沐浴、如厕、陪同散步和其他相关活动的服务。机构养老照料服务在医护、复健、生活照料等服务的基础上，还包括紧急送医、社交活动参与等方面的服务。在养老服务体系建设中，中国台湾采取了以居家养老照料服务和社区养老照料服务为主，机构养老照料服务为辅的发展模式。

 本章小结

1. 老年群体面临的收入中断与疾病风险、家庭照料功能下降困境以及社会融入困难等问题，是构建老年社会保障体系的内在需求，需要为老年群体提供收入保障、医疗保障、福利保障和照料服务等，以满足老年保障需求。

2. 人口老龄化对老年社会保障的影响体现在三个维度：一是人口预期寿命延长导致老年社会保障模式变化；二是老年人口比重提高使得老年社会保障支出增加；三是代际赡养比提高影响到老年社会保障体系结构。

3. 以老年社会保障的功能定位为视角，可以将老年社会保障划分为风险防范

型老年社会保障、福利保障型老年社会保障和照料支持型老年社会保障。

4. 风险防范型老年社会保障、福利保障型老年社会保障和照料支持型老年社会保障在功能定位、保障方式、覆盖范围和筹资来源等方面存在显著差异。

>> 重要概念

预期寿命　风险防范型老年社会保障　福利保障型老年社会保障　照料支持型老年社会保障

复习思考题

1. 简述风险防范型老年社会保障的范畴与特征。
2. 简述福利保障型老年社会保障的范畴与特征。
3. 简述照料支持型老年社会保障的范畴与特征。
4. 分析风险防范型、福利保障型和照料支持型老年社会保障的功能定位区别。
5. 分析风险防范型、福利保障型和照料支持型老年社会保障的保障方式区别。

第六章
老年健康保障

老年健康保障制度是健康保障制度的一个重要组成部分，也是社会保障体系中不可或缺的一项内容。老年健康保障制度对提高老年群体身体素质、保障老年群体晚年生活具有重要作用。

第一节 老年健康保障制度的起源与发展

一、老年健康保障制度的起源

在社会发展早期，人们健康意识不强，健康保障方式以疾病救治为主。由于社会生产力水平低下，应对疾病风险主要是以家庭保障和自我保障为主。公元8世纪，修道院是诊治病人的场所，僧侣兼任医疗任务。随着工业革命的发展，技术进步使得传统生产方式瓦解和社会财富不断积累，国家开始承担对工人、老人、儿童、贫困者等弱势群体的救助责任，现代健康保障制度也逐步建立起来。老年健康保障制度一般包括老年医疗保障制度、老年照料和护理制度以及老年保健服务和精神健康服务等。老年人是医疗资源的重要消费对象，据统计，60岁及以上老年人慢性病患病率是全部人口患病率的3.2倍，伤残率是全部人口伤残率的3.6倍，老年人消耗的医疗资源是全部人口平均消耗医疗资源的1.9倍。因此，医疗保障是老年健康保障的重要部分。随着人口老龄化程度的不断加深，高龄老人、失能老人数量增加以及家庭规模小型化带来的家庭照护功能弱化等问题日益凸显，使得各个国家高度重视老年人照料和保健问题，并在人口老龄化进程中不断改革和完善老年健康保障相关政策。

（一）老年健康保障制度的萌芽时期（17 世纪至 19 世纪）

老年健康保障最初被覆盖在医疗保障中，由医疗保障制度对老年人健康进行保障。包括医疗救助在内的医疗保障制度有着自身的发展历程：英国在 1601 年颁布的《济贫法》是有关医疗保障最早的制度法规，尽管它还不是专门的医疗保障制度，但却是相关制度的萌芽。《济贫法》中规定了对贫困群体的救济政策，其中包括对患病、伤残、死亡人员提供基本生活救济和医疗服务。随着工业化发展，工人们开始建立互助团体并筹集基金以应对风险，主要是为患病工人提供医药费用和为贫穷工人家庭提供生活资助，如友谊社、共济会等。这种团体虽然是民间自发成立的，但在当时得到了政府的支持。在这一时期，人们已经意识到集中资金对社会成员进行医疗救助的重要性，也发展出特定的组织形式，但是医疗保障制度仍然停留在自我保障、互助保障和慈善救助层面，对老年人的健康保障也仅仅是社会救助弱势群体的行动之一，政府参与不多。

（二）老年健康保障制度的建立时期（19 世纪至 20 世纪 40 年代）

1883 年，德国颁布了世界上第一部医疗保障法律《疾病保险法》，标志着社会化医疗保障制度的建立，从此老年人就医就有了制度上的保障；1889 年，德国又通过了《老年、残疾和遗属保险法》，规定满足条件的老年人可以领取老年津贴，老年津贴的保费由雇主和雇员各负担一半。其后，医疗保障制度陆续在欧洲各国建立起来，老年健康保障也在医疗保障制度的基础上逐渐成形。1898 年，意大利实施强制性工伤保险及老年和残疾保险。英国在 1911 年推出《国民保险法》，明确提出实施医疗保障制度，并承诺国家在国民健康保障中的责任。1928 年，法国推出了统一的《社会保障法》，将疾病、生育、死亡、残疾、养老等保险纳入其中。瑞典在 1910 年出台了《疾病保险》，1947 年改为国民健康保险制度。1922 年，日本学习德国的医疗保险制度，制定了《健康保险法》并于 1927 年正式实施，1938 年又通过《国民医疗保险法案》，覆盖范围进一步扩大。在这一时期，工业化发展带来了社会问题与阶级矛盾，工业伤害与疾病也出现在一些行业的工人中。因此，这一时期推出的医疗保障制度虽然对工人因工作伤害与疾病蒙受的直接利益损失给予补偿，但是更深层次的原因却是为了缓和阶级矛盾，加强和巩固资产阶级的统治。

美国的健康保障理念不同于世界上大多数国家，奉行个人负担、以商业健康保险为主的健康保障制度。1910 年，美国华盛顿州的西部诊所提供了一种独特的医疗保健模式，由雇主预先为雇员支付医疗服务费用，诊所的医生为雇员提供一系列规定的医疗保健服务。这种预付费的医疗支付模式是美国商业健康保险的雏形。此后，类似项目在美国20多个地区陆续展开。20世纪30年代，以"双蓝计划"为代表的第三方支付制度出现，它由非营利组织运作，采取向一个社区所有居民征收同样保费的形式，建立了以雇主为基础的健康保险计划。这种私人自愿团体保险计划成为美国早期健康保障制度的重要形式。

二、老年健康保障制度的发展

（一）老年健康保障制度发展时期（20世纪40—70年代）

第二次世界大战促进了现代社会保障制度的建立与完善，老年健康保障制度也在这一背景下逐渐发展。1942年，英国发布了《贝弗里奇报告——社会保险和相关服务》，并在此基础上于1944年正式提出全民保健服务方案；1948年，英国颁布了《国民卫生服务法案》，规定实行全民免费医疗制度，健康保险范围进一步扩大，标志着现代健康保障制度的建立；1958年，英国提出通过社区照顾帮助老年人度过晚年，从而促使社区照料成了老年人健康保障的重要方式。1948年，印度开始建立医疗保险制度，此后又有许多亚洲国家相继建立医疗保险制度，但由于人口老龄化问题并不严重且经济发展相对落后，大部分亚洲国家健康保障制度发展缓慢。1952年，国际劳工组织制定并通过了《社会保障（最低标准）公约》（第102号），对疾病津贴、医疗护理、工伤补偿等应遵从的最低标准作了规定，许多国家也据此对本国的社会保障制度进行调整。在社会化健康保障制度发展时期，国际社会已经普遍接受了社会保障思想与观念，并把社会保障作为一国促进经济发展的重要手段。在这一思想基础上，不少国家将医疗保障的覆盖范围从产业工人逐渐扩大到其他雇员，直至全体居民。医疗保障待遇水平在此过程中逐步提高，保障内容也从医疗费用支付扩展到了大病保险以及普遍的卫生服务，从而真正从医疗保障转化为健康保障。

美国老年人健康保险的发展得益于全民健康保险支持者的推动。全民健康保险这一构想最初在1912年提出，但是在20世纪20年代至50年代遭到了美国医学会（American medical association，AMA）的抵制。于是全民健康保险支持者开始思考改变策略和目标，将强制性医疗保险的目标从全民转向最有需要、也最应得的群体——老年群体。1960年，美国国会通过了《科尔—密尔斯法》，即《医疗援助法》，为老年人、盲人和低收入且未得到公共救助的残疾人提供医疗援助。但是，这个法案的实施效果并不理想。1963年，肯尼迪发表了《关于援助老年人的特别咨文》，提出建立满足老年人医疗需求的医疗保险计划。1965年，美国国会以《社会保障法修正案》的形式通过了医疗保险计划和医疗补助计划，极大地提高了医疗保障服务的可获得性，国家医疗保险计划由此正式建立。20世纪初，美国正式建立市场化医疗保险制度，到五六十年代又建立了老年和贫困人口的医疗救助制度，形成了公立和私立共存的医疗保障体系。

20世纪40年代至70年代，发达国家陆续进入人口老龄化社会，失能老人照护问题日益受到政府重视。为了缓解老年人照料压力，各国纷纷发展老年照料和护理产业，并建立相应制度。1954年，澳大利亚政府颁布了《老年人居住法》，养老产业正式进入法治管理时代；同时，居家护理与基本生活照料开始推行，这也成为社区养老发展的基础；到1963年，随着养老机构津贴补助计划的出台，政府对于养老服务的资金支持开始大幅度提升。1967年，荷兰国会通过了《特殊医疗费用支出法》，针对老残群体长期护理服务费用支出问题建立了社会保险分担给付制度。

（二）老年健康保障制度改革时期（20世纪70年代至今）

20世纪70年代，医疗保险在发达国家中实现了高覆盖，德国的覆盖率为90%，日本为95%，法国为98%，意大利为91%，荷兰为76%，奥地利为92%，瑞士为89%。1970年，全球实施社会化医疗保障制度的国家已增至72个。与此同时，资本主义国家爆发了严重的经济危机，经济陷入了滞胀。面对社会批评与巨大的财政压力，福利国家纷纷开始了社会保障制度改革，而健康保障制度的改革亦刻不容缓。此外，进入20世纪90年代以后，医疗技术的发展使得医疗成本提高，人口老龄化导致人均医疗费用迅速增长，这些因素都倒逼健康保障制度持续改革。与此同时，1990年世界卫生组织提出"健康老龄化"概念，以应对人口老龄化问题；提出要延长人类的生物学年龄以及心理和社会年龄，让老年人健康独立生活的寿命更长、生命质量更高。国际社会随后又提出了"积极老龄化"的概念，将老年人从社会负担的观念中解救出来，强调老年人的社会权利，明确老年人不仅是被保障的对象，更是人力资源的一部分。这些理念深刻地影响了各国政府，使各国政府更加注重老年健康保障制度的全面性，从而使得各国老年医疗、照护、保健等健康保障制度的改革更具人性化和适老性。

在这一阶段，各国健康保障制度改革的手段主要是开源节流，即降低医疗待遇水平，提高筹资能力，努力维持健康保障资源的供需平衡。为了缓解政府财政压力，一些国家也开始在健康保障领域引入市场机制，建立由私人提供的补充医疗保险，以提高供给效率。英国政府于1990年对国民健康服务制度实施私有化与市场化改革。通过对社会保障机构的私有化，以私有性质的保险公司、医疗公司取代直接的国家保障，有效地提高了社会保障机构的盈利能力。日本自1973年开始对70岁及以上老年人实行免费医疗，老年医疗开支增长迅速；1983年，通过《老年人健康和医疗服务法案》，将老年人医疗费用全免改为由个人承担部分费用；随后在1984年至1997年，日本多次改革医疗保险制度，调整医疗费用个人负担比例和保险金水平，以促进医疗保险方案的稳定。1973年，美国通过《健康维护组织法》，政府开始介入医疗市场，目的是通过引入竞争机制降低医疗费用。20世纪80年代里根总统上台后，为了削减预算，大幅度减少卫生支出，主要减少了对医疗保险和医疗补助的资助。克林顿政府执政后，再次倡导全民健康保险改革，但是受制于美国当时经济滞胀、医疗费用急剧上涨以及私人健康保险迅速发展的状况，改革方案没有付诸实施。2010年，时任美国总统奥巴马签署《平价医疗法案》，意在缓解财政赤字，同时提高医疗保险的可及性，《平价医疗法案》基本保留了医疗保险、联邦医疗补助和雇主团体医疗保险的既有架构，而在个人医疗保险市场作了大幅度改革，让许多原来得不到医疗保险服务的美国公民可以依法享有医疗保障。然而，为了提高医疗保障覆盖率，这次医改使得美国财政支出持续走高，同时也触及了美国中产阶级、资本家、保险公司的利益，限制了市场自由。2017年之后，特朗普政府时期的改革更多是将医疗保险商品化，去除其公共产品的属性，缩减政府在医疗保障方面的财政支出，将这部分责任与风险转移到市场上，解除了奥巴马执政期间对保险公司的多项限制，降低了保险公司的应缴税款和保费。然而，特朗普政府时期的改革也使得有既往病史的、经济实力不强的普通老年公民，在获取医疗保险过程中受到保险市场的歧视，无法获得医疗保险或者需要缴纳更高额度的保费，对于美国的社会稳定性、人均预期寿命以及经济发展等有一定的消极影响。

随着人口老龄化形势加剧，老年照料和护理问题日益严峻，推动着老年照料和护理服务制度快速发展和完善。纵观世界老年照料和护理服务的发展，大致经历了"逐渐脱离家庭—实现大规模社会化—重新回归社区和家庭"的变化历程。20世纪60年代逐渐兴起的"就地老化"（ageing in place）理念，倡导老年照料去机构化而回归社区和家庭；至20世纪80年代，"就地老化"的老年照料制度得到广泛推广，并在90年代成为许多国家的老年照料政策目标。1986年，以色列国会通过了《国家保险法》第61号法案《社区长期护理保险法》，以补充老年服务制度的不足。1990年，英国通过了《社区照顾法》，规定地方政府要对老年人提供社会照顾。1994年德国颁布了《护理保险法》，规定住养老院的老年人和康复医疗机构的伤残病人所发生的护理费用均可得到护理保险基金的支付；随后在1995年，德国建立起长期护理保险制度，开始运用社会保险制度解决老年照护服务的筹资问题。这种长期护理保险制度得到许多国家效仿，日本于1997年、卢森堡于1998年都颁布了社会化的长期护理保险相关法律。英国、澳大利亚、瑞典等部分经济合作与发展组织国家推行了以公共财政税收为主要责任的长期护理津贴计划。21世纪以来，家庭少子化、妇女参与工作等新的发展趋势使得各国修改原来的老年照料和护理服务制度，将对家庭的转移支付与直接服务供给结合起来，逐渐发展成为市场化的社会照料机构。2008年至2015年，德国继续对护理保障制度进行改革，连续颁布了多部与护理保障相关的法律，如《护理继续发展法》《护理假期法》《家庭护理假期法》《护理调整法》《家庭、护理与职业协调改善法》《预防法》《临终关怀法》等，对缴费率、护理需求界定和护理待遇水平等方面进行调整；2016年，颁布了《护理加强法案Ⅱ》，进一步调整申请人考量标准，从考量身体障碍的护理需求层次转变为综合考量多元因素，并且重在考量申请人生活自主程度，同时把护理等级从最初的三级细化为五级。为了控制护理成本从而保障老年长期护理的可持续性发展，荷兰政府从2015年开始进行新一轮老年长期护理保险改革，鼓励家庭成员和当地社区网络提供多样化的社会护理服务；同时，颁布并正式开始实施新的《长期护理法案》，以代替《特别医疗费用法》，目的是控制支出增长，确保长期护理服务的可持续性，以患者为中心，提高护理服务的质量。日本于2005年、2008年和2012年对长期护理保险制度进行了三次改革，主要目的是缓解财政负担，扩大护工供应与加强对护理机构的监管；2014年第四次改革时，老年失能预防体系基本建立，社区整合护理服务的内容得到进一步完善和细化；2017年第五次改革时，日本政府提出要推动实现地域共生社会，构建老年人与残疾人均可享受服务的共生型护理服务机构。新加坡在2020年开始推行终身护理保险计划，强制要求所有年满30岁的新加坡公民参保，并且不能退保，使参保覆盖范围不断扩大，保障程度不断提高。

为了达到向全体老年人提供公平、可及、可负担的高质量照顾服务的目标，1997年，澳大利亚通过了《老年保健法案》，为老年保健服务提供了法律保障和制度框架，明确了政府在老年保健服务中的职责。2007年，欧盟首次发表的《体育白皮书》中明确提出，缺乏体育活动会增加患心血管疾病、糖尿病等慢性疾病和肥胖症的概率，从而间接影响老年人的生活质量和身体健康。因此，21世纪以来，欧洲采取了多个促进健康老龄化的体育活动计划。2009年，《里斯本条约》首次表示对欧盟各国的体育促进行动给予支持和协助。2010年1月至2011年3月，欧盟教育与文化总司主导开展了老年人体育促进活动计划，通过卫生、教育和体育部门确立和执行联动策略，该计划旨在通过体育活动，提高老年人身心健康水平、独立生活能力、社会交往能力，帮助老年人实现成功老龄化，进而提高老年人生活质量。《2012—2020年欧洲健康老龄化策略和行动计划》中提出，通过生命历程健康老龄化、支持性环境政策、以老年人为本的卫生体系、改善健康现状和科研差距这四个行动领域的政策，来促进欧洲健康老龄化进程。

精神卫生健康又称心理卫生健康,也是老年人健康的重要部分。随着阿尔茨海默病等精神疾病患病率的增长,老年人精神健康保障问题越来越引起世界各国的高度关注。英国是目前发达国家中针对老年群体心理健康开展服务较早且制度较完善的国家之一。2001年,英国政府出台了一套国家标准,其中规定医疗卫生体系的服务目标是促进老年人拥有良好的心理健康,治疗和支持患有抑郁症和认知症的老年人,让有精神健康问题的老年人可以得到由英国国家医疗服务体系(national health service,NHS)和委员会机构提供的完整的精神健康服务,以确保患者得到有效诊断、治疗和支持。2007年,英国政府又发布官方声明,将老年痴呆列为国家健康优先发展的研究项目并纳入国家应对痴呆发展的战略和执行计划。2015年3月,世界卫生组织召开了抗痴呆症全球行动首届部长级会议,促进提高关于痴呆症造成的公共卫生和经济挑战的认识,帮助会员国和利益相关方深入了解各自的角色和责任。

第二节 老年健康保障模式分类和比较

健康问题是老年人面对的重要问题,世界各国为了保障和提高老年人健康水平,在医疗、照护、保健等方面逐步出台实施了众多政策法律,形成了各具特色的社会化老年健康保障制度。目前,世界上的老年健康保障制度主要有四种模式,即国家卫生服务模式、社会保险模式、商业保险模式和储蓄保险模式,以上四种模式在含义、代表国家及特点等方面存在着明显差异。

一、国家卫生服务模式

国家卫生服务模式也称政府卫生服务模式,是指由政府直接举办公共卫生保障事业,通过税收形式筹集保障资金并采用国家财政预算拨款的形式将资金分配给政府举办的医疗机构,或是通过合同购买民办医疗机构、私人医生的医疗服务,向国民提供免费或低收费的医疗保健服务。在这类模式中,老年健康保障被国家医疗保健服务制度覆盖,老年人可以免费享有社区医疗服务、检查、健康指导和治疗等医疗保健服务,但门诊、药品等费用需自付,其他保健和特殊照顾等服务由专门建立的医疗保健援助制度保障。国家卫生服务型老年健康保障制度以英国、丹麦、爱尔兰、加拿大、澳大利亚等国家为代表。

英国的老年健康保障制度从医疗保障、社区照顾和社会照顾三个方面对老年健康保障作出了规定。老年医疗保障服务包含在国民医疗保健服务制度中,这项制度几乎覆盖所有英国居民，患者可以按需获得全民医疗保险提供的各种医疗服务和药品。在英国，老年人能享受到的医疗保健服务包括初级卫生保健、二级医疗服务及三级医疗服务，这种层层推进的医疗卫生体系不仅使老年人能够得到完善的医疗保健服务，还促进了健康问题的识别和分流，以达到充分合理利用医疗资源的目的。通过初级卫生保健环节，老年人健康教育、预防保健等服务也可以有效实施。社区照顾模式主要包括以下服务内容：针对居家生活不能完全自理的老年人的护理保健服务；针对生活完全不能自理、卧病在床的老年人，由家属照护、政府补贴的家庭照顾；为有自理能力但无人照顾的老年人提供的老年人公寓；为因家人外出而无人照料的老年人提供服务的暂托所和老人院等。另外，英国的医疗机构也为社区中的老年人配备保健医生，负责老年人日常保健和健康教育。社会照顾服务是在国民医疗保健服务制度之外为老年人、精神病患者和儿童提供的一项护理和保健援助项目，它在维护老年人尊严的基础上，为重症老年人提供看护照料、康复及精神健康等服务。

澳大利亚的老年医疗卫生服务体系以全科医生和医院为主要服务提供者。其中，全科医生主要为老年人提供日常保健、健康教育、预防免疫、慢性病和少数急性病诊治与转诊服务等，并负责为行动不便的老年人提供上门医疗服务。同时，全科医生还与医院医生保持密切联系，为老年人提供出院后的继续治疗。大多数州的区域医院负责为患有急重症的老年人提供治疗，同时也为相关科室的老年病人提供包括功能复健、社会援助和心理疏导等方面的服务。同时，医院设立康复中心对患有亚急性疾病（如肌肉骨骼疾病、神经性疾病）的老年人提供治疗服务和急性期过后的康复服务，以提高其机体功能和生活自理能力。医疗费用主要源于联邦政府和州政府财政，由社会性全民医疗保障制度承担。澳大利亚的老年护理主要包括机构护理服务、社区老年照护服务、居家延伸护理服务以及家庭和社区照顾项目。其中，机构护理服务由护理院和老年公寓负责，这两类机构都具有医疗卫生服务性质和生活照顾性质，每个机构提供不同程度的护理服务；社区老年照护服务主要为居家老年人提供类似于低级别机构护理服务；居家延伸护理服务主要为居家老年人提供有专业护士参与的高级别护理服务；家庭和社区照顾项目为老年人提供个人护理、整理家务、供餐以及交通服务等支持性的生活照料服务，延缓和避免老年人入住养老院或使用社区老年照护服务以及居家延伸护理服务。同时，澳大利亚为原住民、海岛居民等特殊族群老年人设立了相应的服务项目，以满足其特殊需求。护理费用中，社区老年照护服务经费主要由政府津贴和社会捐助承担，入住护理院的老年人则须根据自身收入水平承担一定的费用，无力承担者可申请免费或优惠。

国家卫生服务模式的主要特点包括三个方面：一是政府负责，卫生行政部门直接参与医疗服务的各个环节，保障老年人平等享有医疗卫生资源和照护服务；二是资金绝大部分来源于国家财政预算，政府可以根据资金投入量来控制医疗服务费用支出；三是提供免费或低收费的健康保障服务，并且基本保障全体居民。国家卫生服务模式的优点在于老年人医疗保健服务覆盖面广，能保证老年人相对公平地享有健康保障，具有公平性和福利性。其主要问题在于，医疗机构微观运行缺乏活力，卫生资源配置效率低下，难以满足老年人不断增长的医疗需求；由于供需双方缺乏费用意识以及人口老龄化不断加剧，医疗消费水平过高，政府财政不堪重负。

二、社会保险模式

社会保险模式由国家通过立法形式强制实施，政府部门承担制度设计、指导和监督等责任。社会保险模式的资金来源主要是国家、企业和个人，其中，企业和个人按一定比例缴纳保险费，建立社会保险基金；政府则通过财政拨款形式补贴或分担制度运行的费用。社会保险模式以德国、日本、意大利、西班牙等国家为代表。

以日本为例，日本的老年健康保障制度可以分为三部分：一是涵盖于国民健康保险制度内的部分，二是针对高龄老年人的老年保健制度，三是长期护理保险制度。国民健康保险制度覆盖60~70岁的老年人，其第一保险人为政府，保险费率根据个人及家庭的收入水平不同进行调整征收，支付范围分为法定支付和任意支付两种类型。老年保健制度起源于1982年日本颁布的《老年保健法》，该法律规定建立独立的老年人医疗保险和保健体系，对健康老年人和患病老年人采取两种不同的社会政策。资金主要由国家财政、地方财政及其他医疗制度提供的老年保健公积金三方面构成。日本的长期护理保险制度又称介护保险制度，由政府强制实施，市町村及东京23区的特别区负责征收保险费、办理申请手续、决定必要的护理服务等工作。日本政府规定，40岁及以上的国民无论健康与否都必须参加护理保险并缴纳保险费，并根据被保险人的不同情况对其划分不同的保险等级。从具体护理服务内容看，该制度覆盖老年福利和老年医疗保健的内容，是将预防、保健和护理服务紧密结合的综合性护理预防服务体系。

社会保险模式具有以下特征：一是通过法律强制参保和筹集保障资金，从而保证了制度的有效执行和实施，保障老年人平等地享有医疗保健服务资源；二是资金由政府有关部门统一筹集、管理和使用，不以营利为目的，基金管理的原则是以收定支，力求当年收支平衡，一般不会有积累；三是老年健康保障制度覆盖面广，政府会根据国家形势及时出台相关政策，特别是医疗保障，几乎覆盖所有老年医疗保健需求。

社会保险模式的优点在于社会互助共济、风险共担；提供医疗和护理的机构同医疗服务提供者建立契约关系，促使医疗服务提供者提供优质的医疗服务，对控制医疗服务提供者的垄断行为较为有效。这种模式的缺点在于，由于实行现收现付制，基金没有纵向积累，不能解决人口老龄化带来的代际医疗保险费用负担转移问题，导致政府财政负担加重。

三、商业保险模式

商业保险模式与社会保险模式相对应，是按市场法则自由经营，健康保险作为一种商品在市场上自愿买卖。卖方为民间团体或私人保险公司，买方既可以是企业、民间团体，也可以是政府或个人。商业保险模式代表国家主要是美国。

尽管私人社会保险在美国社会保障中承担了重要角色，但是美国针对老年人和残疾人制定了专门的医疗保险。医疗保险覆盖了65岁及以上的老年人，此外，医疗保险没有覆盖到所有的医疗及相关服务，并且也不为覆盖的所有项目付费，为了减小医疗保险受益者的医疗风险和费用压力，联邦政府和州政府采取了一些措施以缩小医疗缺口。这些措施可以分为两类：一是州医疗援助计划，即由州政府提供相应的资助；二是医疗缺口保险，即通过购买私人补充保险项目用于支付部分或全部医疗保险所要求扣除的费用和共同保险的费用。除了医疗保险，美国政府实施的医疗补助的对象中也包括低收入老年人，各州为了获得联邦政府的配套经费，必须向援助对象提供包括医院服务、家庭健康计划咨询、专业护理机构照顾等一系列基本医疗服务。

美国的长期护理服务主要包括护理院保健、家庭卫生保健和临终关怀计划三部分。护理院主要为患有慢性病而生活不能自理的老年人在暂时或长期无人照料时提供托管或专业护理保健服务，其中托管的费用为患者自担，专业护理保健服务费用由医疗保险支付。家庭卫生保健为不需要到护理院但生活需要帮助的老年群体提供系列服务：一是安排专门人员定期访问，评估食物营养等；二是根据患者需要提供其他生活帮助。该项服务主要由医疗保险支付费用。临终关怀计划主要针对身患绝症的老年群体，由特定人员组成的卫生保健团队会到患者家中提供照料服务和情感支持。

商业保险模式的主要特点是参保自由、灵活多样，社会人群可以通过自愿入保的形式共同分担意外事故造成的经济损失。这种模式的主要优点是可以根据社会的不同需求提供不同险种来开展业务，其供求关系由市场调节。但是仍存在一些问题：服务供给与需求双方之间一般处于不对等地位，供给方可以利用技术优势诱导需求、刺激消费，出现"市场失灵"问题，导致整体医疗消费膨胀。此外，这种以营利为目的的制度，往往拒绝接收健康条件差、收入水平低的群体。因此，在其公平性较差的同时，容易造成卫生总费用失控。

四、储蓄保险模式

储蓄保险模式是依据法律规定,每个有收入的国民都要为其终生医疗和保健需求而储蓄,以解决自身的医疗保健费用。政府作为健康保障制度的建立者、推行者和保障者,为社会健康保障制度运行提供政策支持。目前只有少数国家采用这种模式,新加坡是储蓄保险模式的代表国家。

新加坡的老年健康保障制度一部分被包含在中央公积金计划内,也有一部分在中央公积金计划之外。其中,医疗保障制度主要包括医疗储蓄计划(medisave)、健保双全计划(medishield)和保健基金计划(medifund),由个人、社会和政府三方共同承担医疗费用。除此之外,还包括私人医疗保险计划和老年保障盾牌计划。

储蓄医疗保险模式的特征是以个人责任为基础,强制性要求以个人或家庭为单位建立积累性储蓄基金用以支付日后患病所需的费用。政府补贴、保健储蓄、健保双全和保健基金四位一体、相辅相成,保证每个国民都能够获得基本医疗服务。这一模式的优点包括:一是强调个人保障基金的积累,从而解决资金负担的代际转移问题;二是医疗保健服务水平与费用挂钩,避免过度利用医疗卫生服务资源行为的发生,减少医疗卫生服务资源的浪费。储蓄医疗保险模式的缺陷在于,不能实现社会互助共济和共同分担疾病风险,低收入群体得不到医疗保障,或者难以得到更好的医疗服务。

第三节 部分国家或地区的老年健康保障制度安排

一、英国老年健康保障制度安排

20世纪40年代到60年代末,英国先后通过了《国民保险法》《国民医疗保健法》《国民救助法》这三个里程碑式的法案,标志着英国基本建成了现代老年健康保障体系。英国的老年健康保障依托于国家医疗卫生服务制度,包括医疗保障、社区照顾以及独立于国家医疗卫生服务制度之外的社会照顾服务。国民医疗保健服务体系创建于1948年,是世界上第一个全民免费医疗系统,通过税收筹措医疗卫生经费,由英国卫生和社会关怀部监管运作,其核心原则是让人人享受统一标准的医疗服务。近年来,英国国民医疗保健服务体系将重点放在医疗保健层面,逐渐整合医疗卫生和社会照顾,将治疗和健康教育结合起来,如索尔福德市于2019年完成整合保健计划,通过利用社区资源、组建多学科工作小组及建立综合服务中心的方式为老年人提供服务。

（一）社区照顾模式

20世纪50年代，在英国推行高福利政策的鼎盛时期，国家和政府通过兴办大型的福利院舍来集中供养和照料老年人和精神病患者，政府使用巨资聘用了专职工作人员，同时针对住院式照顾还产生了社区照顾概念。到20世纪90年代，英国开始将养老问题纳入社区，为老年人建立了社区照顾模式。2014年，英国正式推行《社会服务法》，对社区资源进行合理化配置，针对社区照护的相关事项作出更加明确的规定。英国的社区照顾是以政府为主导，以英国国民医疗保健服务体系为保障，为老年人和社会急需援助群体提供适当的照顾和支援，从而使这些群体能够在自己熟悉的家庭和社区环境中享受独立和正常的生活，基本实现了为老年群体提供优质、高效、均衡、持续的医养服务的目标。该模式是由政府与独立部门（盈利机构、志愿机构）签订具有法律效应的合作契约，采用官办民助的模式，形成了国家财政支持、机构多元化服务的供给体系。根据服务内容的不同可以分为社区内照顾（care in the community）和由社区照顾（care by the community）两种方式。前者是具有严格管理制度和法律保障的规范性照护模式，主要针对生活不能自理的老年人，由社区内专业养老服务机构为其提供个案化管理；后者是通过血缘和道德维系的非规范性照护模式，主要针对具有一定自主生活能力的老年人，由其亲属、邻居、志愿者等提供日常生活照护、物质支持、心理抚慰等服务。该模式坚持社区首诊和双向转诊制度，全科医生与护士会针对辖区内的老年人进行健康评估、疾病诊治、慢病管理、预防保健、临终关怀等整合型医养服务；同时，为老年人建立了完善的健康信息档案，与转诊至第二、第三级医疗服务的老年患者的专科医生密切联系，实现资源共享。

英国社区照护的服务项目主要包括六方面内容。一是居家服务，主要针对居住在自己家中，尚有部分生活能力又不能完全自理的老年人，具体服务包括上门做饭、理发、购物、清洁卫生、陪同就医等，使行动不便、年老体弱、家中无人照顾的老年人能够生活在自己熟悉的家庭和社区环境中，方便与他人沟通。二是家庭照顾，主要是对生活不能自理、卧病在床的老年人在家接受子女全面照顾的养老方式，政府通过补助的方式鼓励子女全方位照顾老年人。三是老年人公寓，主要针对无人照顾、有生活自理能力的老年人，老人公寓内设有紧急呼救装置，与社区控制中心相连，一旦老年人身体不适，只要按动紧急呼救装置，社区即可派人迅速赶到老人公寓提供救援。四是暂托所，专门针对子女有事外出或子女长年累月护理老年人的情况，暂托所对短时照顾的老年人不收费，但是照料时间超过两周，就需要支付相应费用。五是老人院，主要针对生活不能自理又无人照顾的老年人。六是老年社区活动中心，由地方政府兴办,具有综合性功能的社区服务机构,主要服务对象为60岁及以上的老年人,为居住在本社区的老年人提供社交、娱乐场所。

(二) 社会照顾服务模式

在英国,社会照顾服务被定义为向有需要的或处于危险中的儿童或成年人,或因疾病、残疾、年老、贫困而有需要的成年人提供社会工作、个人护理、保护或社会支持服务。社会照顾服务由卫生和社会关怀部负责管辖,由地方委员会、地方服务机构以及质量管理委员会对养老服务供给者进行授权,并由地方委员会给养老服务供给者提供资金补贴,双方共同负责供给服务质量。社会照顾服务内涵丰富:一是社会照顾工作人员对旨在保持身心健康的定向护理进行监督;二是社会照顾工作人员提供面对面的支持,包括在养老院的住宿和护理、社区活动支持以及家庭护理等。社会照顾服务的实施范围包括社区、医院、保健中心、教育和咨询中心以及患者住宅。社会照顾工作人员经常与来自其他行业的工作人员合作,合作范围包括健康、住房、教育、咨询和宣传以及法律等,以便更好地满足老年人的日常生活照顾需求。老年人可以向地方服务机构申请服务,符合条件的老年人可以选择现金给付或者经纪人代理服务,之后相关机构向老年人提供可选择的养老服务。

二、日本老年健康保障制度安排

日本医疗保险制度的起步早于养老保险,1958年,日本出台新的《国民健康保险法》,由工薪阶层参加的医疗保险和一般国民参加的国民健康保险制度正式启动,到1961年全国基本实现了医疗保险制度的全覆盖。随后日本政府将老龄工作纳入社会经济发展规划中,先后制定了《国民年金法》《老年福祉法》《老年保健法》《护理保险法》等重要的法律法规,以保证日本老年健康保障制度的持续运行。介护保险制度自2000年开始实施,日本的养老保险正式从医疗保险制度中分离出来。现阶段,日本老年健康保障制度可以分为三部分:一是涵盖于国民健康保险制度内的部分,二是独立的针对高龄老年人的老年保健制度,三是长期护理保险制度。

(一) 国民健康保险制度

国民健康保险制度除了覆盖农民、小手工业者,也将60~70岁的老年人包括在内。国民健康保险的第一保险人是政府,保险费率根据个人及家庭的收入水平进行调整征收,各地区之间存在工资水平差异,缴费金额根据地区不同有一定差异。国民健康保险的支付范围分为法定支付和任意支付两种类型:法定支付又分为必须支付和酌情支付，前者包括医疗费、住院饮食费、疗养费、高额医疗疗养费、特定医疗疗养费等，后者包括丧葬费；任意支付则主要是指伤残补助。

（二）老年保健制度

1982年，日本政府出台了《老年保健法》（2008年并入《确保高龄老人医疗法》）。该法案将医疗保险和保健体系相互分离，对健康老年人和患病老年人采取两种不同的社会政策。医疗保险是针对70岁及以上老年人，或者65岁及以上卧病不起老年人实施的医疗费保障；保健体系是针对40岁及以上公民，即从壮年期开始，实施防范疾病与身体功能恢复训练的制度（见图6-1）。将保健事业单独从医疗体系中分离出来的做法，主要是为了解决老年人为享受医院保健便利而挤占住院床位的问题，同时，通过实施疾病预防等综合性保健，使国民在老年后保持健康。

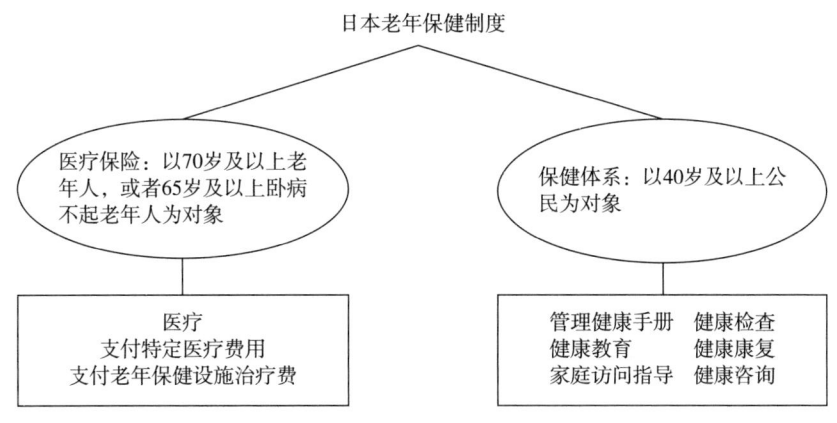

图6-1 日本老年保健制度

此外，老年保健制度采取由国民健康保险和雇佣者保险的参保人共同负担的模式，老年人就医需要个人承担一定费用，但自付费用始终保持在较低水平。无论实际花费金额大小，70岁及以上老年人看病只需每次缴纳530日元，而且如果一个月内缴纳过四次，本月就无需再缴，但这显然无法限制老年人的就医意愿。为解决制度之间以及老年人之间存在的受益和负担不平等问题，1986年，日本决定对《老年保健法》进行改革。改革重点包括：一是提高患者负担医疗费用的比例；二是增加老年人占比较低的健康保险组合负担比例；三是创建能够发挥康复治疗功能的中间设施——老年保健设施。其中，老年保健设施的主要功能是对完成治疗的老年人进行身体康复和生活机能康复训练，使他们尽快恢复到能够生活自理的程度。这是一种介于医疗设施和家庭或者养老设施之间的康复训练设施，老年人可以入院接受机能恢复训练，也可以居家利用社区内老年保健设施的日间服务定期接受训练。1989年，日本政府公布了《发展老人保健福利事业10年战略规划》（又称《黄金计划》），计划用10年时间，完善保健、医疗、福利一条龙的配套体系。随着老年保健设施的普及，日本老年福利设施逐步形成了保健、医疗和福利功能各异的联网系统。

（三）长期护理保险制度

随着人口老龄化的加深，1994年，日本进入深度人口老龄化社会，随后经过不断调整养老服务政策，于2000年实施了长期护理保险制度，成为继国民健康保险制度、老年保健制度之外对老年人生活支持的第三大支柱。《介护保险法》的主要服务对象是老年人，因此，该法第七条规定，介护是因年老使身体或精神受到障碍，对洗浴、排泄、饮食等日常生活所需要的基本活动的全部或部分受限而需要长期护理的状态。2005年，修订《介护保险法》时提出了新型地域福祉理念——社区综合照护体系，这是旨在应对不同老年人的情况及变化，以介护服务为主线、以医疗为中心，提供多元可持续的综合型服务体系。2012年，修订《介护保险法》，进一步明确了政府在保健、医疗和福祉服务、预防型福祉服务、医疗及居家服务等方面的角色，为多职业联合的政策制定提供支撑。2018年4月，日本对长期护理保险制度进行第五次改革，实施新的《长期护理保险法修正案》，进一步强调自立支援的重要性。在制度支撑下，日本各养老机构也强调对老年护理的自立支援。

长期护理保险制度主要由市町村及23区的特别区来运营，原则上40岁及以上的国民都必须加入长期护理保险并缴纳保险费。在加入长期护理保险的参保人中，65岁及以上的老年人为第1号被保险人，40～64岁的人为第2号被保险人。当被保险人处于需要护理的状态时，可以通过申请、审查等手续得到相应的护理服务，长期护理保险的保费支付根据居家服务与设施服务有所区别。不管何种服务，使用者在使用限度内均需支付护理费的10%，其余90%的护理费经费来源来自两部分——保险费和公费筹措。其中，在公费筹措中，国家负担25%，都道府县和市町村各负担12.5%。由于被保险人的基本单位为市町村，存在着地区之间经济发展不平衡的现象。为了解决这一矛盾，各都道府县成立了财政安定化基金，对于财政恶化的地区采取短期资金借贷或资金给付筹措等措施，进行财政支援。

三、美国老年健康保障制度安排

1935年美国先后通过了以养老保险为主体的《社会保障法》和《美国老年人法案》，为老年健康保障制度的形成奠定了基础。作为世界上最发达的经济体，受文化和社会背景的影响，美国按照市场需要逐步形成了自由、灵活、多样化的医疗保障系统。尽管在这个系统中50%的医疗费用来自私人医疗保险计划，但老年健康保障主要由国家来负担。在美国，老年健康保障制度由医疗保险（medicare）、医疗补助（medicaid）、长期护理服务以及老年运动健康服务体系组成。

（一）医疗保险

医疗保险覆盖65岁及以上的老年人、残疾人（领取社会保障残障津贴超过24个月的残疾人）和晚期肾病患者。数据显示，2010年至2020年，美国医疗保险的管理费用占比从5.91%增长至9.04%，该占比的年平均增速为4.69%。医疗保险主要由四部分组成，分别是住院保险（Part A）、补充医疗保险（Part B）、医保优势计划（Part C）和处方药保险计划（Part D）。住院保险属于强制性保险，用于支付给付期内的住院费用，包括半私人病房的床位费和伙食费、医院服务和药品费用以及被保险人接受的其他机构如收容所、专业护理设施等提供的相关服务费用，若超出给付期限，则全部由患者自己支付；补充医疗保险则是一个自愿参加的保险项目，符合参加医疗保险条件的人都可以有选择性地认购，参加补充医疗保险的被保险人可以报销规定服务范围内产生的费用，如诊断、外科手术、放射治疗等，此外还可以支付门诊服务；医保优势计划主要有医疗护理计划、私人医疗服务计划、特殊需求医疗服务计划、医疗储蓄账户等，这些服务中包括了住院保险和补充医疗保险的所有服务，并且为其医疗服务提供额外的优惠。2006年《老年医疗保险计划处方药、改进和现代化法案》建立了医疗保险的第四部分——处方药保险计划。

（二）医疗补助

医疗补助主要针对低收入群体，也包括低收入老年人。除2017年、2019年外，医疗补助的管理费用占比从2010年的7.97%逐年递增至2020年的12.56%，年平均增速为5.03%，2020年管理费用占比达到医疗保险的1.39倍。1988年，美国颁布的《医疗照顾大病费用法案》规定，低收入老年人和残疾人的医疗保险费和医疗费的自费部分可以由医疗援助项目支付。医疗补助主要由州政府出资，联邦政府通过联邦医保和医助服务中心提供部分资金。在联邦政府指导下，各州政府制定本州的医疗补助计划并具体实施，包括由州政府设定贫困线和资产标准来确定申请人的资格，审查内容包括保险涵盖的医疗服务范围、医疗费用报销水平等。州政府每年审核被保险人的收入和资产状况，以确定是否保留或取消其投保资格。医疗补助的保障比较全面，包括医院医疗、医生门诊、医疗化验检查、母婴保健、预防医疗、家庭护理等各种日常生活需要的医疗服务。

(三) 长期护理服务

美国长期护理服务主要包括护理院保健、家庭卫生保健和临终关怀计划等，旨在为有不同需求的老年人提供护理服务。

护理院保健是为患有慢性病而生活不能自理的老年人提供医疗护理、康复促进的医疗服务，其服务重点在于医疗保健，适用于需要每日不间断监管和医疗服务的老年人。其中，医疗保险对专业性护理保健服务付费；此外，当原本不贫穷的老年人由于进入护理院而变得贫穷时，就可以获得医疗救助资格。

家庭卫生保健是指老年人在生活上需要一定的帮助，但是并不需要进入护理院。符合家庭卫生保健的老年人需要有护士定期访问，护士所能提供的服务包括检测老年患者使用的药品、评估老年患者食物的营养、评估继续在家是否安全等。此外，部分老年人还可以配备家庭助手，该类型的助手不是护士，而是经过专门训练、对老年患者日常生活提供帮助的人。

临终关怀计划主要是针对身患绝症的老年群体，临终关怀计划的目的是减轻痛苦而不是延长寿命。通常情况下，临终关怀计划包括一支卫生保健队，通常由医生、护士、社会工作者、牧师、经过训练的家庭保健助理和社区志愿者构成。

(四) 老年运动健康服务体系

2001年，美国运动医学学会、美国国家老龄研究所等46个组织共同发布《国家计划：促进中老年人身体活动》，这是美国唯一一个专门针对运动促进健康老龄化领域的国家级政策，从组织改革、政策改善、家庭与社区行动、媒体宣传、医疗卫生系统推进和科学研究六个方面制定了相应策略。美国为达到健康老龄化战略目标，逐步形成以提升老年人身体健康水平为愿景，引领和保障老年运动，促进健康老龄化的模式。

四、新加坡老年健康保障制度安排

新加坡的老年健康保障制度包括两部分，一部分涵盖在中央公积金计划之内，另一部分在中央公积金计划之外。新加坡的老年健康保障制度具有明显的强制储蓄的性质，其医疗保障体系主要分为医疗储蓄计划、健保双全计划和保健基金计划，同时还包括私人医疗保险计划和老年保障盾牌计划。

（一）医疗储蓄计划

新加坡 1983 年立法，1984 年制订了保健储蓄计划。这是一项全国性、强制性的储蓄计划，要求每一个有工作的人都要参加医疗储蓄计划，因此老年雇员也在这个计划内。本人及其直系亲属有医疗保健需求时，如住院费和部分昂贵的门诊检查治疗项目费，可以使用个人医疗储蓄账户的存款。但是医疗费的缴纳并不单独进行，而是从老年雇员的保费中划拨，根据年龄的不同划拨的比例也有所差别。该计划允许个人医疗储蓄账户支付规定项目的门诊检查治疗费，还允许支付糖尿病、高血压、心血管疾病等老年常见慢性病的门诊费用，并且可以支付直系亲属慢性病的门诊费用。但是，该计划规定，对于慢性病门诊费用的支付仅限每年 300 新加坡元（以下简称新元）。同时，为了防止个人医疗储蓄账户过早消耗殆尽，还需要在每次付款时支付 30 新元现金，然后再支付剩余金额 15% 的现金，之后才能使用个人医疗储蓄账户的存款进行支付。同时，为了避免储蓄余额过多"沉淀"，还规定了退休后继续工作劳动者的医疗保健缴费达到基本医疗保健额后，高于基本医疗保健额部分将依据年龄流入该会员的特殊账户或者退休账户。

（二）健保双全计划

为了补充医疗储蓄方案，新加坡政府于 1990 年开始实施健保双全计划。健保双全计划是一项基本的大病保险计划，它的设立是为了帮助被保险人支付大病或慢性病的医疗费用。新加坡的医疗储蓄是强制性的，而健保双全却是自愿参加的。随着人口老龄化趋势愈加严峻和医疗费用不断上涨，为了提供更好的医疗保障，新加坡对健保双全计划进行全面改革。2015 年，新加坡卫生部计划将健保双全计划升级为增值健保双全计划，与健保双全计划相比，增值健保双全计划能够提供更好的医疗保障，无终身索赔金额限制，进一步在保障民众重大特殊疾病风险中发挥了重要作用。

增值健保双全计划由新加坡中央公积金局管理，是一项强制性、全民受保、终身受保的计划。依据全民普及的原则，要求全民（新加坡公民及永久居民）必须加入这个计划，不能选择退出，具备社会统筹的作用。增值健保双全计划的保费需要终身缴纳，缴纳金额随着年龄增长而增加。如果被保险人自己没有能力支付且没有亲属支持帮助他们支付增值健保双全计划保费时，政府将为他们兜底支付保费。增值健保双全计划主要保障在公立医院 B2 级病房、C 级病房以及享受津贴门诊治疗的费用，每年有 10 万新元的封顶线限制和起付线（根据年龄、病房等级而有所差别）。达到起付线后，起付线到封顶线之间的费用需要患者按照自付比例支付：门诊自付比例统一为 10%，住院费根据扣除起付线后的可索赔金额不同,自付比例分为10%、5%、3%三档,费用越高,个人自付比例越低。针对住院不同级别的病房和门诊不同的项目,新加坡设置了不同的封顶线,如普通病房、加护病房和社区医院病房的每日封顶线分别为700新元、1 200新元和350新元。

(三)保健基金计划

保健基金计划于1993年由政府设立,为不能支付医疗费用的贫困人口提供一个安全网。此项计划创立之初,政府捐款2亿新元,并且许诺只要国家经济增长良好,政府将每年另外增加1亿新元捐款。政府捐赠基金的利息收入分配给国立医院,每个国立医院都有一个由政府任命的医保基金委员会,无力支付住院费的贫困人口可向医保基金委员会提出救济申请,以确定救济款额。但是,选择高级病房患者无权申请保健基金。此外,对于按期向医疗储蓄缴费,同时被老年保障盾牌计划及其附加计划所覆盖的个人来说,医疗基金将提供更多帮助。保健基金计划保障对象包括没有医疗储蓄的老年人或者是从医疗保障制度实施起尚未完成足够储蓄的群体。随着基金规模的扩大及护理医疗的需求,逐步延伸出专门保障贫困老年人医疗服务的乐龄健保400计划。该计划建立于2007年,所需资金从保健基金中划拨,专门用以补偿65岁及以上老年申请人的医疗费用,建立之年的基金规模为5亿美元。保健基金补偿形式主要是现金补贴,受助者获批金额的大小与家庭成员的经济、健康和社会状况以及所产生医疗费用的多少密切相关。从基金运行看,申请并获得资助的国民人数呈逐年增长态势,保健基金提供的医疗救助规模也逐年增长。新加坡卫生部数据显示,2006年至2019年保健基金救助人数由30万人上升至122万人,提供的医疗救助基金由3 960万美元增长至1.59亿美元,对于解决国民卫生支出困难发挥了重要作用。

(四)私人医疗保险计划

除了上述医疗保障方面的制度安排,新加坡中央公积金制度的参与者还可以选择一项私人医疗保险计划(private medical insurance scheme,PMIS)。私人医疗保险计划的保费缴纳可以从个人医疗储蓄账户中支取,并直接转移给私人医疗保险机构,但支取的最高限额每年不得超过660新元。由于每个人只能将个人医疗储蓄账户的部分用于一项医疗保险支出,当个人选择的新的私人医疗保险计划开始实行后,老年保障盾牌计划或老年保障盾牌计划附加部分将自动终止,如果想要再重新加入,则需要重新进行核准。

(五)老年保障盾牌计划

新加坡政府认为,每12个老年人中就有一个老年人因为年老或疾病生活不能自理,需要长期照料和经济帮助。对此,新加坡政府在设计老年保障盾牌计划时,除了2002年的乐龄健保300计划、2007年乐龄健保400计划,还推出乐龄健保补充计划,由商业保险公司提供补充产品,满足参保人多层次的长期护理需求。乐龄健保400计划在之前的基础上进一步加大保障力度,为重度失能与失智人员每月支付400新元,最长支付6年。2020年4月1日,新加坡卫生部组建了专业的长护险理事会,以监督乐龄健保计划的实施。同年10月,终身护保计划正式实施,年龄在30~40岁的新加坡公民和永久居民将自动加入计划。在该计划下,参保人一旦失能,将可以终身领取理赔金,而且理赔金是不断增长的,2020年的理赔金为600新元,之后逐年递增,以抵消通货膨胀。保费全部由公积金保健账户支付。

计划规定,无法自理的范围和程度至少达到日常生活行为规定中的三条,包括洗澡、穿衣、吃饭、如厕、活动和移动,即可界定为"残疾"。被保险人每月可以领取300新元的现金,以支付家庭护理费、日常康复治疗费、医疗费用、家庭支出或者养老院有关费用,甚至可以用来帮助被保险人家庭解决财务负担问题。为了使计划相关保费的缴纳维持在较低水平,让每个人都可以有负担能力,受益支付的最高期限为60个月,这被认为是严重残疾或丧失劳动能力的老年人需要资金救助的平均时间。在残疾期间,该计划的被保险人不需要再缴费。

第四节 老年疾病预防、康复保健制度和长期护理保险制度

一、老年疾病预防保健制度

预防保健是指通过预防疾病和促进健康来提高人群健康水平的综合性卫生服务。老年疾病预防保健制度是老年健康保障的重要组成部分,老年疾病预防保健制度的完善、疾病预防保健水平的提升,对推进健康中国建设具有显著的促进作用。

(一)老年疾病预防保健服务体系

随着人们生活水平的提高,健康观念逐渐发生改变,健康意识进一步增强,对健康保障、疾病预防的需求日益增长,因此,现代医学逐步转向提高健康水平。由于卫生资源的有限性、卫生费用增加快速等原因,当前卫生保健防控系统不能延续以传统

治疗为主的模式，而是强调预防优先、重视预防保健的作用。当前国际上普遍实施以人群健康为核心的医疗卫生保健政策，通过整合医疗卫生机构在促进和改善人群健康中的功能，显著提高了各国国民的健康水平，这也是中国未来医疗卫生保健政策发展和改革的重要方向。中国卫生健康领域正发生着重大改革，从关注单一疾病到关注群体医疗需求，从关注疾病诊治和医疗服务转向全面关注生命全过程中的健康促进与疾病预防保健，从只专注疾病本身的治疗到关注影响疾病和决定人体健康的社会、心理与环境等因素的整体化保健服务；从关注治疗已经存在的疾病到关注疾病的预防与控制，减少其发生和发展。中国第七次人口普查数据显示，60周岁及以上老年人口已达到2.46亿人。随着老年人口规模的持续扩大，对卫生健康服务的需求越发迫切，因此国家卫生健康委等8部门颁布了《关于建立完善老年健康服务体系的指导意见》，提出建立健全老年健康危险因素干预、疾病早发现早诊断早治疗、失能三级预防体系的要求。

（二）老年慢性疾病预防保健制度

全球老年慢性病研究的共同性结论表明，随着年龄增长，一人同时罹患多种慢性病的比例也随之增加。随着中国人口老龄化的不断加速，老年慢性病患病率、医疗费用增加、死亡风险增加等问题逐步凸显。国家卫生健康委最新数据显示，中国超过1.8亿名老年人患有慢性病，患有1种及以上慢性病的比例高达75%，因此，应高度重视老年慢性病的预防和保健工作。目前，国外老年慢性疾病预防保健制度主要包括：政府顶层设计保障慢性病防控机制顺利运行，广泛的多元合作促进防控保健工作实施，基于社区开展多形式的健康促进活动，通过信息技术的支撑助力慢性病预防干预的全程管理。美国卫生与公众服务部通过制定慢性病预防保健政策以及长期、总体和全局的规划和战略目标，来指导防控保健工作的开展。隶属国家卫生与公共服务部的疾病控制中心，下设国家慢性病预防和健康促进中心，该中心通过与医院、社区卫生服务机构、教育机构、慈善基金会等其他机构合作，开展慢性病防控项目，并对项目实施进行评价和考核。美国作为联邦制国家，除在中央设有防控专门机构外，各州、地区和县都设有卫生署或卫生局，负责当地的慢性病防控工作。各州政府也可以建立本地区的慢性病防控体系并制定相应政策法规，为防控工作提供强有力的政策支持和法律保证。此外，各州在国家卫生数据中心以及慢性病预防和健康促进中心的指导下建立起监测体系（如行为危险因素监测体系，behavioral risk factor surveillance system，BRFSS），收集个体数据并在全国实现共享，为医疗卫生机构开发慢性病干预措施提供数据支撑。

(三)老年传染性疾病预防保健制度

传染病为人类带来了健康风险和生命威胁,也对世界贸易和国际交通产生了干扰。尤其是新型冠状病毒在全世界大流行,死亡人群中老年人占比最高,对老年人健康造成了重大威胁。目前,国际传染病防控体系主要是由世界卫生组织主导,各国政府依据《国际卫生条例(2005)》开展传染病防控的国际合作规范和决策工作,主要是疫情的监测、通报、磋商和核实;世界卫生组织的职责任务在于确定疾病事件是否构成国际关注的突发公共卫生事件,制定入境管理和检疫检查措施,开展国际合作及援助等。《国际卫生条例(2005)》是由196个国家共同参与制定的维护全球公共卫生安全的国际法规,该条例以预防和控制疾病在国家间的传播为目的,同时规定各国采取的传染病防控措施也要尽可能减少对国际交通和货物贸易造成的干扰。该条例赋予世界卫生组织确定一个疾病事件是否构成国际关注的突发公共卫生事件和发布相关建议的权力。

二、老年康复保健制度

老年康复保健是指以维持或增强残疾老年人的各项残存功能以及尽可能恢复其功能为目标,针对老年人生理疾病特点及社会特殊属性等专门采取的评定、诊断和康复治疗措施。老年康复保健是老年医学的重要分支,也是康复医学的重要组成部分。当前,发达国家及地区的老年康复保健都有明确的康复医疗服务体系,有据可依、高效运转的康复医疗服务流程,紧靠标准、关注功能的医疗保障支付体系。老年康复医疗服务组织以康复医师为核心,将社区和非政府组织的联合协作视为重点。总体来看,三级康复医疗网络是发达国家及地区老年康复医疗服务体系的共有模式,具体可以分为急性期康复保健服务体系、恢复期康复保健服务体系、维持期康复保健服务体系三个部分。

(一)急性期康复保健服务体系

急性期康复保健服务主要是以一所大型综合医院为依托,充分发挥其学科齐全、功能完善的优势,负责区域内疑难病症及急危重症急性期的诊疗救治。康复医学在临床诊疗方面立足于疾病急性期的早期康复介入,与相关临床专科充分融合,提供及时、有效、高水平的康复医疗服务;在业务指导方面负责建立专科培训基地、培养人才、制定质控指标、制定诊疗规范及技术标准等。例如,美国的急性期康复保健服务机构主要包括住院康复机构(inpatient rehabilitation facilities,IRFs)以及急性期康复科

（acute rehabilitation units，ARUs）。其中，住院康复机构仅服务在合理时间段内预期会有显著功能改善以及有可能重返社区环境的患者，可以是位于急性病医院内的独立区域，也可以是一个独立机构。美国的早期康复介入体现在急性期康复保健中的床边康复，在急性病医院而非在急性期康复科实施，在早期就向患者提供中等强度的康复治疗，由康复医师会诊并根据病情开具康复治疗和相关处方。患者入院后，主治医生根据标准的独立功能量表评估结果和患者自身可接受程度进行康复治疗，此阶段患者病情稳定，能够耐受每天3小时、每周5天的康复训练；若能够承受每天介于1~3小时的康复训练，则转诊至亚急性康复病房、专业康复机构或长期照护机构；不需要住院康复治疗即可恢复的患者也可尽快转至家庭和社区机构。这种康复医疗模式的特点是各级康复机构对患者功能状态严格把控，保险支付政策细化完善，分诊、转诊顺畅。

（二）恢复期康复保健服务体系

恢复期康复保健服务一般以康复专科医院为二级康复机构，以大专科、小综合的模式配置医疗资源，承接综合性医院非急性期的康复治疗及基层医疗机构上转的适宜病源，如神经康复、骨科康复、儿童康复、社区康复等，主要提供专业综合的康复医疗以及疾病稳定期的治疗与康复。美国恢复期康复保健服务机构主要是专业护理机构（skilled nursing facilities，SNFs）以及长期急性护理机构（long term acute care facilities，LTACs）。专业护理机构面向需要日常专业护理或康复服务的患者，而长期急性护理机构是专门为急性期后需要康复治疗的患者提供的住院机构。中国香港康复医院接受由区域医院转来的病情相对稳定的患者，平均住院20~30天，为患者提供专业、全面的康复服务。

（三）维持期康复保健服务体系

维持期康复保健服务主要包括社区康复服务和家庭康复服务，负责承担疾病恢复期老年患者的康复、健康体检、疾病预防、慢病管理、健康教育、病情随访等工作。在英国，社会十分强调老年患者的独立生活能力，因此老年患者在综合性医院的康复以及专科康复医院、诊所和社区康复机构之间的转接遵循一定的康复指南流程，即便需要住院治疗，也很快从急性病医院转入社区康复机构。当老年患者回到社区后，会有专业人员对其进行评估，尊重老年患者的自我需求，为他们提供服务，这些服务不仅仅局限于医疗康复，更多的是专业指导教育、社会支持鼓励、心理辅导等。虽然政府对老年患者不同阶段的康复医疗费用的给付是有一定时间限制的，但从整体来看，特别是延伸到社区康复之后，其保障期是相当长的，足以满足老年患者康复服务及生活自理需求。

三、长期护理保险制度

长期护理保险体系的构建对健康老龄化的实现是举足轻重的,长期护理保险制度为长期照护患者提供了减轻疼痛、减少健康状况恶化的专业化护理服务。长期护理服务和长期护理保险共同构成了长期护理保险制度。

(一)长期护理保险制度的筹资机制

根据发达国家经验,建立健全适合中国国情的长期护理保险制度的关键在于筹资。2016年,人力资源社会保障部办公厅颁布的《关于开展长期护理保险制度试点的指导意见》指出,长期护理保险试点的主要任务是探索长期护理保险的保障范围、参保缴费、待遇支付等政策体系。根据长期护理保险制度主要筹资机制的不同,可以将国外已经建成的长期护理保险制度分为福利国家模式、社会保险模式和商业保险模式三种模式(见表6-1)。

表6-1 三种典型长期护理保险筹资模式比较分析

模式	资金来源	福利类型	财政责任	缴费与待遇关系	代表国家
福利国家模式	政府	普惠型	完全由财政负担	单向关系	瑞典、丹麦、荷兰、挪威等
社会保险模式	政府、企业、个人	互济型	承担部分缴费责任	不完全对等	德国、意大利、法国等
商业保险模式	个人	残补型	对特殊困难群体给予补助	对等关系	美国、英国、澳大利亚等

资料来源:李长远,张会萍.发达国家长期护理保险典型筹资模式比较及经验借鉴[J].求实,2018(3):69-78,111.

1. 福利国家模式

根据普遍性福利原则,福利国家模式下的长期护理保险制度基于公民需要,提供无差异、免费的福利服务,不以职业、家庭结构、个人收入、资产等设限,所有的高水平福利支出均由高税收来支撑。在这种模式下,长期护理保险覆盖全体国民,任何有护理需求的国民,经过评估后都可以根据不同标准,享受现金补贴或不同形式的护理服务。长期护理服务的责任主要由国家承担,家庭或子女照护父母未被列入法定责任。在该模式下,国家主要通过税收筹集长期护理保险所需资金,该筹资模式依赖于国家雄厚的财政实力，老年人可以享受到待遇优厚的长期护理服务。大多数北欧国家采取这种模式，如瑞典、丹麦、荷兰和挪威等国家。

国家福利体制下长期护理公共支出占公共财政支出的比例普遍较高，2019年，瑞典、丹麦、荷兰和挪威等国家长期护理公共支出占GDP的比例在3.4%~4.1%。其中，占比最高的荷兰为4.1%，其政府的长期护理公共支出占GDP的比例是美国的4倍。[①] 政府作为该制度的责任主体，除了为该制度运行提供所需资金，还承担着制定政策、审核享受资格标准、组织实施及监管等责任。

2. 社会保险模式

社会保险模式是指政府通过立法强制征收保险费，以保障民众长期护理保险的普遍覆盖率和服务的可持续发展。社会保险模式国家普遍采用包含政府、企业及个人的多元化筹资主体方式，多方责任主体共同承担社会义务，强调福利待遇的享受以参与劳动力市场和保险缴费为前提，福利待遇水平取决于个人的工作和参保年限、工作业绩、保险精算，欧洲大陆国家普遍采取此种模式，如德国、意大利、法国等。其中，德国《护理保险法》规定所有参加医疗保险的人均应参加长期护理保险。2017年，德国长期护理保险相关数据报告显示，86.7%的国民参加了长期护理社会保险，11.3%的居民参加了私人长期护理保险，全民参保率高达98%，公务员、军人和法官等则可享受免费的政府保险。资金主要来源于个人、企业和政府，对贫困、弱势群体的缴费由政府提供相应补助或适当减免。

3. 商业保险模式

商业保险模式的国家福利服务由市场提供，强调个人责任，政府仅对收入或资产低于一定水平的社会弱势群体承担有限的补救责任。美国作为商业保险模式的代表性国家，其最大的特点是主要通过保险市场上的长期护理商业保险产品，解决绝大多数国民的长期护理问题，虽然美国建立了针对65岁及以上老年人、低收入者、残疾人等特殊困难群体的老年医疗保险和医疗补助，但医疗补助设立了严格的收入和资产门槛，大部分国民的护理需求仍需要由市场来解决。美国的医疗补助对长期护理服务的发展发挥了举足轻重的作用，医疗补助覆盖了30%的长期护理对象，医疗补助费用支出中有30%用于长期护理费用。虽然政府也资助个人购买长期护理商业保险产品，但长期护理商业保险覆盖面依然很低。

---

① Health at a Glance 2019：OECD Indicators [EB/OL]. http://www.oecd.org/health/health-systems/health-at-a-glance-19991312.htm.

（二）长期护理保险制度的运营机制

1. 居家护理模式

居家护理模式是指护理人员上门为失能者提供所需要的服务，主要包括非正式护理服务和专业护理服务两个层次。非正式护理服务包括由亲属提供的家庭护理和老年人居住在家中接受的居家上门服务；专业护理服务则是由社区、政府购买、养老机构、医疗机构以及志愿者提供的服务。居家护理模式内容非常全面，涵盖了包括日常生活居家服务、居家护理、送餐服务、紧急救援服务和住宅修缮等各个方面。居家护理模式能够使老年人在熟悉的居住环境中得到亲属的照顾，为老年人提供精神支持与情感慰藉，有利于老年人的身心健康。然而一定质量的居家护理对子女而言，时间和医疗成本较高，部分家庭难以负担。居家护理是中国台湾最主要的老年护理方式，中国台湾的各县（市）政府及乡（镇、市、区）公所均设置居家服务支持中心作为居家服务的组织者，居家服务支持中心不仅充当服务中介，还为居家护理服务者提供咨询，以便更有效地为老年人提供服务。

2. 社区护理模式

社区护理模式是指由失能者在社区的定点服务场所获得的短期、临时服务。社区提供适当程度的干预和支持，保证人们能获得最大的自主性来掌控自己的生活。发达国家或地区的经验显示，即使在人口老龄化社会，也没有哪个国家或地区老年护理机构的老年人数超过这个国家或地区老年人口总数的5%。社区作为联系家庭和社会的服务平台，既能提供老年人相对熟悉的生活环境，老年人行动和生活方式自由度高，又避免了单纯依靠子女的家庭护理的局限性；同时，社区护理服务的覆盖面广，可以为社区内绝大多数需要护理的老年人提供服务，能够有效地利用社区资源，合理配置并充分利用各类服务设施。在发达国家或地区，随着社区护理的快速发展，除了在社区内设置相应的日常服务机构、日托照料、活动中心等满足居家老年人日常需求的服务设施，以老年人需求为目标的老年社区也蓬勃发展。在美国，退休社区（retirement communities）被认为是老年人退休后的一种住房选择，采取开放式布局模式，为老年人提供全生命周期的养老服务与设施。从其服务类型来看，主要有以提供休闲生活为目的的退休新镇、退休村、退休营地和以提供医疗服务为目的的老年人照顾中心、持续照顾退休社区。

3. 机构护理模式

机构护理模式是指机构提供的较为专业的综合护理模式，被护理人需要入住机构，以便接受护理人员的全天候服务，这种情况通常更适用于需要专业护理的重度失能者，也是长期护理服务中最常见的模式。欧洲国家推行福利制度时，推崇的就是发展各种各样的护理机构。然而，历经20世纪70年代的经济危机，发达国家在老年人的长期护理服务方面开始转向市场化。目前，西方国家的老年护理机构不仅仅局限于提供生活照料和医疗护理全方位服务的大型养老院，很多社区也会兴办一些类似的老年护理机构，如托老所、社区养老院、生活护理院等，这使得社区护理和机构护理的边界变得不那么清晰。老年人集中在专业机构内护理，服务递送直接及时，政府资金投入集中、管理方便。然而，机构护理集体化、制度化的管理使得老年人生活缺乏自由。此外，机构护理的费用往往超出老年人经济承受能力，使得机构护理服务覆盖面窄，社会资源利用率低。

目前，发达国家对机构护理相对成熟的做法是针对不同年龄和不同健康情况的老年人，将机构护理划分为不同层次。在英国，老年护理机构可以分为健康老年人居住的老年之家和失能老人居住的护理之家。日本也根据老年人护理需要和健康情况，将机构护理划分为老年日常照料福利设施、老年日常照料保健设施和老年日常照料养老型医疗设施三种类型。

部分国家和地区长期护理模式的类型和内容见表6-2。

表6-2 部分国家和地区长期护理模式的类型与内容

	居家护理	社区护理	机构护理
英国	居家医疗照顾 居家护理保健照顾 个人生活照顾 家政服务	日间医院 日托中心 短期护理服务中心	老年之家 护理之家
美国	居家照料服务 老人公寓	托老所 荣誉公民社区中心 食品供应所 荣誉公民营养所 送饭服务所 收容所 暂住所 公营住所 生活辅助设施 日间照料中心 退休社区	长住型养老院 日托型养老服务中心 护理院 临终关怀机构
日本	访问日常照料 访问入浴服务 访问护理	小型特别护理养老院 小组托老所 小型多功能养老院	老年日常照料福利设施 老年日常照料保健设施

续表

	居家护理	社区护理	机构护理
日本	住宅改建资助 居家疗养管理指导 日间来所日常照料 日间来所康复服务项目 短期设施日常照料 短期设施疗养日常生活照料 痴呆患者的集中日常照料 收费老人院的日常照料 福利辅助用具的借贷与购买服务 访问康复 日常照料计划制订	老年痴呆病患者共同生活护理	老年日常照料养老型医疗设施
中国香港	综合家居照顾服务 公共房屋 优质住房	长者邻舍中心 长者活动中心 长者地区中心 长者日间护理中心 长者度假中心 长者志愿服务队 改善家居及社区照顾服务	长者宿舍（正逐步转型至护理安老院） 安老院（正逐步转型至护理安老院） 护理安老院 护养院 长者住宿暂托服务 紧急住宿服务
中国台湾	居家服务 喘息服务 紧急救援 居家无障碍	日间照顾 日间护理 社区复建	安养机构 养护机构 身心障碍机构 长期护理机构 财团法人护理之家 医院附设护理之家 退伍军人之家

资料来源：作者整理。

第五节　中国老年健康保障历程与模式

一、中国老年健康保障历程

（一）探索建立阶段（20世纪后期至2008年）

20世纪后期，中国人口预期寿命不断延长，人口老龄化趋势开始加深，与此同时，不断壮大的老年群体的健康问题开始受到重视,老年健康保障这一概念随之产生,中国开始探索建立老年健康保障制度。1985年1月出台的《卫生部关于加强我国老年医疗卫生工作的意见》中,提出了关于加强老年卫生服务的五点意见,这是中国第一部专门针对老年健康服务制定的指导性文件。1999年,中国正式进入了老龄化社会,同年全国老龄工作委员会经党中央、国务院批准成立,老龄健康问题开始部署。一方面,中国开始探索建立老年医疗保障制度,城镇职工基本医疗保险制度正式建立,城镇居民基本医疗保险开始试点,新农合在原有的医疗体制上探索建立;另一方面,老年服务体系中开始纳入健康保障的相关内容。2000年8月,中共中央、国务院出台了《关于加强老龄工作的决定》,强调构建以老年福利、生活照料、医疗保健、体育健身等为主要内容的老年服务体系。为落实该决定,2001年,卫生部出台了《关于加强老年卫生工作的意见》,在加强领导、开展慢性病防治、发展健康教育、研究老年健康等方面提出意见,强调要大力发挥社区卫生保健服务体系基本功能,使老年人大部分的基本健康问题在社区就近解决。随后,中国开始以五年规划模式统筹老龄事业发展。2006年,国务院全国老龄工作委员会办公室颁布第一个老龄事业五年规划《中国老龄事业发展"十一五"规划》,其中对老年人医疗保健、康复照护、精神健康等老年健康保障的相关内容作了规定。

(二)快速发展阶段(2009年至2016年)

进入21世纪,尤其是2010年以后,党和国家更加重视除养老保障以外的老年保障问题,老龄健康服务相关政策密集出台,内容不断细化。

其一,老年疾病防治成为老年健康服务体系的重要内容。2009年,《国务院办公厅关于印发医药卫生体制五项重点改革2009年工作安排的通知》中,将老年人保健、慢性病管理等纳入国家基本公共卫生服务项目。2011年,《中国老龄事业发展"十二五"规划》中,针对老年疾病预防工作,提出基层医疗卫生机构要为老年人提供健康管理,建立健康档案,组织老年人定期检查,以实现疾病的早发现、早诊断和早治疗。此后,2017年,《国务院办公厅关于印发中国防治慢性病中长期规划(2017—2025年)的通知》中提出,重视老年人疾病的指导干预,推动老年人健康体检规范化管理,鼓励医疗机构设立老年病科,促进老年人就医便利化。

其二,有关老年健康与养老相结合的医养结合模式开始探索发展。2013年10月,国务院出台了《关于促进健康服务业发展的若干意见》,指出为满足人民群众不断增长的健康服务需求,要加快发展健康服务业。其中,明确将加快发展健康养老服务列为主要目标任务之一,提出医、养机构融合发展,建设规模适宜、功能互补、安全便捷的健康养老服务网络。此后，有关老年健康服务业发展的关注度明显上升，养老服务和健康服务领域合作发展的相关政策不断推进。2015年，国务院办公厅转发卫生计生委等部门《关于推进医疗卫生与养老服务相结合指导意见的通知》，明确要求要推动建立覆盖城乡、规模适宜、功能合理、综合连续的医养结合服务网络。

（三）战略发展阶段（2017年至今）

2017年，党的十九大报告中，习近平总书记指出，实施健康中国战略是保障民生水平的重要任务。2019年，国务院印发了《关于实施健康中国行动的意见》，将实施老年健康促进行动作为维护全生命周期健康的主要目标任务之一。此后有关老年健康的专项政策大量出台，老年健康保障进入战略发展阶段。2019年，国家卫生健康委等8部门印发了《关于建立完善老年健康服务体系的指导意见》，提出要着力构建包括健康教育、预防保健、疾病诊治、康复护理、长期照护、安宁疗护的综合连续、覆盖城乡的老年健康服务体系。这是中国首个老年健康服务体系的指导性文件。2021年11月，中共中央、国务院印发了《关于加强新时代老龄工作的意见》，指出要将健康老龄化理念融入经济社会发展全过程，通过提高老年人健康服务和管理水平，加强失能老人长期照护服务和保障，推进医养结合来完善老年人健康支撑体系。随着我国老龄事业进入"十四五"时期，2021年，国家卫健委、全国老龄办、国家中医药局出台了《关于全面加强老年健康服务工作的通知》，就提高老年健康服务质量、满足老年健康服务需求、增强老年健康服务意识、做好老年健康服务、强化老年健康服务组织保障等方面提出建议。2021年，国务院《印发"十四五"国家老龄事业发展和养老服务体系规划》，将健全老年健康体系纳入"十四五"时期发展目标，描画出老年健康支撑体系蓝图。2022年，国家卫生健康委等9部门联合出台了《关于开展社区医养结合能力提升行动的通知》，提出要提升社区医养结合服务能力，通过基层医疗卫生和养老服务有效衔接来满足老年人健康和养老服务需求。

二、中国老年健康保障模式

（一）老年医疗保障模式

老年医疗保障是最基本的老年健康保障内容，目前中国已经基本建立由基本医疗保险为主、补充医疗保险为辅、医疗救助兜底的老年医疗保障制度。根据国家医疗保障局数据，截至2022年年底，基本医疗保险参保覆盖率稳定在95%以上，基本医疗保险基金（含生育保险）总收入、总支出分别为30 697.72亿元、24 431.72亿元，年末基金累计结存 42 540.73 亿元。

基本医疗保险制度由城镇职工基本医疗保险制度和城乡居民基本医疗保险制度两部分构成。城镇职工基本医疗保险制度在先后经历了劳保医疗、公费医疗等一系列改革后，于 1998 年 12 月伴随《国务院关于建立城镇职工基本医疗保险制度的决定》的出台而正式确立。该决定对老年人退休后因疾病、保健等健康问题产生的医疗及医药费用实行报销和津贴保障制度。20 世纪 60 年代，农村地区普遍建立起农村合作医疗制度，2003 年经过改革后建立了互助共济的新农合制度。为更好解决农村医疗费用高但医疗待遇低的问题，2013 年，新农合制度与城镇居民基本医疗保险制度开始整合为城乡居民基本医疗保险制度，以保障农村参保老年人的健康水平。补充医疗保险是个人依据自愿原则参加的，包括企业补充医疗保险、商业医疗保险、社会互助以及社区医疗保险等其他类型的医疗保险，以及在基本医疗保险上延伸出来的城乡居民大病保险、职工大额医疗补助等补充社会保险。补充医疗保险是多层次医疗保障体系的重要环节，也是老年医疗保障的重要补充。我国早期医疗救助包含在社会救助制度中，2003 年，民政部等部门联合下发了《关于实施农村医疗救助的意见》，社会医疗救助制度正式建立。此后，国家先后在农村和城市建立了医疗救助制度，目前已经形成城乡统筹发展的城乡医疗救助格局。依托医疗救助的托底作用，越来越多的老年人能够获得及时、高效的医疗救助，以保障老年人的基本健康需求。

2006 年，中国提出了积极应对人口老龄化战略思想。2020 年，党的十九届五中全会上将积极应对人口老龄化上升为国家战略，这是党的文献首次将积极应对人口老龄化上升到国家战略层面，也是实现"健康中国 2030"战略目标的题中应有之义。2019 年，国家卫生健康委等 8 部门印发了《关于建立完善老年健康服务体系的指导意见》，提出到 2022 年，老年健康相关制度、标准、规范基本建立，老年健康服务队伍更加壮大，服务内容更加丰富，服务质量明显提升，服务资源配置更趋合理，综合连续、覆盖城乡的老年健康服务体系基本建立。进入"十四五"时期，中国开启全面建设社会主义现代化国家新征程。党中央把积极应对人口老龄化上升为国家战略，在《中华人民共和国国民经济和社会发展第十四个五年规划和 2035 年远景目标纲要》中作出专门部署。2021 年，国务院印发了《"十四五"国家老龄事业发展和养老服务体系规划》，提出要实现积极应对人口老龄化国家战略的制度框架基本建立，老龄事业和产业有效协同、高质量发展，居家社区机构相协调、医养康养相结合的养老服务体系和健康支撑体系加快健全，全社会积极应对人口老龄化格局初步形成，老年人获得感、幸福感、安全感显著提升。2022 年，国家卫生健康委等 15 部门联合印发了《"十四五"健康老龄化规划》，提出到 2025 年，老年健康服务资源配置更加合理，综合连续、覆盖城乡的老年健康服务体系基本建立。2023年，中共中央办公厅、国务院办公厅印发了《关于进一步完善医疗卫生服务体系的意见》，分阶段提出了进一步完善医疗卫生服务体系的目标，明确推动医疗卫生发展方式转向更加注重内涵式发展、服务模式转向更加注重系统连续、管理手段转向更加注重科学化治理，促进优质医疗资源扩容和区域均衡布局。

（二）老年康复照护模式

中国人口老龄化进程的加速带来失能、半失能老人迅速增加的问题，老年人对康复照护服务的迫切需求日益强烈，为此国家逐步建立了老年康复照护制度。但因起步较晚，受到相关经验及研究发展不足的限制，老年康复照护制度建设尚未完善。其中，在老年康复保障方面，国家主要采取医养康养相结合的发展模式，即养老机构与康复专科医院、康复诊所等具有专业康复技术的机构互补转化，成为集康复、照护、养老为一体的老年康养机构。就中国现状而言，尽管人口预期寿命延长带来老年康复照料需求的快速增长，但是无论是专业的老年康复机构还是一般的养老机构，其数量远远不能满足老年人的康复需求，老年康复机构发展需求缺口巨大，在老年康复保障建设方面还有很长的一段路要走。在老年照护保障方面，中国正在逐步探索建立以长期护理保险为支柱，包含居家护理、社区护理、机构护理的护理保障模式。2016年，人力资源社会保障部办公厅出台了《关于开展长期护理保险制度试点的指导意见》，决定启动试点，探索建立长期护理保险制度。2020年9月，国家医疗保障局会同财政部出台了《关于扩大长期护理保险制度试点的指导意见》，标志着第二轮试点工作的开展。长期护理保险的提供以基本日常照料为主，必要医疗护理服务为辅。被保险人申请长期护理保险需要接受护理需求测评并根据测评等级结果获得相应待遇，其待遇给付包括实物给付、现金给付、服务给付以及多种形式的混合给付等。中国长期护理保险刚刚起步，居家护理所需要的生活照料服务项目给付匮乏，机构护理尤其是医疗机构的护理负担沉重，同时社区护理仍处于缺位状态，照护服务给付界限模糊。除此之外，各试点地区实行的模式碎片化，仍存在着筹资机制不成熟、护理等级认定体系不健全等诸多亟待解决的问题。

（三）老年健康教育模式

要提高老年人的健康水平，满足老年人的健康服务需求，除了建立健全医疗、康复、照护保障模式，老年人自身的不良生活习惯、匮乏的医疗保健知识是老年人致病的重要因素，因此，老年健康教育已经成为老年健康保障建设中必不可少的内容之一。

2016年，国务院印发了《老年教育发展规划（2016—2020年）》，提出要积极开展老年人养生保健、心理健康等方面的教育，支持建设老年健康艺术教育体验基地等。2019年，国家卫生健康委增设老龄健康司，负责拟定相关政策规范。2021年，国务院发布的《关于新时代老龄工作的意见》中提出，要提高老年人健康服务和管理水平，扩大老年教育资源供给，加强数字技能教育和培训，各地区应整合现有资源，设置适宜老年人的教育、文化、健身、交流场所；同年，国家卫生健康委、全国老龄办、国家中医药局联合发布了《关于全面加强老年健康服务工作的通知》，提出要面向老年人及其照护者广泛传播营养膳食、运动健身、心理健康、伤害预防、疾病预防、合理用药、康复护理、生命教育、消防安全和中医养生保健等科普知识。2023年，国家卫生健康委办公厅印发了《关于开展老年痴呆防治促进行动（2023—2025年）的通知》，提出要加强老年人健康教育，广泛开展老年痴呆防治的宣传教育，不断提高公众对老年痴呆防治知识的知晓率，在全社会营造积极预防老年痴呆的社会氛围。

目前，中国针对老年健康教育模式的建设包含三个方面的内容。其一，老年人入院治疗时的院内教育。老年人在进入医疗机构接受治疗与护理时，建立良好的医患关系，医护在诊治与护理过程中要倾听老年人的感受，对其进行心理健康教育，同时在日常护理与治疗中传授医疗保健知识。所传授的医疗保健知识包括两大类：一类是用药量、不良反应及处理方式等方面的用药指南；另一类是营养饮食、生活习惯、日常锻炼等方面的康复指导。教育的形式可分为针对具有相似病症人群的集体指导，个人的语言教育、书面教育以及现身指导。其二，老年大学教育。老年大学可以发挥其教育功能对老年人进行健康教育，这主要体现在课程设置上设立了包括老年生理学、老年心理学、老年医学及中医养生等科目的卫生保健专业，使老年人了解其生理、心理特点，了解饮食营养、疾病预防、医疗保健等相关知识，以达到老年健康教育的目标，保障老年人的身心健康。其三，社区教育。社区要发挥其基层组织作用，动用其教育资源、社会资源开展各种形式的健康教育活动，有效提高社区内老年人疾病预防和健康保障的能力。当前各地社区开展老年健康教育的形式包括设立健康知识宣传专栏、组织医疗卫生知识宣讲、开设活动周评比等。健康教育是社区卫生服务的基本内容之一，社区也是老年人接受健康教育的基础场所，在社区开展卫生健康知识教育，具有便捷高效的特点。

本章小结

1. 国际上的老年健康保障模式可以分为四类：国家卫生服务模式、社会保险模式、商业保险模式、储蓄保险模式。每种模式在享受条件、筹资方式、医疗费用支付方式、医疗服务体制和卫生经济政策、健康保障水平等方面各有不同。比较而言，国家卫生服务模式在效率、社会保险模式在费用控制、商业保险模式在保障水平、储蓄保险模式在社会共济方面存在着明显不足。

2. 中国老年健康保障体制改革经历多个阶段，其制度选择的原则是建立健全一个符合中国国情的、与中国老年医疗需求相适应的，老龄事业和产业有效协同、高质量发展的，居家社区机构相协调、医养康养相结合的养老服务体系和健康支撑体系，在目标选择、政府责任角色定位、筹资支付机制确定、监督管理体制完善等方面都需体现这一原则。

>> 重要概念

国家卫生服务模式　社会保险模式　商业保险模式　储蓄保险模式　长期护理保险　基本医疗保险制度　医养康养结合模式

 复习思考题

1. 简述老年健康保障各种模式的特征。
2. 结合实例分析国际老年健康保障制度。
3. 论述中国老年健康保障制度的模式选择。
4. 中外老年健康保障制度的发展趋势是什么？

第七章
老年就业保障

第一节 老年就业保障理论认知

一、老年人就业参与特征事实

按照国际惯例,当一个国家或地区 65 岁及以上老年人口占总人口比例超过 7% 或 60 岁及以上老年人口占总人口比例超过 10% 时,则意味着这个国家或地区进入人口老龄化。2020 年,世界 65 岁及以上人口比重已达到 9.3%,人口老龄化已经成为一种全球化、普遍化的社会现象,如何提高老年人就业参与,以应对人口老龄化背景下劳动力供给减少对经济社会增长带来的冲击,是许多国家和地区正在思考和亟须解决的问题。影响老年人劳动参与因素除自身健康状况、家庭经济条件、家庭成员工作状况、家庭内部代际关系和子女结构外,还包括退休年龄制度安排、老年就业支持政策等,这也导致不同国家和地区老年人劳动参与率存在一定差异。表 7-1 显示,2020 年经济合作与发展组织国家 55~64 岁年龄段和 65 岁及以上老年人劳动参与率均存在较大差异。其中,55~64 岁年龄段老年人劳动参与率最高的国家为瑞典,达到了 82.57%,劳动参与率最低的国家为土耳其,仅为 33.51%;65 岁及以上老年人劳动参与率最高的国家为韩国,达到了 35.34%,最低的国家为卢森堡,仅为 2.84%。整体上来看,经济合作与发展组织国家低龄老年人就业比例处于较高水平,此外,老年人劳动参与存在性别差异,男性高于女性。

表 7-1　2020 年经济合作与发展组织国家老年人劳动参与率

国家	55~64 岁			65 岁及以上		
	男性劳动参与率 /%	女性劳动参与率 /%	所有劳动参与率 /%	男性劳动参与率 /%	女性劳动参与率 /%	所有劳动参与率 /%
澳大利亚	73.29	61.17	67.07	18.10	10.73	14.18
奥地利	65.51	48.77	57.03	6.52	2.86	4.48
比利时	61.51	49.82	55.63	4.35	1.85	2.98
加拿大	72.09	59.48	65.70	18.50	9.65	13.78
智利	78.46	43.58	60.34	29.91	9.69	18.41
哥伦比亚	80.81	43.30	60.65	36.69	13.53	23.89
哥斯达黎加	76.96	38.72	57.01	23.84	8.89	16.01
捷克	76.52	62.79	69.58	9.56	4.99	6.92
丹麦	79.09	70.07	74.55	12.86	4.71	8.47
爱沙尼亚	74.21	82.43	78.64	17.29	12.47	14.14
芬兰	72.47	73.47	72.97	9.49	3.88	6.35
法国	59.44	54.94	57.10	4.47	2.53	3.38
德国	78.17	70.11	74.12	10.07	5.29	7.42
希腊	64.47	38.57	50.78	6.67	2.61	4.41
匈牙利	73.98	50.59	61.43	6.36	3.36	4.52
冰岛	85.84	74.19	80.03	42.14	20.91	31.56
爱尔兰	71.52	54.28	62.78	18.25	6.47	12.01
以色列	76.42	63.94	70.06	29.40	14.96	21.46
意大利	67.96	46.87	57.07	7.73	2.98	5.06
日本	89.72	67.79	78.68	35.03	18.13	25.48
韩国	80.62	57.17	68.82	44.93	28.03	35.34
拉脱维亚	76.81	72.89	74.64	13.34	9.37	10.69
立陶宛	76.63	73.65	74.99	15.97	8.37	10.94
卢森堡	49.67	41.95	45.91	4.30	1.56	2.84
墨西哥	73.77	36.43	53.73	37.03	13.45	24.11
荷兰	81.52	64.45	72.96	13.42	5.65	9.30
新西兰	84.96	73.45	79.03	30.46	19.62	24.75
挪威	78.19	70.32	74.32	12.61	8.05	10.49
波兰	65.26	41.71	52.92	8.91	3.62	5.74

续表

国家	55～64 岁			65 岁及以上		
	男性劳动参与率/%	女性劳动参与率/%	所有劳动参与率/%	男性劳动参与率/%	女性劳动参与率/%	所有劳动参与率/%
葡萄牙	70.31	59.48	64.52	17.33	7.02	11.33
斯洛伐克	64.49	58.30	61.27	6.31	3.31	4.51
斯洛文尼亚	56.32	48.52	52.44	4.44	2.24	3.19
西班牙	69.62	55.67	62.48	3.74	2.21	2.88
瑞典	85.49	79.61	82.57	14.79	7.72	10.93
瑞士	82.90	70.02	76.48	15.23	7.76	11.11
土耳其	50.04	17.35	33.51	16.76	4.57	9.96
英国	72.93	62.96	67.84	13.47	8.40	10.75
美国	70.75	59.05	64.69	23.90	15.78	19.43
经济合作与发展组织国家	72.78	55.23	63.75	20.67	11.03	15.30

资料来源：OECD Data.

积极开发老年人力资源、加强保障老年人就业是积极应对人口老龄化的重要举措，该方式不仅有助于充分利用老年人力资源，缓解劳动力规模短缺和技能经验不足等问题，还能促进老年人树立个人养老意识，实现自我价值，促进身心健康发展。因此，政府和社会应加强老年就业保障，吸纳更多的老年人就业，提高老年人就业参与率。

二、老年人就业的理论基础

（一）概念界定

老年人就业是指老年人借助自己的技术、知识或技能从事社会经济活动，在社会中找到自己的位置，从而继续或保持与社会的接触，通过创造一定的社会价值获得相应收入或报酬的过程。随着人口老龄化程度的进一步加深，老年人劳动参与的比例也逐步扩大。老年人就业主要分为两种情况：一种是在原岗位工作达到退休年龄自愿继续工作或被返聘，弹性延长退出劳动力市场的时间；另一种是在老年人退休或退出劳动力市场后，由于自身原因进行再就业。老年人再就业往往采取更加灵活的方式进行，多发生于第三产业与非正式经济部门中。同时，老年人再就业的岗位往往是年轻人无法胜任或不给予关注的。因此，老年人再就业一般不会对年轻劳动力的就业造成重大压力。

(二) 理论基础

1. 马斯洛需求层次理论

马斯洛需求层次理论源于美国人本主义心理学家马斯洛（Abraham H. Maslow）于1943年出版的《人类动机的理论》一书首次提出的需求层次基本构成理论，并在1970年出版的《人性能达到的境界》一书中最终得到系统完善。

马斯洛把人们的需求分为五类，从低到高分别是生理需求、安全需求、社会需求、尊重需求和自我实现需求。生理需求是位于金字塔底端的最基本要求，即维持生存，简单来说就是能够活下来。生理需求包括人们对于食物、水分、空气、睡眠等的需求。安全需求主要是人们在保护自己及家人安全、远离疾病、保全财产安全等方面的基本要求。社会个体通过依赖政府的强大保护以减少害怕、焦虑等不安心理。社会需求主要是指感情需要，既包括亲情、友情、爱情的需要，也包括对群体的归属感、社会融入度等。尊重需求包括内部尊重与外部尊重。内部尊重是通过自信、自我独立等方式尊重自己；外部尊重是通过社会等外界信息的认可，如声望、地位等，获得他人尊重，实现自身发展。自我实现需求是最高层次的需要，是指人们实现自身理想，发挥最大潜能，并从中找到快乐，以满足自我实现，如达成自我目标等。马斯洛需求层次理论认为，低层次需求得到满足后才会产生高层次需求，同时低层次需求也不会因为高层次需求的产生和发展而消失。只有占主导地位的需求才能对人们的行为起到决定性作用。现实中，我国部分高学历老年人再就业更多是追求自我实现需求。

2. 第二次人口红利理论

第二次人口红利理论于2006年由加州大学伯克利分校人口与经济学教授罗纳德·李（Ronald Lee）和夏威夷大学安德鲁·梅森（Andrew Mason）提出，他们聚焦于人口老龄化问题，认为伴随着人口转变，低生育率导致的家庭规模缩减以及医疗卫生条件改善带来的人口预期寿命延长，会在基于未来养老预期的基础上，促使个人、公司以及政府提高资本积累，带来国民经济的快速增长。这种由人口老龄化带来的经济增长被称为第二次人口红利。安德鲁·梅森又从劳动力质量角度对第二次人口红利理论内涵进行扩展，他认为家庭对孩子教育与健康投资的增加会改善未来劳动力质量，从而提高社会生产力，实现劳动力由数量向质量转变带来的经济发展。第二次人口红利又被称为"人口质量红利"，即深化人力资本不是通过生育率的再次提升供给劳动力，而是在承认人口老龄化不可逆的情况下，发挥老年群体的巨大潜能以重新激发新的生产力。在该阶段要公平分配社会资源，认识到老年人是经济社会发展的积极方面，以充分利用老年生产力资源促进社会发展。

人口从高生育率到低生育率的转变过程中,劳动年龄人口增长率下降,老年人口增长率上升,人口预期寿命延长,当前我国人口老龄化呈现出未富先老的特征,人口红利逐渐消失,如何从劳动力供给和人力资本积累的角度利用第二次人口红利以解决我国现阶段所面临的问题,就显得尤为重要。随着经济水平和医疗水平的提高,即使在达到退休年龄后,老年人健康状况仍能够满足工作需要且有意愿继续留在劳动力市场,同时由于在长期工作中积累了丰富的知识和经验,老年劳动力对于年轻劳动力具有知识溢出作用,从而可以提高劳动生产率,促进经济增长。

3. 积极老龄化理论

积极老龄化理论源于对成功老龄化、生产性老龄化以及健康老龄化等人口老龄化理论的反思、继承与发展。1997年,西方七国丹佛会议首次提出积极老龄化的概念,强调了健康与活动的重要性及相互作用。1999年,欧盟以"积极老龄化"为核心主题召开国际会议,深入探讨了积极老龄化的价值意义与可行性。2002年,世界卫生组织在第二届世界老龄大会上正式提出"积极老龄化"政策框架,将积极老龄化定义为,老年人能够充分发挥自身体力、精神及社会潜能,并按照自己的需求、愿望和能力去参与社会,以实现生活质量的提升,同时也能在需要帮助时获得充分的保障和照料。同年,在西班牙马德里召开的第二届老龄问题世界大会上,"积极老龄化"被写入行动纲领,旨在呼吁全世界及各个国际组织从健康、参与和保障三个方面行动起来,为老年人的健康和福祉建立一个支持性的"老年友好社会",以确保所有人在晚年能够有保障、有尊严地享受其应有的权利。该理论以独立、参与、尊严、照料、自我实现为基本原则。健康是指老年人能够维持良好的身体、心理及社会交往状态,是积极老龄化的先决条件;参与是指老年人能够根据自己的能力和兴趣,参与到文化、娱乐、经济等社会生活中,实现老有所为,是积极老龄化的核心内涵;保障是指老年人在部分或全部丧失自理能力时,能够得到足够的照护支持,以满足其身心、经济及社会支持等层面的需求,是积极老龄化的必要条件。

我国应对人口老龄化,除了强调老龄健康、保障和参与,还另外增加宏观层面的三块基石:发展、和谐、共享。首先,社会追求不断发展,在经济发展的基础上,政治、文化、生态等都有获得全面发展的需求;其次,社会追求全面和谐,包括城乡和谐、老少和谐、代际和谐等;最后,社会发展成果需要人民共享,每个人都有资格享受社会发展成果的权利,不能排斥任何为社会做出贡献的人获得该权利。

4. 现代人力资本理论

1961年,西奥多·舒尔茨(Theodore W. Schultz)在美国经济学会上首次提出人力资本的概念，他主张人力资本是习惯、知识、社会属性和个性属性（如创造力、健康等）的存量，体现在为创造经济价值而进行劳动的能力中，并强调人力资本是促进国民经济增长的重要因素，这标志着现代人力资本理论的诞生。在此之后，舒尔茨又发表了一系列人力资本的相关论著，如1971年出版的《人力资本投资：教育和研究的作用》、1981年出版的《人力投资：人口质量经济学》等，这些研究奠定了现代人力资本理论的基础。在舒尔茨之后，加里·贝克尔（Gary Stanley Becker）于1964年出版了《人力资本》这一经典论著，将健康与时间纳入人力资本内涵中，拓展了人力资本的概念。同时，加里·贝克尔还强调了正规教育和职业培训的重要性以及人力资本对就业和收入的影响，完善了人力资本理论。雅各布·明塞尔（Jacob Mincer）在其博士论文《个人收入分配研究》中，对人力资本投资的预期回报进行研究，为计算人力资本投资收益率做出了巨大贡献。1962年，著名经济学家爱德华·富尔顿·丹尼森（Edward Fulton Denison）在其经典论著《美国经济增长源泉和我们的选择》中，对教育年限和知识增进进行计量研究，丰富了人力资本促进经济增长这一理论。

舒尔茨从质与量两个方面解释人力资本。量的方面是指社会中劳动力数量与其所占比重、劳动时间等，这在一定程度上代表着人力资本数量的多少；质的方面是指人的教育、知识与技能等影响工作能力的因素。舒尔茨还认为，人力资本是投资的产物，能够从根源上促进社会经济的增长，同时，教育是使个人收入的社会分配趋于平等的因素。现代人力资本理论主要包括三个方面：其一，人力资本主要体现在人身体上；其二，人力资本通过投资形成，如正规教育、职业培训等；其三，人力资本能够提高劳动者的知识水平和技能。充分开发低龄老年人劳动力资源，便于更好满足企业岗位需求，为劳动力市场提供高质量的老年劳动力。

5. 再社会化理论和继续社会化理论

再社会化理论认为，当个体所处的生活环境或承担的社会角色发生变化时，为了更好适应这种新变化，个体的价值观念、社会规范、行为方式等需要作出一定调整，进行再学习。再社会化是老年人积极老龄化的重要表现形式。离退休后的老年人出于适应晚年生活环境的需要，参与社会，构建社交网络，扩展社会关系，增强社会融入，降低社会隔离，促进自我发展与完善，并最终取得良好的社会角色适应能力，促进实现社会化。社会活动参与对老年人自评健康和防止抑郁有显著的积极作用，对于低收入群体和农村老年群体的健康有很大促进作用，有利于减少不同社会经济地位老年群体之间在健康上的不平等。

继续社会化是已经成为社会成员的成年人通过继续学习新知识，作出适应性调整和学习，以适应社会环境、文化变化更新的一种重要方式。老年人的继续社会化强调老年人虽然年龄增长，但能力和知识储备也在相应增长。继续社会化的作用在于使老年人继续融入社会，而不是抽离与社会割裂。

第二节　老年就业保障模式分类及比较

一、老年就业保障模式分类

老年就业保障模式主要是指各主体之间进行资源交换的模式，其中老年人是需求主体，国家、社会、企业、家庭和个人等是供给主体，供给客体则主要指支持老年就业保障的各项可供支配的社会资源。随着人口老龄化程度的不断加深，世界各国在保障老年人就业方面进行了积极探索，目前已经形成了较为完整、可操作性较强的老年就业保障与公共服务体系，具体包括政府支持、社会认同和企业配合三种模式。

（一）政府支持模式

政府支持有利于从顶层设计上完善相关制度，它代表着国家对人口老龄化与老年人就业问题的重视，具体可以通过法律制度、财政补贴和政策支持三个方面保障老年群体就业。

1. 出台保障老年人就业相关法律制度

健全的法律制度是老年人就业的基础和再就业的有力保障，老年人在就业市场中能否行使其正当权利，主要取决于国家相关法律制度是否完备。较早步入人口老龄化的国家目前都已建立了较为完备的老年人就业法律体系，其中典型做法包括：①制定就业促进法律，通过反就业歧视立法，明确禁止就业年龄歧视行为，如美国制定了《就业年龄歧视法》、日本制定了《高年龄者雇佣安定法》；②改革退休制度，提高退休年龄，建立弹性退休制度和灵活劳动合同等。

老年人再就业往往方式灵活，通常发生在第三产业与非正式经济部门中，多数再就业并没有按照正规的就业途径进行。因此，完善老年人就业法律制度，能够有效缓解劳动力供需矛盾，并保障老年人的就业权益。第一，制定保障老年人就业的相关法律法规，明令禁止企业歧视老年劳动者，将老年人就业收入待遇、社会保障等方面纳入法律范围，为老年人再就业营造和谐的社会氛围；第二，消除年龄歧视与性别歧视，促进老年女性的就业；第三，通过规定老年人就业的工作时间、工作强度与薪资待遇等，保障老年劳动者的合法权益。

2. 加大老年人就业财政补贴

加大老年人就业财政补贴是保障老年人就业法律法规实施和公共政策执行的重要经济手段，它可以有效提高老年人的就业意愿，激励企业主动配合和社会参与。当前，我国政府已将老年人就业扶持基金纳入了各级政府的财政预算。

老年人就业具体的补贴方式包括：一是对于接纳老年就业人数超过一定比例的企业进行奖励和工资补助，税收方面予以优惠；二是对于高级技能型老年就业者，政府对其贡献进行阶梯性奖励；三是对于创业的老年人设立专项补助基金以及低息贷款；四是与非营利组织合作，政府出资聘请相关专家对老年人就业提供咨询、帮助与维权服务；五是为老年人工作环境的改善设立专项基金，对于老年就业者，在其个人所得税缴费比例上给予一定优惠，降低其社会保险缴费比例，并减少其所在企业单位的缴费负担；六是政府部门通过简化手续、低息贷款、现金奖励和税收减免等举措积极支持适合老年人就业的咨询、教育、餐饮等产业。此外，政府通过完善监督体系，确保各项补贴发放到老年就业者或相关企业手中。

3. 完善老年人就业配套政策支持

完善的配套政策支持是保障老年人就业的基础条件，老年人就业政策主要包括提高退休年龄为老年人就业创造机会、帮助老年人接受职业培训以适应劳动力市场的需求等。通常，各国政府会将养老金、退休政策与老年人就业政策相衔接，将教育培训政策与老年人力资源开发政策相结合，为老年人就业准入和就业适应创造条件。

第一，实施渐进式退休年龄。伴随着人口结构的转变，老年人口数量增多、人口老龄化程度加深，给国家养老保障体系带来较大压力，加重了劳动年龄人口对老年人的赡养负担，同时也加大了老年人就业难度。完善退休制度，一方面能够缓解国家养老保障体系压力；另一方面老年人在原工作单位继续工作，也能够继续发挥老年人力资源的优势。完善退休制度能够在一定程度上对老年人就业起到积极的促进作用。政府部门要避免一刀切的形式，从人口结构、劳动力供求、劳动力教育水平、社会保障制度等方面综合考虑延迟退休的各种因素，结合实际国情，完善退休制度，改进养老金制度。制度改革要将养老金待遇与退休年龄紧密联系起来，突破传统法定退休年龄的界定，探索设立最低领取养老金年龄与最高领取养老金年龄，推动老年劳动力有序、灵活地退出劳动力市场。

第二，完善老年人就业教育与培训制度。因年老后身体素质下降、学习能力降低，导致老年人口对知识和技能的掌握与更新能力减弱，这使得老年人在劳动力市场上处于劣势位置。因此，需要政府完善老年人就业教育与培训相关政策与制度，多方主体为老年就业者的职业知识技能培训提供充足资金支持，不断提高老年大学中职业教育课程的比重，更加注重培训老年人对互联网、智能设备以及信息技术的应用，为老年人就业提供最好的支持。

第三，建立健全老年人就业市场。一是政府部门建立专门的老年人才市场，定期举办交流大会，向有就业需求的老年人提供就业咨询，传达市场信息；二是建立老年人才数据库，通过各种形式扩充数据库资源，并通过综合考量将合适人选推荐给相应企业；三是建立老年就业中介机构，实现老年人口与社会的有效沟通，减少老年人口结构性失业，实现老年就业需求与企业岗位供给资源有效配置；四是制定积极发展老年产业的激励政策，通过合理调整产业结构，创造一些对老年人友好的工作岗位，如在岗工作时间较短、对体力要求少、临时性的岗位。在老年就业保障政府支持模式中，政府在发挥主导作用的同时也应积极发挥市场在资源配置中的基础性作用，协力推动老年人就业发展。

（二）社会认同模式

社会认同模式通过社会分类、社会比较和社会认同感，理解分析老年人如何适应自身社会身份并依据社会身份来表现自己。社会认同代表着一个国家对于老年人就业的包容度，具体可以通过提高老年人自身就业意愿、增强老年人就业的社会接纳度和保障老年人就业的社会支持三个方面增加老年人就业的社会认同。

1. 提高老年人自身就业意愿

老年人的就业意愿是就业的前提，它是一种主观感受，受到多方面因素的影响，一般可以通过就业动机与就业率客观反映。通常，老年人就业意愿强烈的国家，老年人就业率也相对更高。维护老年人的健康问题、制定正确的老年健康福利政策，有利于提高老年人的就业意愿。主要做法包括：通过建立健全老年人就业相关法律法规，切实维护老年就业者的权益，给予老年就业者财政补贴与激励等以转变社会观念，优化老年人就业环境；利用现代媒体创造舆论氛围，大力宣传老有所为的思想观念，增强老年人就业的宣传力度，报告老年人积极就业的先进事迹，使社会接纳老年人、认可老年人，营造良好的社会氛围；引导老年人重新认识自我、评估自我价值，使老年人清楚认识到自身要有个人世界和个人追求，积极主动地寻找工作机会，实现自我价值与社会价值。鼓励老年人树立积极老龄化观念，转变传统社会角色，主动参与到经济生活中，学习就业所需技能，挑战新领域，培养自身创新能力，追求自己的梦想，从自身角度保障就业。

2. 增强老年人就业的社会接纳度

尊老爱老是世界各国所追求的美德，可以通过以下方式增强老年人就业的社会接纳度：一是通过现代化网络媒体，加大尊老敬老文化的宣传力度，开拓多元化宣传，通过组织社会宣传活动，让社会认识到老年人力资源的价值与作用，例如，支持老年人参与社区管理服务，使社会接纳老年人、认可老年人，建立起平等、友好、和谐的社会氛围；二是为企业树立老年人价值再利用、再开发的正确观念，减少社会对老年人的就业歧视，使企业认识到老年人这一特殊人力资源的优势，对于受教育程度较低的老年人，他们通常选择与退休前所从事职业相关的简单体力劳动，雇用他们不仅可以填补岗位空缺，还可以节省培训费用，降低人力成本，对于从事工程建设、医疗、教育、法律、科技等知识技能行业的老年人，他们可以将经验传授给下一代，这些老年人提供的智力支持和技术支持是用人单位宝贵的财富；三是企业应设置更多无硬性年龄限制的岗位，以能力而不是年龄来衡量老年人价值，提高对老年人就业的社会认可度，维护老年群体的就业权益。

3. 保障老年人就业的社会支持

通过积极的社会舆论引导，促使老年人参与到社会经济生活中。首先，鼓励非政府组织、非营利组织、民间组织与协会等社会组织为老年人提供就业服务，帮助老年人实现再就业，建立起老年人与劳动力市场之间的沟通机制与信息纽带。通过社会组织为老年人提供就业机会与知识技能培训，对于有创业意向的老年人，可为其提供创业规划、专业咨询等创业指导，同时，社会组织对老年人进行定期心理精神辅导。其次，发挥家庭的良好作用。老年人亲属对其就业的支持与鼓励，会在很大程度上提高老年人再就业的意愿与信心。老年人亲属对老年人的关心与尊重、对老年人的定期看望与沟通频次，都属于保障老年人就业的社会支持行为。

（三）企业配合模式

企业是老年劳动力市场的需求主体，企业主动配合会减少政策实行中的阻碍及成本。企业的配合程度，可以通过配合动因、雇用方式、工作环境三个方面予以加强。

1. 企业配合动因

企业接纳老年人就业，既有国家法律的硬性规定，也有财政补贴的吸引。例如，英国政府在1999年便推行了旨在降低中年失业率、促进中年失业者重新就业的50岁新政计划，当领取失业金的中老年劳动力重回工作岗位时，就会获得政府相应补助，具体内容是提供每周60英镑的全日制补贴及每周40英镑的半全日制补贴，时长为52周。这一政策有助于减轻企业雇用老年群体的顾虑，促进老年群体就业。2020年，新加坡政府推出了年长员工就业补贴计划和部分工时员工重新雇佣津贴（parttime re-employment grant）政策，具体内容是，雇主若聘用60岁及以上、月薪不超过4 000新元的本地雇员，最高可获 8% 的薪金补贴。聘用雇员年龄越高，雇主所能获得的薪金补贴比例越高。日本政府为鼓励企业雇用高龄人士，对企业给予一定补助。例如，企业每继续雇用一名 60 岁及以上高龄者为短时工（每周工作时间在 20 小时以上 30 小时及以下的人）时，国家将给予大型企业 30 万日元的补助金，给予中小型企业 60 万日元的补助金，期限均为 1 年；企业每继续雇用一名 60 岁及以上高龄者为非短时工时，国家将给予大型企业 50 万日元的补助金，给予中小型企业 90 万日元的补助金，期限均为 1 年。政府对雇用老年就业者占企业总雇员的比重达到一定数量的企业发放企业补贴金，从而支持企业吸纳老年就业者，这是企业配合老年人就业的重要动因。同时，老年群体具有经验和技术技能等方面的优势，老年人本身这一优秀的人力资源也是企业愿意配合的动因之一。高素质的老年就业者可以缓解企业压力，因此越来越多的企业将目光投向拥有丰富技术经验的老年就业者。

2. 企业雇用方式

虽然老年人在健康状态和劳动能力方面具有不确定性，但企业有时会因为季节性的订单增多而临时雇用老年人。因此，如何建立灵活的雇用方式，保证老年人权益不受侵犯，是保障老年群体就业的重要方面。一方面，允许企业设立具有灵活性的弹性合同或合同的签订没有雇用期限的限定，是保障老年群体就业机会平等的有效举措。另一方面，企业多是通过返聘方式雇用老年就业者，较少通过老年人才市场或老年就业中介机构。为弥补老年人就业市场化发展的不足，企业应积极配合政府部门、老年就业服务部门、社区等做好老年就业招聘工作，尽可能设立更多的老年就业岗位，制订合理的老年就业者返聘计划。此外，企业与老年就业者签订劳动协议或合同时，要明确约定薪资报酬、福利体系等事项，避免在工作中出现劳务纠纷。

3. 企业工作环境

老年人由于生理素质下降，很难从事高强度工作，改善老年人就业的工作环境有利于提高老年人的工作积极性与效率，且这一成本与安全生产成本或环境保护成本相比微不足道。改善老年人就业的工作环境，各国做法差异不大，都是从调节劳动强度、减少劳动时长、关注老年人健康等方面着手。首先，企业提前做好规划，最大程度发挥老年就业者的人力资源优势。根据工作岗位的性质和要求选择适合的老年就业者，安排年轻职工一对一带教老年职工，提高老年职工的技能掌握程度；同时，探索老年职工远程办公模式，逐步推进老年职工弹性工作模式。其次，企业根据老年就业者的特点制定合理的薪酬和福利体系，让老年职工感受到企业关怀。最后，企业在对老年职工进行工作绩效考核时，既要考虑到老年职工的普遍性，也要关注老年职工的特殊性，制定科学合理的工作绩效考核体系。

二、老年就业保障模式比较

（一）供给主体差异

政府支持模式下，老年就业保障的供给主体为政府。政府作为老年就业保障供给的首要主体，自身具有独特优势。首先，政府具有权威性。政府的权威性主要体现在出台老年人就业相关法律制度、加大老年人就业财政补贴和完善老年人就业配套政策支持等方面，这是社会组织与企业无法实现的。政府的权威属性能够使政策制定过程省去很多不必要的环节，保证供给工作的顺利进行。其次，政府具有公共性。政府为实现公民利益而提供均等化服务，不会因为供给对象的差别而区别对待。老年人就业相关法律制度的制定能够为消除年龄歧视与性别歧视提供立法保障。尽管政府对于提供老年就业保障具有天然优势，但也可能会出现财政压力过大、贪污腐败与效率低下等问题。一方面，老年人就业财政补贴增加会给政府财政体系带来较大压力，若财政支出过大、入不敷出，则无法维持政府正常运行；若政府对补贴资金监管不力，很容易导致补贴资金未能流转到老年人或相关企业手中，而是被地方官员据为己有，造成贪污腐败现象。另一方面，政府制定老年人就业相关配套政策时，往往未真正调研和听取意见，极易使该政策的真正需求者被排除在制度之外，脱离公众需求。

社会认同模式下，老年就业保障的供给主体为社会组织、家庭与个人。社会认同模式具有公益性特点，以满足老年人就业需求为准则。社会组织、家庭与个人具有灵活性与广泛性，更加贴近老年群体，既没有政府部门的强制性，也没有企业的逐利性，可以更加准确地了解老年人就业诉求，能够有效避免老年劳动力供给与需求偏差。社会组织、家庭与个人具有较强的适应性，可以灵活变动组织形式为老年就业提供保障，弥补政府与企业的不足。但是这种模式通常是由非专业人士组成的，参与意识薄弱，因此在社会支持中缺乏专业性和系统性。同时，社会认同模式下，供给主体缺乏资金来源，导致老年就业保障供给不稳定。

企业配合模式下，老年就业保障的供给主体为企业。企业是老年劳动力市场的需求主体，也是老年人就业岗位的提供者。企业可通过规划岗位数量、设置岗位性质与要求，为老年就业者提供合适的就业岗位。企业之间对于老年劳动力需求的良性竞争，会提高资源配置效率，弥补政府不足。但企业也存在一定局限性，若企业未达到一定的生产规模与资金规模，政府的补贴激励政策对企业的刺激作用发挥有限；同时，低技能的老年就业者未能给企业带来理想生产效益，反而加重了企业运行成本，会使企业缺乏提供老年就业保障的动因。

（二）资金来源差异

政府支持模式中，老年就业保障的资金来源于政府财政。政府补贴资金一部分来自中央政府拨付，一部分来自各级地方政府。但由于地方政府补贴资金没有明确的层次划分且数额较低，无法调动各级政府对于老年就业保障补贴的积极性。

社会认同模式中，老年就业保障的资金主要来源于个人、社会团体、民营机构等的公益资金投入。公益资金投入能够在一定程度上弥补政府与市场均失灵时的资金缺口，然而目前社会上用于老年就业保障的公益资金投入较少，筹集渠道狭窄，不能给予老年人就业充足的资金保障。

企业配合模式中，老年就业保障的资金主要来源于企业自身。企业在雇用老年就业者后，会利用经济、信息、管理等方式对老年劳动者进行定期职业技能培训。企业资金能够充分调动老年劳动者的工作积极性，但对于资金规模较小的企业而言，企业资金投入不足，无法实现老年就业保障效果。

（三）运行效果差异

在政府支持模式下，政府补充完善对老年人就业权益保护相关的法律法规，可以从根本上消除老年人就业的权利真空；规定老年人享有与用人单位签订劳动合同的权利，明确老年人的劳动主体地位，确保老年人平等享受节假日，为老年人提供最低工资保障和社会保障等，保障老年群体基本就业权益；对聘用老年人的企业给予一定的奖励补助，鼓励更多企业加入保障老年人就业的行列。政府支持是老年就业保障的核心，但仅靠政策扶持会给国家带来巨大负担，因此还需要社会各界配合。

受社会传统观念影响，老年人就业阻力很大，这也使得很多老年人对于就业没有把握。社会认同模式下，来自家庭成员的肯定可以使老年人重拾就业信心，提高就业积极性。在老年人就业过程中，家庭成员还帮助老年人通过法律渠道积极维护自身权益。在社会支持方面，加强舆论宣传与老年教育，有助于营造老年就业氛围。但是，仅仅依靠社会认同方面的支持只能间接促进老年人就业，老年人就业与否更多取决于自身就业意愿，且无法从根本上保障老年人就业权益，社会认同只能作为保障老年人就业的外部条件。

在企业配合模式下，企业转变用人观念，有助于激活老年人力资源，建立适合企业发展和老年人自身发展的管理模式，实现人尽其才。一是做好老年岗位规划，利用老年人力资源的经验和技术技能优势，以师傅带徒弟的方式带动年轻人的职业提升；二是推行弹性工作制，探索现代化培训模式，为老年人力资源提供更加灵活、方便的工作方式；三是完善招聘、返聘制度，在与老年劳动者充分沟通的基础上，就薪酬福利、社会保险等方面作出明确约定，通过劳动合同保障老年人就业权益，最大限度提升老年劳动者的工作积极性；四是营造公正、安全、和谐的工作条件氛围，实现老年人与用人单位的双赢。但企业配合也只能间接促进老年人就业，是保障老年人就业的外部条件。

因此，要提高老年人就业意愿，保障老年人就业权益不受侵犯，需要发挥政府支持、社会认同、企业配合三种模式的共同作用，任何一种模式的单独实施都不能最大化地保障老年人就业。事实上，各国在保障老年人就业过程中，都是将三种模式结合使用。

第三节 部分国家或地区的老年就业保障制度安排

一、日本老年就业保障制度安排

亚洲国家中，日本是最早步入人口老龄化行列的国家。1970年，日本65岁及以上老年人口达到总的7.1%，正式步入老龄化社会。作为发达国家中最后进入老龄化行列的国家，1994年，日本65岁及以上人口比例达到14%，而2020年，日本65岁及以上老年人口已高达28.79%，其人口老龄化速度远超其他国家。为应对人口快速老龄化问题，日本着重于老年人力资源开发，并取得了显著效果：2012年起，65岁及以上老年人劳动参与率开始逐年提升，2012年日本老年人劳动参与率为19.9%，到2020年提高到25.5%，提高了5.6个百分点。日本政府在保障老年人就业方面作出了包括法律、政策等多方面努力。

（一）法律层面：扩大老年人再就业机会

早在1963年的《老年福祉法》中，日本就提出要为部分有意愿参与社会经济活动的老年人提供就业机会。在1966年的《雇佣对策法》中对老年人雇佣、职业选择、老年人再就业等问题作了明确规定。1970年，日本政府颁布了《关于稳定老年人就业的法案》，正式开始实施积极的老年就业政策。在1971年颁布的《增加中高龄人力雇佣机会特别措施法》中，强制规定55岁及以上老年人的雇佣率应为人口总数的6%以上，并且给予相关企业财政补贴。1985年，该法案修订为《老年人雇佣安定法》，为继续雇佣制度提供了规范，明确了职工、企业和政府三方的责任义务。1996年，制定了《高龄社会对策大纲》，要求保证有工作意愿的老年人可以工作到65岁。2004年的《老年劳动法修正案》规定，企业有义务雇佣有意愿继续工作的老年人，年龄延迟到65岁，用以保障60~65岁老年人能够持续获得工作机会；同年，日本首次修改《老年人雇佣安定法》，保证职工在65岁前都有就业机会成为日本企业的一项义务。2017年制定的工作方式改革实施计划中，实施"修改《雇佣保险法》等相关法律"，将65岁及以上的老年劳动者也视为雇佣保险的适用者，政府为老年人提供学习活动的支持，鼓励老年人就业，为老年劳动者提供再就业和创业的机会。2020年，日本再次修订了《老年人雇佣安定法》，将劳动者退休年龄从65岁提高到70岁，但此条规定并不强制执行，劳动者在65岁时可以选择退休或继续工作至70岁，企业也并未被强制要求为65岁及以上的劳动者提供岗位。同年颁布的还有《老年人就业稳定法》《就业保险法》《劳动者事故赔偿法》等六部相关法律。2021年4月，实施《改正老年人雇佣安定法》，将退休年龄提高至70岁，根据该法，企业可通过提高或取消退休年龄、返聘等五种方式，努力为有意愿工作到70岁的老年人提供就业机会。以上法律法规的推进，为日本老年人力资源的开发提供了法律保障。

（二）政策方面：充分利用老年人力资源

日本为充分利用老年人力资源制定了系列配套政策：一是在1998年将60岁退休义务化；二是成立老年人才中心，为老年人介绍临时、短期、简单的工作；三是对雇佣老年人的企业给予补助和税收优惠；四是要求企业根据老年人实际情况确立多种雇佣形态。2013年出台的《继续雇佣制度》，规定企业有义务保证老年人就业并废除对招聘年龄的限制。2019年，日本推出了全世代社会保障制度，规定工作年龄可以延迟到70岁，临时工也加入养老金制度。老年人口丰富的工作经验是劳动力不足的日本企业的重要补充，延迟退休年龄正在成为日本就业的一种趋势。

在财政补贴方面，日本也做了许多努力。首先，为了顺利推行继续雇佣制度，日本政府为实施继续雇佣制度的企业给予补贴，鼓励企业落实继续雇佣制度，同时缓解企业因雇佣老年人出现的经营负担；其次，对日本60~65岁参与年金保险的老年人，日本政府建立了老年人雇佣继续给付制度，当老年人再就业时的工资不及原工资75%时，将补贴其原工资的15%，对65岁及以上离职的老年人发放一次性的30~60天的求职津贴；再次，为了提高老年人的就业技能，促进老年人力资源的开发，日本还实行了教育培训费补贴制度，那些参加指定培训并顺利结业的老年人可以申请到20%的培训补助，其目的是致力于提高就业率并保证雇佣稳定性；最后，对有创业需求的老年人，日本还设有老年人共同创业补贴基金。

二、韩国老年就业保障制度安排

2000 年,韩国 65 岁及以上人口占总人口比例达到 7.2%,标志着韩国正式进入人口老龄化社会。2018 年,韩国 65 岁及以上人口占总人口比例达到 14%,韩国从老龄化社会进入深度老龄社会。2020 年,韩国老年人口比例达到 15.7%,并呈现逐年上升的趋势。预计到 2025 年,韩国的老年人口比重将达到 20.3%,这意味着韩国即将进入超级老龄社会。韩国不仅老龄化速度快,而且老年人口高龄化趋势也非常明显。2020 年,65~74 岁老年人口在总人口中所占的比重为 5.1%,2065 年将增加到 9.1%;75~80 岁高龄老年人口在总人口中所占比重从 2020 年的 7% 将增加到 2065 年的 16.5%。面对日益严重的人口老龄化问题,韩国政府在开发老年人力资源方面也进行了大量实践。

(一)法律层面:保障老年人就业权益

1991 年,韩国出台《老年人就业促进法》,在老年人的退休年龄、就业开发与培训以及企业老年人雇佣基准率等方面作了规定,要求企业有义务雇佣职工到 60 岁。为了避免社会对老年人的歧视,韩国政府明确要求中央和地方政府以及国有事业单位的一些岗位必须雇佣老年人,而且雇佣比例从 3% 上调至 6%,适用企业对象也由规模以上企业扩大至大中小型企业。1997 年的《老年福利法》中强调,政府有义务保障有能力的老年人参与经济活动。2007 年,韩国通过了《雇佣上禁止年龄歧视及老年人雇佣促进法》,该法律规定企业不得在招聘、培训、薪酬和晋升等方面设置年龄限制,并规定了 47 种老年人优先就业的职业,促使韩国的老年劳动力市场逐步走向平等与规范。2013 年,韩国通过法律修正案,明确提出要严惩强迫职工提前退休的企业。2022 年 2 月,韩国政府宣布将引入老年人连续就业制度,企业可以选择返聘、延长退休年龄、废除退休年龄等多种方式来延长雇佣。2023 年韩国雇佣劳动部和有关部门举行雇佣政策审议会议,正式开始讨论企业继续雇佣退休职工制度。韩国政府联合企业、教育部门、地方自治团体、社区组织、老年人就业中心等多机构,形成了开发老年人力资源的强大社会网络,在保障老年人正当就业权益的同时,一定程度上避免了老年劳动力的浪费与闲置,推动了老年人口的就业与再就业。韩国老年人力资源开发运行机构间的协同,推进了老年人再就业事业的发展。

(二)政策安排:老年人就业财政补贴

韩国为促进老年人就业,在财政补贴方面也做了很多努力。为鼓励企业雇佣老年群体,减轻企业负担,政府为企业提供财政支持。财政支持适用于以下情形:一是企业就业者中 55 岁以上老年人超过企业总人数的 6%，政府向超过 55 岁的老年人发放每人每年 36 万韩元的补贴；二是返聘 45 岁至 60 岁已经退休老年人的企业，政府向该企业提供补贴；三是企业规定的退休年龄比国家法定退休年龄要延迟 1 年以上，且企业内职工在达到退休年龄后仍连续工作了 18 个月以上，则政府对该企业按延迟退休职工的人数进行补贴，每人每月补贴 30 万韩元。

三、德国老年就业保障制度安排

德国是欧洲人口老龄化最严重的国家之一，受人口预期寿命延长及生育率下降双重因素的影响，德国早在 20 世纪 50 年代就步入了人口老龄化社会。经济合作与发展组织统计数据显示，1950 年，德国人口老龄化率（65 岁及以上老年人口占总人口比重）为 9.7%，2000 年上升为 16.5%，2010 年再度上升到 20.6%。预计 2030 年以后将超过 30%，2050 年甚至会达到 33.1%，届时老年人口将占到总人口的 1/3 左右。对比欧洲其他国家，德国不仅人口老龄化程度深，而且高龄化趋势显著，德国高龄人口（即 80 岁及以上老年人口）是德国 65 岁及以上老年人口的近 1/3，即德国每 10 个老年人就有 3 位是高龄老人。为应对如此严峻的老龄化趋势，德国采取了保障老年人就业的相应措施。

（一）加强法律支持

2006 年，德国出台的《一般平等待遇法》中规定，在培训和招聘过程中禁止直接和间接的年龄歧视行为。从 2012 年到 2029 年，德国法定退休年龄从 65 岁延迟至 67 岁，计算方法为：1947 年以后出生的人，从 2012 年起每年延迟 1 个月，从 2024 年起每年延迟 2 个月；1964 年以后出生的人，法定退休年龄均为 67 岁。同时，德国开始实施弹性养老金改革，达到退休年龄的职工可选择继续工作以提高养老金待遇，激励老年职工继续留在工作岗位上。2012 年 4 月，德国政府公布了跨部门人口战略，促进老年人再工作，确保其晚年能够独立生活。德国承认相较于年轻人，老年人确实存在一些传统弱势，在立法时强制禁止针对老年劳动者的歧视，同时赋予老年劳动者在劳动方面的一定特权。

在保护老年劳动者方面，从劳动关系的建立到解除都有相应的保障条款，例如，除飞行员等特殊职业外，在招聘过程中企业不允许出现年龄歧视的行为；在雇佣人员超过 10 人的企业里，老年劳动者享受免受解雇的优先权。此前，德国相关法律规定，除非有特殊原因，企业必须与为其工作超过两年的职工签订无限期合同。然而，该条款在一定程度上加大了老年劳动者的就业难度。因此，德国在 2007 年 5 月 1 日颁布的《合同法（修订版）》中，明确规定了企业可以无条件地与 52 岁及以上职工签订有限期合同，这使得老年劳动者的就业更加灵活，对于雇主更有吸引力。此外，该部法律也规定，在一家职工超过 15 人的企业工作满 6 个月的职工，除非会影响到企业运营和安全，否则职工有权要求缩减每周工作时间，并且雇主应当同意其要求，该部法律保障了老年劳动者在兼职和灵活工作方面的需求。2022 年，德国政府发布了一揽子援助计划，退休老年人可以通过迷你工作、线上工作等获得补贴。

（二）个性化职业培训

德国企业越来越多地将老年劳动力配置到职业技能培训以及企业顾问等岗位，或者采取混合年龄组形式，即由一个老年人和一个刚参加工作的年轻人组合搭配，老年人是年轻人的培养人，年轻人是老年人的未来接班人，他们之间进行分工协作。这样既可以发挥老年劳动力在知识和经验等方面的优势，也使得企业内部积累的成功经验实现代际传递，保持了企业发展的延续性。个性化的职业培训体系是保证德国高就业率的一个重要因素。具体而言，一方面，设立专门促进老年劳动力再就业的项目，例如，50 岁以上再就业计划，对老年长期失业者提供就业援助，老年长期失业者不仅可以获得个性化的转岗培训，在此期间还可获得足够的经济援助；另一方面，德国还设有退休专家协会，该协会是由退休专家组织的专门为老年人服务的中介机构，主要在国际范围内开展工作，其中，机构内存有 50 多个专业方向的 7 000 多名老年专业技术人员的信息资料，为老年人就业搭建了畅通渠道。

四、美国老年就业保障制度安排

1942 年，美国 65 岁及以上老年人口占总人口的比例达到 7%，正式进入人口老龄化社会；到 2020 年，美国 65 岁及以上老年人口占总人口的比例已达到 16.89%。因此，美国政府鼓励老年人继续参加劳动。美国老年人劳动参与率在现实中也比较高，2020 年，美国老年人劳动参与率已达到 19.43%，其中，65 岁至 74 岁的老年人劳动参与率上升至 26.6%，74 岁及以上的老年人劳动参与率上升至 8.9%。为应对老龄化趋势，美国也采取了很多方式以保障老年人就业权益。

（一）法律支持

1965 年，美国制定《美国老年人法》，为老年人提供全方位服务，以保障老年人心理健康，并满足其文化生活需求。1975 年，美国制定了《禁止歧视老年人法》，取消了强制性退休的法律条文，禁止强制 70 岁以下雇员退休；同时，明确支持老年人参与各种教育培训活动，凡由政府部门出资举办的学习培训和福利活动，必须为 65 岁及以上老年人留出一定比例的名额，在筛选学员时，不得以任何理由将 50 岁及以上的成年人排除在外。1983 年，美国修订了《社会保障法》，提出实行弹性退休制度，规定 65 岁方可享受全额养老金，若提前退休只能领取全额养老金的 70%～75%，推迟领取则相应增加待遇水平，以鼓励老年人自主延迟退休，并强调劳动者在 70 岁以前仍有权继续就业。1986 年，美国修订了《反就业年龄歧视法》，将年满 70 周岁的雇员也纳入保护之列，并且规定对于年满 70 周岁的雇员，雇主也要为他提供像年轻雇员一样的健康保险，不得中断；同时，该法明确规定，雇主在招工条件、工作环境、工作权限等方面，都不得因为年龄问题而歧视老年雇员，如果雇主在招聘、晋升、裁员、报酬、福利、工作分配及培训等方面，因为年龄问题而歧视老年雇员，是非法的并可能被起诉。1990 年，美国出台了《就业年龄歧视法》，禁止企业针对老年人实行各种形式的歧视。2010 年，美国出台了《老年人公平法案》，通过法律形式进一步保障老年人公平就业的权利。为减少对老年劳动者的年龄歧视，美国国会众议院于 2021 年通过了《保护老年工人免受歧视法》，该法将恢复因 2009 年联邦最高法院裁决而失去的对老年工人的保护措施。

（二）政策安排

1. 社区老年就业项目

社区老年就业项目（senior community service employment program，SCSEP）是一种以老年工作者培训项目为基础的社区服务和工作。该项目依据 1965 年《美国老年人法》的第五条，为年龄在 55 岁及以上且工作前景不佳的低收入者提供一种辅助性、兼职性的社区服务工作。项目针对的对象年龄必须年满 55 岁、家庭收入不超过联邦贫困线的 25%。超过 60 岁的人、退伍军人或符合条件的退伍军人配偶优先加入，少数族裔、英语水平有限的人或经济需求突出的人也可优先加入。2023 年，美国社区老年就业项目的资助额大约是 8 805.6 万美元，主要分配给为老年人提供服务机会的国有组织，以及各州成立的一站式职业中心、私人部门、成人教育与文化机构等。其中，比较知名的组织有美国退休者协会、经验工作、善意实业国际、熟龄服务、美国老龄化委员会、美国城市联盟、美国老年人服务等，绝大多数由各州的老龄办公室负责管理项目。

2. 美国爱德华·肯尼迪服务法案

《美国爱德华·肯尼迪服务法案》（*Edward M. Kennedy Serve America Act*）于 2009 年颁布，被称为具有里程碑意义的法律。它使得国家和社区服务委员会为数以百万计的美国国民提供服务机会，主要是为重要的国家事务提供服务。这一法案被看作是促使社会创新的催化剂，推动了非营利部门的发展。该法案推出了 10 类奖项，涉及教育、卫生、能源、环境和贫困等领域。其中，有一类奖项用于奖励长期从事非营利事业或公共事业的 55 岁及以上的全职或者兼职服务的人员，被选中的老年人每人每年可获得 1 100 美元的奖金。此外，其服务的机构还为获奖者提供相当于奖金 75% 的补助金，从第二年起，补助金减少为奖金的 50%。这些奖金和补助金为获奖者提供了基本生活费用。通过这样的方式，机构得到了相对廉价的劳动力，而政府则花费少量资金，创造了更多的社会价值。

3. 非营利组织与高等教育机构

在美国失业的 55 岁及以上老年人中，只有少数人能参与到联邦就业和培训计划中，剩下的老年失业者几乎都参与到了非营利组织与高等教育机构中。这样的非营利组织与高等教育机构可以划分为四大类项目：第一类项目主要提高老年人的人力资本，如社区学院和高等教育机构；第二类项目主要集中于就业中介，如美国退休者协会的就业评估系统；第三类项目主要关于政策、项目和制度，如美国州长协会举办的"公民参与：促进老年人参与到志愿服务与就业中"项目；第四类项目的重点是建立组织之间的联系，以增进个人和机构的能力，如公民企业。另外还有许多创新的方案在逐步推进中，如税收抵免政策。

第四节 中国老年就业保障历程、模式、问题与对策

一、中国老年就业保障历程

（一）萌芽阶段：关注退休知识分子，倡导老有所为（1978—1999 年）

1978 年，中国政府开始关注老年人就业问题，国务院颁布的《关于工人退休、退职的暂行办法》中明确提出，要发挥退休、退职工人的积极作用。1980 年，《国务院关于老干部离职休养的暂行规定》出台，要求对离休干部在政治上予以尊重，在生活上予以照顾。1982 年，中国政府提出了"老有所为"的倡议。1983 年，国务院办公厅转发了中国老龄问题全国委员会《关于我国老龄工作中的几个问题的请示》，明确指出，鼓励具有科学知识、技术专长和领导经验的老年人，继续在国家和社会生活中发挥作用、贡献力量，各部门、单位应积极为这些老年人继续发挥其才能创造必要的条件。1996 年，《中华人民共和国老年人权益保障法》提出，国家和社会应当采取措施，逐步改善保障老年人参与社会发展的条件，实现"老有所为"。在自愿和量力的情况下，鼓

励老年人依法从事经营和生产活动等,并对老年人参加劳动的合法收入提供法律保护。

(二)探索阶段:重视老年优秀人才,积极应对老龄化(1999—2005 年)

1999 年,中国 60 岁及以上人口达到 1.3 亿人,占总人口的 10.2%,正式进入人口老龄化社会。全国和地方陆续专门成立老龄工作委员会,国家也陆续制定和出台了《中共中央、国务院关于加强老龄工作的决定》《中国老龄事业发展"十五"计划纲要》《中国老龄事业发展"十一五"规划》《中国老龄事业的发展》《中国老龄事业发展"十二五"规划》等一系列应对人口老龄化的重要政策文件,其中都涉及老年人社会参与和就业的问题,老龄工作正式列入政府工作日程。2003 年起,全国老龄工作委员会倡导并组织以东部地区为主的全国大中城市的离退休老年知识分子,以各种形式向西部地区或经济欠发达地区开展智力援助行动,简称"银龄行动"。同时,还在全国 100 多个城市实施了"爱心助成长"志愿服务计划,以健康低龄老年人为主体组成志愿者队伍,广泛开展德育行动、宣讲行动、监察行动、护苗行动和关爱行动,帮助青少年解决学习、生活、心理等问题。2005 年颁布的《关于进一步发挥离退休专业技术人员作用的意见》中,进一步要求各级党委、政府和有关部门要通过多种形式,支持离退休专业技术人员特别是老专家,进一步发挥在经济建设和科技进步中的服务和推动作用,发挥在培养教育下一代中的示范和教育作用。各单位聘请离退休专业技术人员要按照平等协商、报酬合理的原则,通过合同方式明确双方的权利和义务,保障双方的合法权益。应聘期间,离退休专业技术人员继续享受原离退休费和生活福利待遇,离退休专业技术人员按照国家有关法律规定享有其科研成果转化的收益。这一阶段,中国老年就业保障的对象以老干部、老模范、老专业科技人才、老知识分子等人群为主,覆盖面很窄。

(三)建立阶段:提倡老年人社会参与,实现自身价值(2006—2016 年)

2006 年颁布的《中国老龄事业的发展》白皮书,用"社会参与"一词表达了老有所为的概念,即中国重视老年人的知识、经验和技能,尊重他们的专长和生产力,并积极创造条件发挥老年人的专长和作用,鼓励和支持老年人融入社会,继续参与和帮助社会发展。2010 年《国家中长期教育改革和发展规划纲要(2010—2020)》中,首次将"重视老年教育"写进纲要,鼓励通过老年教育开发老年人力资源,提升老年人的能力和价值,从而为老年人继续工作创造条件。2010 年第六次全国人口普查数据表明,中国有将近 1/3(30.3%)的 60 岁及以上老年人仍在继续工作或劳动。2011 年发布的《中国老龄事业发展"十二五"规划》,再次强调要为支持离退休专业技术人员发挥作用搭建平台，重视老年人在社区服务、关心下一代、调解邻里家庭纠纷、维护社会治安中做出的有益贡献，广泛开展老年志愿服务活动，不断探索"老有所为"的新模式。2015年，中国修订《中华人民共和国老年人权益保障法》，提出国家和社会应当重视、珍惜老年人的知识、技能、经验和优良品德，发挥老年人的专长和作用，保障老年人参与经济、政治、文化和社会生活。在这一阶段，开始关注老年就业问题，并提出重视老年教育和开发老年人力资源。

（四）深化阶段：重视老年就业，落实国家战略规划（2017年至今）

2017年，《"十三五"国家老龄事业发展和养老体系建设规划》中，要求加强老年人力资源开发，将老年人才开发利用纳入各级人才队伍建设总体规划，鼓励各地制定老年人才开发利用专项规划；鼓励专业技术领域人才延长工作年限；鼓励各有关方面建立老年人才信息库，实现互联互通、资源共享；支持老年人才自主创业，帮助有意愿且身体状况允许的贫困老年人和其他老年人接受岗位技能培训或农业实用技术培训，通过劳动脱贫或致富；推动用人单位与受聘老年人依法签订书面协议；依法保障老年人在生产劳动过程中的合法收入、安全和健康权益；对老有所为贡献突出的老年人和在老有所为工作中贡献突出的单位、个人，可按规定给予表彰或奖励。该规划中，首次大篇幅论述老年就业并提到对有需要的老年人进行创业培训。2021年，《中共中央、国务院关于加强新时代老龄工作的意见》中，要求促进老年人的社会参与，鼓励老年人继续发挥作用，把老有所为同老有所养结合起来，完善就业、志愿服务、社区治理等政策措施，充分发挥低龄老年人的作用；在学校、医院等单位和社区家政服务、公共场所服务管理等行业，探索适合老年人灵活就业的模式；深入开展"银龄行动"，引导老年人以志愿服务形式积极参与基层民主监督、移风易俗、民事调解、文教卫生等活动。2022年，国务院印发的《"十四五"国家老龄事业发展和养老服务体系规划》指出，践行积极老龄观，鼓励各地建立老年人才信息库，为有劳动意愿的老年人提供职业介绍、职业技能培训和创新创业指导服务；健全相关法律法规和政策，保障老年人劳动就业权益和创业权益；支持老年人依法依规从事经营和生产活动，兴办社会公益事业；按照单位按需聘请、个人自愿劳动原则，鼓励专业技术人才合理延长工作年限。

从中国老年就业保障政策的发展历程来看，自萌芽以来，经历了从无到有、逐步细化的过程，但其中仍有一些值得完善和改进之处。其中，对于老年人就业过程中如何消除年龄歧视、保障老年人就业中的权利等问题还缺乏有力的政策支持。

二、中国老年就业保障模式

目前，中国在保障老年人就业方面出台了一系列倡导政策和方案，将社会认同、政府支持、企业配合三种模式配合使用，以保障老年群体的就业权利，促进老年人就业。

（一）社会认同模式

1. 发展老年社会组织

在政府的引导和扶持下，组建了中国老教授协会、老科技工作者协会、老年法律工作者协会等多个全国性老年社会团体，分会遍及全国各地。其中，2022 年，中国老教授协会和老科技工作者协会的个体会员数量超过了 69 万人。此外，各地也成立了退休工程师协会、老教育工作者协会、离退休医务工作者协会等一批以老年知识分子为主体的社会团体，组织老年知识分子继续为社会经济发展做出贡献。各地还十分重视城乡基层老年群众组织建设，陆续组建成立了多个城市社区和农村老年人协会，在组织广大老年人参与基层社区建设、参加社会公益活动以及维护老年人自身权益等方面发挥了积极作用（见表 7-2）。

表 7-2　2013—2017 年全国老年人协会数量

社会团体	2013 年	2014 年	2015 年	2016 年	2017 年
老年人协会数 / 个	419 202	438 742	450 795	426 112	393 321
村、居老年人协会数 / 个	342 390	362 197	368 893	347 142	337 549
乡、街道老年人协会数 / 个	38 924	39 988	38 835	33 519	26 404
县、市老年人协会数 / 个	7 226	6 621	6 830	5 478	5 170

注：老年人协会是指在居（村）委会的指导下，由城市社区、农村村委会老年人自愿组织参加，反映老年人要求，维护老年人合法权益，组织老年人开展各种有益活动的群众组织。

资料来源：中国民政统计年鉴。

2. 开发老年人才市场

各地积极开发和培训老年人才市场的同时，根据市场需求和老年人意愿，搭建了老年人才服务平台，开拓老年人特别是老年专业技术人员和老年专家参与社会建设的渠道，为有意愿且身体状况良好的贫困老年人和其他老年人提供岗位技能培训或农业实用技术培训。老龄工作机构配合有关部门定期举办各种形式的老年人才交流活动，各类人才市场、人才中介机构也把老年人才纳入服务范围，符合条件的老年人可以参加专业技术人员职业资格考试，考试合格取得证书者按照规定登记注册，记录在国家老年人才信息数据库和老年人才信息中心。在被聘用后，用人单位与受聘老年人依法签订书面协议，为维护老年就业权益提供保障。2022年8月24日，中国老年人才网正式上线，为有就业意愿的老年人提供了信息对接平台。对有重新进入劳动力市场的要求和意愿的低龄老年人而言，在身体健康条件允许的情况下，可以进一步延续退休前的工作内容，在相关或相似行业实现再就业，也可以根据自身知识技能特点，参与公益活动、志愿活动和协会活动等。

3. 重视老年社会参与

社会层面非常重视和珍惜老年人的知识、经验和技能，尊重老年人的优良品德，积极创造条件，发挥老年人的专长和作用，鼓励和支持老年人融入社会，继续参与社会发展。其中，《中华人民共和国老年人权益保障法》中设专章保障老年人参与社会发展的权益；《老龄事业发展规划》把鼓励老年人参与社会发展作为重要内容，并为发挥离退休高级专家和专业技术人员作用制定了专项政策。

（二）政府支持模式

1. 逐步完善延迟退休政策

1983年，《国务院关于高级专家离休退休若干问题的暂行规定》第二条第四款规定，学术上造诣高深、在国内外有重大影响的杰出高级专家，经国务院批准，可以暂缓离休退休，继续从事研究或著述工作。1992年，人事部颁发的《关于杰出高级专家暂缓离退休审批工作有关问题的通知》进一步规定，"杰出高级专家"为中国科学院学部委员；曾任全国人民代表大会常务委员会委员、全国政协常务委员以及各民主党派中央副主席以上职务的高级专家；1983年年底以前评定为四级以上的老专家；其他有突出贡献，学术上造诣高深，在国内外享有很高声誉的高级专家。其中，现任全国人民代表大会常务委员会委员、全国政协常务委员的杰出高级专家，在任届未满时，不需办理暂缓离退休的审批手续，任届期满后需暂缓离退休的，再按规定报批。2015年，中国退休政策又出现了较大变动，主要是推迟了女性领导干部及女性专业技术人员群体的法定退休年龄，并引入了一定的弹性制度，尊重个人意愿。随着人均预期寿命提高、人口老龄化趋势加快、受教育年限增加、劳动力结构调整等因素变化，2021年3月12日，《中华人民共和国国民经济和社会发展第十四个五年规划和2035年远景目标纲要》明确提出，中国将逐步延迟法定退休年龄，促进人力资源充分利用。2022年，党的二十大报告提出实施渐进式延迟法定退休年龄的要求。

2. 退休回聘政策

1987年，中国科学院发布的《关于离退休高级专业技术人员回聘的有关规定》

指出，为了发挥离退休高级专业技术人员的作用，各单位根据科研任务的需要，可以回聘离退休高级专业技术人员继续从事课题研究；原则上每次回聘聘期为一年，根据需要和本人情况可续聘；酬金从聘任的课题组的项目费中支出，非课题组回聘的高级专业人员的酬金从研究所经费中支出，聘金最高不得超过原工资（基础工资加职务工资）的35%。2006年颁布的《中国老龄事业发展"十一五"规划》中提出，根据经济社会发展和人才市场的需要，采取专项活动聘请、项目聘请、短期聘请等多种方式，支持老年人从事青少年教育、传播科学文化知识、咨询服务、医疗卫生、科技开发应用等具有专业特点的工作。2021年，中共中央、国务院印发了《关于加强新时代老龄工作的意见》，鼓励多渠道畅通和支持老年人就业。2022年，《"十四五"国家老龄事业发展和养老服务体系规划》中提出，按照单位按需聘请、个人自愿劳动原则，鼓励专业技术人才合理延长工作年限。

3. 法律保障权益

《中华人民共和国老年人权益保障法》对老年人的就业权利提供了法律保障，规定国家和社会应当重视、珍惜老年人的知识、技能、经验和优良品德，发挥老年人的专长和作用，保障老年人参与经济、政治、文化和社会生活。国家为老年人参与社会发展创造条件。根据社会需要和可能，鼓励老年人在自愿和量力的情况下，从事下列活动：对青少年和儿童进行社会主义、爱国主义、集体主义和艰苦奋斗等优良传统教育；传授文化和科技知识；提供咨询服务；依法参与科技开发和应用；依法从事经营和生产活动；参加志愿服务、兴办社会公益事业；参与维护社会治安、协助调解民间纠纷；参加其他社会活动。

（三）企业配合模式

企业积极接纳老年人就业，除了国家法律的强制性规定，还有老年人自身独特优势的吸引。对于企业而言，老年劳动者大多具有知识、经验、技能的优势，发挥余热的潜力较大。当前，部分企业开始对老年人实行弹性工作制，以每日小时工作制为上限，以周小时工作制为下限，使得老年人在工作节奏日益加快的现代化社会生活中可以充分接受知识更新，在保障身体健康的同时奉献劳动。许多机械企业一直被技工荒尤其是高级技工人才荒的难题所困扰，例如，数控机床控制、模具设计与制造等部门都以高薪聘请老年高级技工人才，图书出版业和医药行业是吸纳老年人才的重要行业，医院也以高薪聘请各地的三甲医院的离退休名医、专家、教授以及各大公立医院的各学科学术带头人和学术骨干。这些举措不仅提高了企业自身的竞争优势，还为老年人就业做出了很大贡献。

三、中国老年就业保障的问题与对策

（一）中国老年就业保障存在问题

1. 法律保障体系不完善，政策普适性弱

中国老年就业和老年人力资源开发的法律制度保障体系尚不完善，《中华人民共和国老年人权益保障法》中有关老年人就业的内容和相关政策尚不明确，缺乏可执行性。一方面，《中华人民共和国劳动法》和《中华人民共和国劳动合同法》的保护对象并不包括老年劳动者，老年劳动者的正当权益得不到保护，老年劳动者的工作单位也不能依法承担相应法律义务。多数老年人通过非正式经济部门就业，当自身权益受到侵害时，很难运用法律武器来维护自己应有的权益。另一方面，老年就业保障需要教育、医疗、福利等多方面的参与，需要专门的机构来协调组织，但目前中国尚未建立专门服务于老年人力资源开发的部门或机构。

2. 老年就业保障存在城乡差异

当前，针对老年人力资源开发的官方项目较少，正在进行的项目也存在一定问题。由于中国二元经济体制的存在，城乡发展始终存在一定差距，在老年人就业方面，农村老年人因养老保障不完善等客观原因，继续就业的比例会更高，而针对农村老年人就业政策相对于城市老年人较弱。

3. 缺乏老年人才信息交流平台

有就业意向的老年人多通过亲友介绍工作来参与就业，仅有小部分老年劳动者通过参加招聘会等渠道收集招聘信息参与就业。老年劳动力市场主要以人情关系为纽带，但是熟人介绍的方式往往导致老年人在就业中的基本权益无法得到有效保障。同时，尽管老年人有就业需求，但社会上较少有针对老年人的技能培训课程，很难找到充分发挥老年人才优势的就业岗位。

4. 延迟退休政策尚未有效落实

与发达国家相比，中国目前退休年龄相对较低。随着物质生活条件的不断改善，老年人的身体素质和工作能力都在显著提高，中国目前的退休制度已经不能完全适用。但实施延迟退休仍面临诸多问题，也需要相关政策配合，国家目前尚未正式出台相关规定。

5. 社会包容和接纳力度有待加强

一方面，当前社会舆论对老年人就业并不持积极肯定态度，传统观念认为人老以后应颐养天年，这些舆论与思想使得老年人很难迈出寻找工作的第一步；另一方面，社会及企业对老年劳动者工作能力的认可程度整体偏低，由于缺乏老年人才统一的评估标准，造成老年人力资源价值判断模糊。此外，社会普遍存在老年人就业可能挤占年轻人就业机会的错误认识，这种观念也对老年人就业造成了阻力。

6. 老年人自身存在劣势

首先，随着年龄的增长和身体素质的下降，老年人逐渐难以参与高强度的社会劳动；其次，科学技术的进步使得社会对劳动者的教育水平要求提高，这在一定程度上增加了低教育水平劳动者的就业难度；最后，部分老年人尚未树立正确的就业观念，受固有思想的影响逐渐脱离社会，进而逐步丧失工作能力。

（二）解决对策

1. 加强法律保障，推动老年就业立法

贯彻积极老龄化国家战略，建立健全老年就业保障制度。首先，应加强法治建设，制定、落实维护老年人就业合法权益的法律法规，为老年人就业提供法律支撑，例如，在修订现有相关法律法规基础上，本着最大限度保护老年人权益、兼顾用人单位利益的原则对促进老年人就业立法，为老年人就业设置专门规定；其次，实行弹性退休制度，合理利用人力资源，例如，鼓励专业技术人才在能力范围和身体允许情况下延长工作年限，缩短女性工人退休年龄与干部退休年龄的差距；最后，完善农村老年人就业保障制度，加快建设农村土地流转制度，缩小老年就业保障的城乡差距。

2. 制度落实到位，完善配套政策

首先，在顶层设计改革中注重对老年人就业的保障，推动落实老年就业保障制度、法律和政策的实施，并进行适当的调整或创新；其次，倡导有能力的老年人发挥余热重新投入劳动力市场；再次，政府可通过对企业进行资金补贴或税收优惠提高企业雇用老年劳动力的积极性，并鼓励企业营造良好的老年就业环境与工作氛围；最后，各级政府应设置专门负责老年人就业相关事宜的机构，使促进老年人就业的工作不再流于形式。

3. 健全老年劳动力市场，规范市场体系建设

首先，应充分考虑老年人就业的特殊性，通过多种渠道为老年劳动者提供工作信息，为老年劳动者提供与其劳动能力相匹配的工作岗位，增加老年人获得工作的可能性；同时，应着手解决老年劳动力市场现存的隐性歧视问题，使老年劳动者享有合法、公平的就业权利。其次，企业应根据自身条件开发设计适宜老年人的工作岗位，综合考量评估雇用双方能力，整合优势资源。再次，相关部门应积极制定老年人就业激励措施，激发老年人就业热情。最后，企业应定期对其雇用的老年劳动者进行职业技能

培训，提高老年劳动者的工作能力，使其在工作岗位上创造出更大价值。

4. 创设老年就业综合服务平台，提供广泛全面信息

社会各界应同政府共同创建老年就业综合服务平台，推动我国老年就业保障的发展。老年就业综合服务平台主要包括就业信息提供以及职业培训与人力资源评估。首先，根据老年个体差异对老年劳动者精准分类，为其提供适合的就业信息，并利用信息化手段畅通信息渠道，开展专属业务板块，形成就业信息提供结构体系；其次，通过老年大学等实现老年教育专业化，通过老年职业就业培训提升老年人综合素质；最后，建立老年人力资源评估体系，选取专业合理的评估指标，运用科学的评估方法对老年人力资源进行综合评估、分级管理，通过信息网络实现老年人力资源共享。

5. 树立终身学习的理念，主动参与劳动就业

对于老年人就业而言，主体的主观意愿是必要且必需的，这离不开家庭支持、社会帮助、市场活跃和国家扶持。与此同时，终身学习理念的树立对老年人而言也是尤为重要的。老年人自身应该强化学习意识，接收新的社会观念，补充新知识，学习新技能，在社会上树立积极向上的正面形象，促进自身全面发展。同时，社会各界共同营造老年人就业的积极社会氛围，例如，通过媒体网络等传播媒介积极宣扬各领域老年人才光荣事迹，引导老年人退休再就业，参加社会工作；向社会大众宣传开发利用老年人才资源的重要意义，并加强相关法律宣传力度，切实提高企业保护老年人就业权利的意识，促使社会树立年龄平等意识。

 本章小结

1. 人口老龄化已经成为一种全球化、普遍化的社会现象，如何提高老年人就业参与，以应对人口老龄化下劳动力供给减少对经济社会增长带来的冲击，是许多国家和地区正在思考和亟须解决的问题。

2. 随着人口老龄化程度不断加深，世界各国在保障老年人就业方面进行了积极探索，目前已经形成了较为完整、可操作性较强的老年就业保障与公共服务体系，具体包括政府支持、社会认同和企业配合三种模式。为提高老年人就业意愿、保障老年群体就业权益不受侵犯，需要这三种模式的共同作用，任何一种模式的单独实施都不能最大化地保障老年人就业。事实上，各国在保障老年人就业过程中，都是将三种模式结合使用。日本、韩国、德国、美国等国外典型国家的老年就业保障制度安排，就是将三种模式结合使用。

3. 中国老年就业保障政策经历了从无到有、逐步细化的发展过程，但目前老年就业保障还存在以下问题：法律保障体系不完善，政策普适性弱；老年就业保障存在城乡差异；缺乏老年人才信息交流平台；延迟退休政策尚未有效落实；社会包容和接纳力度有待加强；老年人自身存在劣势等。为解决以上问题，从加强法律保障，推动老年就业立法；制度落实到位，完善配套政策；健全老年劳动力市场，规范市场体系建设；创设老年就业综合服务平台，提供广泛全面信息；树立终身学习的理念，主动参与劳动就业等方面提出解决对策。

>> **重要概念**

老年人就业　积极老龄化　老年就业保障模式　政府支持模式　社会认同模式　企业配合模式

复习思考题

1. 老年就业保障包括哪几种模式？如何对其进行比较？
2. 中国老年就业保障存在哪些问题？应如何解决？
3. 日本、韩国在老年就业保障方面作出了哪些努力？与欧美国家的区别是什么？
4. 中国老年就业保障经历了哪几个阶段？各个阶段有什么特点？
5. 发达国家在保障老年就业保障方面所做的努力对我们有何启示？

第八章
老年家庭保障

　　家庭是人类社会最古老、最基本的社会单位，是初级社会群体的典型形式，是人们日常生活的中心。家庭是因婚姻、血缘或收养关系而产生的亲属间共同生活的形式，是最富有感情色彩的初级社会群体。婚姻关系与血缘关系是形成家庭的两种基本要素。传统家庭承担着重要的养育和赡养责任，但随着社会工业化、城市化的发展，家庭逐渐向小型化、核心化方向变迁。基于家庭的赡养功能逐渐被弱化，养老问题也面临着越来越大的挑战。

　　进入人口老龄化社会以来，我国一直探索有效的应对策略，不断完善养老服务体系，致力于为老年人生活提供全方位的服务支持。其中，基于家庭层面的服务支持始终是整个体系建立的重点和难点，老年家庭保障体系也受到了越来越多的关注，本章立足于家庭层面分析老年家庭保障的内容，探索适合我国国情的老年家庭保障模式，为积极应对人口老龄化提供理论和实践。

第一节　老年家庭保障理论的相关认知

一、老年家庭保障相关概念

（一）老年家庭

　　老年家庭是指家庭成员中包含60岁及以上老年人的家庭，当前我国老年家庭主要包括以下几种模式：一是老年人与子女同住；二是仅有老年夫妻双方同住，即空巢家庭；三是老年人独居。

在工业化和现代化快速发展的背景下，家庭结构发生了重大转变，核心家庭逐渐成为社会中家庭的主要模式，这就意味着空巢老年家庭和独居老年家庭的比重将越来越高，在人口老龄化逐渐加深的背景下，家庭养老功能进一步弱化，养老保障体系面临着越来越重大的挑战。

（二）家庭养老

家庭养老是指以血缘和亲情为基础，以家庭为单位，由子女或其他家庭成员以及家族成员，为老年人提供赡养和扶助的养老方式。家庭养老的本质是代际反哺，体现在父母养育儿女、儿女赡养父母。在这种模式下，每两代之间的获取与给予保持互惠均衡。

家庭养老主要体现在经济和照料两个层面：在经济层面，主要指代际经济转移，一般以家庭为载体，自然实现保障功能，在家庭单位内部形成一个天然的养老基金的缴纳、积累、增值以及给付过程；在照料层面，父母照料抚育未成年子女，子女成年后则要为进入老年阶段的父母提供照料服务，又在家庭内部实现一个天然的照料的代际均衡。家庭是人们情感的归宿，家庭在为老年人提供精神慰藉和情感维系方面的作用，是其他任何养老方式都无法取代的。实现家庭养老的良性运转需要一定的环境保证：一是物质环境，家庭要拥有足够的物质条件来满足老年人对养老的需求；二是思想环境，子女尊敬且孝敬父母；三是社会环境，公共政策和社会舆论支持并提倡家庭养老。

家庭养老中涉及的主体包括老年人、子女和社会。老年人和子女是传统家庭养老的主体，但随着经济发展和国民权益意识的觉醒，社会在家庭养老中也发挥着越来越重要的作用。具体而言，老年人是服务的接受者，即被赡养者，其健康状况决定了家庭养老服务实施的难易程度；子女是家庭养老的实施者，其经济状况和时间安排决定了家庭养老的保障水平；社会是家庭养老的环境保证，其对家庭养老的态度直接影响家庭养老的存在与发展，同时也影响整个社会养老服务体系的建设方向。

结合当下经济社会发展的实际情况，可以将家庭养老分为传统型家庭养老和现代型家庭养老。所谓传统型家庭养老，其本质是家庭成员承担着家庭中老年人物质供养、照料护理和精神慰藉等责任。在人口老龄化程度不断加深的现实情况下，如何巩固传统型家庭养老保障功能是当下亟须关注的难点。当前我国社会未富先老，在养老保障体系尚未健全之时，老年人个人经济积累较差，严重依赖家庭及子女供养。但是，社会基本单位逐渐核心化，家庭内部资源的分配问题往往引发严重的代际冲突，使得传统家庭养老的良性发展面临巨大挑战。现代型家庭养老模式是指老年人居住在家庭内，但是老年人的部分照料需求由市场满足，这种模式实现了政府和社会力量共同辅助家庭养老，为老年家庭保障提供了政策和经济支持。这种现代型家庭养老模式是未来老年家庭保障的关键，也是提升老年家庭保障能力的必要手段。

（三）老年家庭保障

通常意义上说，养老保障有广义和狭义之分。广义上的养老保障是对达到一定年龄的群体所给予的保障其晚年生活水平的系列政策，包括物质保障、医疗保障等各方面的保障；狭义上的养老保障主要指为符合一定条件的老年人提供的物质支持。

与养老保障不同，家庭保障是一种基于提供保障主体的政策形式，其实质是一种非制度型、非正式的而又天然的国民生活保障系统。家庭保障维系了社会成员的基本生活，是人们最具安全感和信赖感的保障主体，通常与国家主导建立的社会保障体系并驾齐驱。但是，在社会经济快速发展的背景下，家庭保障功能日益弱化，关注度也远不如社会保障。然而，只要有家庭存在，其保障功能就不会完全消失，家庭保障在很长时间内都是构成整个养老保障体系的关键部分。

老年家庭保障是我国养老保障体系的重要构成部分，主要指由家庭成员提供的赡养老年人的相关行为的集合。从老年家庭保障的供给主体来看，老年家庭保障包括三种情况：一是子女承担的保障形式，二是配偶提供的保障形式，三是由核心家庭以外的扩展型家庭成员提供的保障形式。从家庭保障的内容来看，老年家庭保障通常可以分为经济保障、生活照料保障以及精神慰藉保障等。

老年家庭保障理论既与家庭保障理论有关，又与养老保障理论相关。其中，对家庭保障概念的理解，需要区分传统家庭保障和家庭社会保障的概念，前者是指家庭内部成员之间的相互扶助或互惠机制，后者是指政府基于家庭需求而实施的政策性、经济性和福利性的措施。

从经济层面来讲，老年家庭保障水平与家庭内部经济状况密切相关，老年人生活水平随着整个家庭收入的增加而提高。从精神层面来讲，老年家庭保障程度与家庭成员关系间的亲密程度紧密相关，家庭成员的尊老、敬老意识强，则老年人家庭照料质量就高。老年人不仅能得到经济层面，更能获得精神层面的满足，老年家庭保障水平就越高；反之，老年人出现精神慰藉方面的缺失，或是出现经济精神双重缺失，老年家庭保障就难以实现。

二、家庭与老年家庭保障理论认知

家庭具有为老年人提供情感支持和心理慰藉的独有功能，因而无法被社会化养老完全取代。家庭对养老责任的积极承担不仅能够缓解代际冲突，有利于社会和谐稳定，更能够为国家社会保障制度的改革与养老服务的社会化发展赢取空间。对我国而言，家庭养老功能正常发挥与否，不仅直接影响到老年人的晚年生活质量，还会影响到养老服务产业的发展以及国家拉动内需和消费等经济结构调整战略政策的实施，在国民经济和社会发展中扮演着重要角色。

构建老年家庭保障体系离不开国家和社会的支持，通过完善社会保障制度和公共服务体系能够克服单一家庭养老保障不足的问题，但是养老保障政策往往形式大于实质，政策难以落实，收效甚微。家庭养老支持政策是老年政策的重要组成部分，同时也是家庭发展支持体系中的重要组成部分。只有强调家庭作为福利对象的整体性，才能真正激发家庭潜力，延续重视家庭的优秀传统，才能真正支持和强化家庭在福利供给中的功能与责任。因此，不应简单地将政策目标停留在解决家庭面临的养老困难上，还应继续强化家庭内部养老功能建设，构建家庭养老的内在政策支持机制，通过内外协同构建全面的老年家庭保障体系，充分发挥家庭的养老功能，提供高质量的家庭养老服务。

第二节 老年家庭保障类型及模式

在以联合家庭和大家族模式为主的传统社会中，老年人具有高度的权威性，子女、晚辈绝对服从长者，老年家庭保障以家庭内部成员之间相互支持为主，涉及精神慰藉和生活照料，经济需求相对较低。随着社会工业化、现代化和城镇化的发展，家庭结构发生改变，空巢老人和独居老人占比逐渐增加，与子女同居的老年人占比下降，家庭照料功能和精神慰藉功能逐渐弱化。同时，社会化养老金体系日益完善，加之由子代向父代的代际经济流动逐渐减少，导致家庭经济保障功能也在弱化。但是，无论老年家庭保障如何弱化，家庭保障仍在养老保障体系中发挥着重要作用，只不过老年家庭保障类型逐渐由以家庭为主转向"家庭+"的多元支持发展体系。

一、老年家庭保障的类型

（一）单一的家庭保障

老年人养老要依靠谁？第一反应是家庭。《中华人民共和国老年人权益保障法》对此也作了明确规定，老年人养老以居家为基础，家庭成员应当尊重、关心和照料老年人。赡养人应当履行对老年人经济上的供养、生活上的照料和精神上的慰藉义务，照顾老年人的特殊需要。赡养人应当使患病的老年人及时得到治疗和护理等。根据中华民族传统敬老、爱老的传统美德要求，我国在很长的一段时间内都以家庭养老为主体。单一的家庭保障也是一种最基本的养老保障模式。

单一的家庭保障中，家庭内部成员为老年人提供经济支持、精神支持以及其他方面的支持，老年人完全在家庭内部实现养老，不接受机构和社区养老服务。这种保障属于最原始的养老模式，在东方文化中表现更加明显，目前我国绝大多数老年人，尤其是高龄老年人更加倾向于居家养老，并且养老支持也主要源于家庭成员。更有甚者，有些老年人对国家、社会和机构提供养老服务的模式，怀有抵触或者不信任情绪。

单一的家庭保障模式是最初的养老形式，但随着家庭规模逐渐小型化、代际转移模式不再持续、人们的传统思想观念和行为模式发生转变，以及社会化养老服务逐渐完善，老年人对家庭保障的依赖降低，对于社会化养老服务和政府养老服务的接纳程度越来越高。单一的家庭保障模式逐渐向多元化方向发展，现代开放的家庭养老方式也越来越受到老年群体及其子女的欢迎。

（二）现代"家庭+"保障

在家庭养老保障功能逐渐弱化的过程中，多项基于家庭的养老保障功能逐渐外移。但是，家庭作为以血缘关系为纽带的初级社会群体，仍承担着重要功能，由此在养老保障方面便逐渐形成了现代"家庭+"养老保障方式。根据我国实际国情，大致可以分为以下三种典型模式。

1. "家庭+社区"

现代化治理模式下，社区是国家治理体系的基层组织。在大多数国家中，社区在养老保障中发挥着重要作用，类似的，我国养老保障体系虽仍以家庭为主，但社区扮演着越来越重要的角色。在不久的将来，社区将会成为国家落实90%家庭养老目标的关键。"家庭+社区"的养老形式是一种新型养老方式，即老年人在家庭居住，社区根据老年人实际需求提供相关服务。当前我国部分社区可以为家庭养老提供基本医疗、日间照料、供餐、上门护理等相关养老服务，这种模式适用于子女工作繁忙无法照料，或不想离家到机构养老的空巢老人和独居老人。

"家庭＋社区"的养老方式可以确保老年人及其子女、养老服务人员、政府等主体各取所需，促使资源得到充分利用。"家庭＋社区"的养老方式弥补了家庭养老的不足，在家庭养老中发挥着重要作用，是老年家庭保障体系中不可或缺的一部分，也是目前政府大力倡导的一种新型养老模式。

2. "家庭＋市场"

当前，越来越多原本由家庭负担的照料功能，逐渐开始被市场化服务所承接甚至是取代，比如餐饮、清洁等，人们不脱离家庭而从社会获得相应服务的机制愈发成熟。随着人口老龄化程度日益加深，市场也成为应对人口老龄化压力不可忽略的主体之一，"家庭＋市场"的养老方式也越来越普遍。以现代信息技术与大数据为依托，建立市场与居家老年人之间的连接纽带，能够突破时间和空间限制，为居家老人提供足不出户的养老服务。同时，依托大数据，市场能够更加精准地分析老年人的基本情况、生活习惯及特殊化需求，打造出以现代信息技术为基础的个性化养老服务供需平台，实现精准服务。

市场主体参与养老保障建设，促使国家能够最大范围地借助民间资本打造完善的养老服务产业链，实现多维度的老年家庭保障供给。市场在保障居家老年人日常生活服务方面具有较大优势，例如，提供生活照料、购物、家政、家庭理财等老年基本生活服务，提供精神慰藉、学习娱乐、健身运动、法律咨询等文体服务等。推动养老服务产业化发展，可以丰富服务供给内容，让社会力量逐渐转变为家庭养老保障的支撑，以提高家庭养老质量。

3. "家庭＋机构"

机构主要是指专业的养老机构或者医养机构。当前机构养老发展势头较强，相对于社区养老和居家养老来说，机构养老具有更高的专业性。简而言之，养老机构和医养机构具有相对优质的养老技术和养老服务，但接纳老年人的数量有限，优质资源难以惠及更多老年人。

当前，部分地区逐渐尝试将养老机构的服务部门下沉到家庭，为家庭养老提供便利。例如，2019年起，为破解老城区养老机构一床难求问题，杭州市民政局开始探索试点家庭养老床位建设。杭州市上城区作为首批试点地区，2023年上半年新建设床位5 000余张，培育家庭养老床位运营机构40余家，同时实现数字赋能家庭养老床位，发展"e床养老"，通过紧急呼叫、智能穿戴、智能感应、远程监控、信息传输等信息系统和智能化设备，将家庭养老床位纳入24小时动态管理和远程监护，提高了居家养老的高效性和便捷性，深受老年人家庭欢迎。

家庭养老床位是指以养老机构为依托，以社区养老服务中心为支点，把养老机构专业化的养老服务延伸到家庭，为有失能老人的家庭提供适老化改造、专业护理、远程监测等养老服务。同时，老年人还能享受到由专业服务机构上门提供的生活照料、生活护理、健康管理、医疗康复等20余项服务，每月累计服务时长不少于30小时，每两周医护人员应至少上门服务1次。通过家庭养老床位的建设，探索康养融合新模式，让老年群体享受到更优质的养老服务。实现高质量的家庭养老，机构的专业度是高质量家庭养老保障体系建设的重要支撑，在家庭养老保障体系建设的过程中机构力量不容小觑。

（三）组合家庭保障

组合家庭实际上是对原有家庭概念的拓展，是人口老龄化背景下发展起来的一种新型家庭养老方式。组合家庭养老（也称"搭伙养老"）主要是指一个或者几个空巢老人或者独居老人组合在一起，搬入一所房子中共同居住，组合家庭中同住的老年人能够承担原来由家庭成员负担的照料功能，但基本不具备经济支持功能。针对这种家庭养老模式，需要加强经济方面的保障力度。

组合家庭养老通常是具有共同爱好的老年人共同居住、结伴养老，是老年公寓发展的雏形。合居养老是最初的组合家庭养老的形式，通常是几户老年人商议将自己的住房出售，将钱财合并到一起，协商选择一个比较合适的地段，购买一个面积较大、功能较好的住宅，共同居住、共同开销，结成一个养老的生活共同体。这种模式既降低了生活成本，又消除了单独养老状况下潜在的安全问题和空虚寂寞感。老年公寓则是在政府主导下发展的一种功能更加集中的类家庭的养老方式。这种模式实现了更多的组合家庭养老，使居住在此的老年人获得更丰富的养老保障服务，成本相对于合居养老更低。德国政府高度重视老年公寓的建设，调查显示预计到2050年，德国至少有一半的老年人会选择去老年公寓结伴养老。因此，德国政府从公寓的设计阶段就开始征求老年人意见，并对支持老年公寓建设的企业提供税收优惠。老年公寓能够让老年人既不离开熟悉的家庭环境，又能享受到相对优质的服务，是人口老龄化背景下一种新型的家庭养老方式，也是一种极具发展潜力的老年家庭保障方式。

（四）非血缘性代际家庭保障

非血缘性代际家庭保障是在少子老龄化社会背景下发展起来的一种新型养老方式。从人的经济生命周期来看，老年期虽然是财富的消耗阶段，但相较年轻人而言，老年人一般拥有自己的住宅。随着子女离巢,老年人多选择自己独居,家庭内部住房闲置,老年人又不愿意离开家庭到机构中去养老。因此,有些老年人选择用自己的住宅换取一定的家庭养老支持。主要包括以下三种类型。

1. 招租养老

老年人将自己的住宅租给刚刚进入社会的大学生,一方面,老年人能够获一定的房租作为生活补充;另一方面,年轻大学生的活力能够给孤独的老年居家生活带来生机。招租养老在经济方面和精神慰藉方面优势明显,尤其适合城市中的孤寡老人。

2. 遗赠扶养

遗赠扶养方式主要是针对那些没有子女又不愿意离开家庭到机构中养老,还希望与熟悉的人同住的老年人,即老年人事先与亲朋好友约定,由对方负责为自己提供养老服务,待死亡后,将遗产(多为住房)赠予对方。遗赠扶养具有悠久的历史传统,在社会广泛流传,当前也被我国法律所认可。遗赠扶养是以房养老的鼻祖,即你给我住房,我为你养老。

3. 购买服务养老

购买服务养老主要是指老年人选择在家庭养老,通过雇用保姆或者由专业的养老服务人员提供全天24小时的养老服务或者钟点服务,这种购买服务的家庭养老需要强大的经济支持,此类家庭养老对于日常照料类服务需求更高,同时随着年龄的增长,对于服务质量的要求也越来越高。购买服务养老是当前比较受欢迎的一种养老方式,但是成本较高。如要获得更好的持续性,则需要社会和政府提供更多支持。

(五)其他家庭养老保障

1. 乡村养老

我国的第一代农民工均已经进入老年期,虽然长期生活在城市,但是户籍或家庭仍在农村。农民工进入老年期后思乡尤甚,希望可以落叶归根,且城市养老各方面成本较高,选择回归农村养老,一是可以降低成本,二是能够实现落叶归根的情感诉求。此外,还有一些城市老年人,在城市中辛劳一生,老年后希望选择更加贴近自然的生活方式,因而选择到乡村养老。从乡村养老的运行模式来看,其实质上也属于一种家庭养老,通过依靠自己、配偶或者亲朋支持来养老。

2. 家内售房养老

家内售房养老是国外比较流行的一种养老模式,尤其是美国等西方国家,主要集中在那些只想继承家产又不愿承担养老责任的家庭中,是一种家庭内部售房养老的交易行为。父母将自有住宅出售给子女,换取房款作为养老金或者购买日常照料服务。

这种方式将父母与子女之间的赡养与继承关系用金钱加以明码标价，实行所谓的等价交换，这对不愿意赡养父母而只希望承继房产的子女是一种打击，但对于想要在家庭内部养老的老年人来说，是获得养老保障的一种可行方式，只是这种家庭养老保障的支持力度相对比较脆弱。

3．"一家三代两居"的养老模式

"一家三代两居"的养老模式即家庭中三代、长幼一起生活，但老年人与年轻人分住在不同房子里，两个房子距离很近，既能够保持各自独立的生活空间，又能够兼顾到家庭养老的需求。但是，这种养老也存在着无法及时监测老年人状况的安全隐患，通常需要辅助一些智能化养老设施才能够顺利推行。这种养老方式在一些欧美国家和日本更加流行。

二、老年家庭保障的模式

根据老年家庭保障不同类型的共同特点，可以将老年家庭保障归纳为以下三种模式。

（一）完全家庭型养老保障

完全家庭型养老保障主要是指老年人的养老完全由家庭内部成员来负担，主要包括老人自养、子女供养、配偶或亲属扶养等。完全家庭型养老保障是当前家庭养老保障的主要形式。这种家庭养老模式较难获得来自社会层面的支持，养老质量完全与家庭经济状况、子女孝顺程度以及家庭成员责任心挂钩。对健康状态较好的老年人而言，基于家庭的养老保障支持较为稳定，但是随着老年人年龄的增长，尤其是进入高龄阶段，或者出现失能、半失能情况时，家庭成员的照料压力也随之急剧增加。在没有社会支持的情况下，完全家庭型养老保障将难以支撑，家庭养老的质量也会迅速下降。

少子老龄化的快速发展进一步冲击着完全家庭型养老保障模式，随着高龄老龄化的到来，只有引进政府支持、市场化力量和社会化力量，完全家庭型养老保障模式才能够维持。

（二）半家庭型养老保障

在现代化背景下，家庭结构逐渐转变，家庭功能逐渐外化，社会化养老服务需求逐渐增多，因此越来越多的政府力量、市场力量和社会力量开始充实家庭养老保障体系中，形成了一种半家庭型养老保障模式。

半家庭型养老保障模式是指老年人在家庭内部养老,由子女提供经济支持或者老年人自己提供经济保障,辅之一些社区养老服务项目、政府购买养老服务支持或者纯市场化养老服务支持。当前我国逐渐由以完全家庭型养老保障为主向半家庭型养老保障转变,并且半家庭型养老保障会成为未来很长一段时间内家庭养老的主要模式。

引入政府力量、市场力量和社会力量补充家庭养老保障是半家庭型养老保障的突出特点,其优势在于:一是能够提供更加专业的养老服务,老年人的养老体验更好,既能得到专业化的养老服务,又能享受到子女提供的精神慰藉;二是能够减轻家庭成员的照料负担,将家庭成员从繁重的照料活动中解放出来,参与到社会工作中去;三是能够帮助完善老年产业的发展;四是能够促进国家90%居家养老目标的实现。但是这种半家庭型养老保障模式也存在着潜在的问题:一是购买的养老服务质量如何保障;二是家庭成员购买养老服务的支出与工作收入的均衡关系如何把握;三是如何使市场化的养老服务更快地落实到家庭中去。

基于此,半家庭型养老保障模式的完善发展需要政府制定相关的支持政策:一是调动家庭以外一切能够支持家庭养老的力量;二是打通养老服务从市场到家庭的通道,实现资源利用的最大化;三是建立完善的养老服务监管机制,保障市场化养老服务质量。

(三)类家庭型养老保障

在经济社会快速发展的背景下,一种类家庭型养老保障模式初见端倪。这种养老保障模式排除了原有的代际养老支持,子女或亲属基本不提供养老支持,而是由几组志趣相投的老年人结成同伴共同养老,养老的地点在家庭,但是养老服务的提供是由不具备亲属、血缘关系的老年人相互提供,主要的模式包括结伴养老、同居养老等。

类家庭型养老保障中,老年人同住一个屋檐,但相关的生活支出由老年人各自负担,老年人之间可以相互照料、相互陪伴,在精神上得到极大满足。类家庭型养老保障模式适合经济积累较好、精神独立和思想开放老年人,但是类家庭型养老保障模式受到健康状况的制约,随着年龄增长,身体机能逐渐恶化,若没有外力介入,这种养老模式将难以为继。因此,想要发挥这种养老保障模式的效用,借助政府、市场、社会提供养老服务支持是关键。

这种类家庭型养老保障模式的优势是可以节约养老资源,减少老年人在精神上的缺失,减轻年轻人的照料压力;缺点在于随着年龄的增长,限制因素越来越多,后期需要政府介入兜底。该模式在西方国家更加受欢迎,但是在我国普及度不高,一是受到传统家庭观念的制约,二是老年人存在经济上的限制。

第三节　部分国家或地区的老年家庭保障制度安排

人口老龄化已成为全球的普遍现象，最早进入人口老龄化社会的发达国家逐渐形成了一套成熟的老龄化应对策略，一些发达国家在鼓励成年子女与父母就近居住方面作出了有益实践和努力，对于家庭养老功能的维持、代际关系的促进和社会的稳定发展发挥了重要作用。在人口老龄化初期，发达国家将社会化养老作为主要的养老方式，但是随着人口老龄化程度的加深，社会化养老的压力逐渐增加，发达国家养老的基本指导理念也经过了从福利机构养老到居家养老的曲折转变过程。在养老服务观念上，经历了由少数人享受的福利性、基础性养老到全体老年人普享的多样性、多层次养老服务的改变，从拘泥于现存福利机构养老到满足大多数人群需求的居家养老的变化。亚洲各国普遍比西方社会更为重视传统家庭养老，根据各自国情制定的对策也各有特色。一些发达国家已经形成了比较有特色的家庭养老保障做法值得借鉴。

一、新加坡老年家庭保障制度安排

新加坡是一个资源匮乏的城市岛国，同时也是世界上人口老龄化速度最快的国家之一。面对快速且严重的社会老龄化，新加坡政府倡导自强自立，立足于依靠自己和自己的家庭来解决自己的保障问题。随着新加坡家庭养老政策的不断发展完善，形成了独具新加坡特色的养老制度体系。[1]

（一）法律层面

1995年，新加坡颁布了世界上首部针对赡养老年人的法律——《赡养父母法》，其中规定，如果子女拒绝赡养或不给父母提供养老资金，父母可以起诉，情节严重需要向法院交罚金，更有甚者会因为不赡养老年人而入狱。[2] 该法内容明晰，可操作性强，且新加坡监督机制较为完善，有效地保护了家庭养老中的老年人，对稳定家庭养老模式起到举足轻重的作用。[3]

---

[1] 刘翠霄. 对独树一帜且难以复制的新加坡社会保障制度的几点思考[J]. 温州大学学报（社会科学版），2018，31（4）：3-9.

[2] 毕玉佳. 中国农村家庭养老模式困境及路径探索：借鉴新加坡经验[J]. 现代盐化工，2019，46（6）：119-120.

[3] 丁煜. 保障和激励：建立支撑我国城市家庭养老健康发展的有效机制[J]. 人口与经济，2001（4）：63-66，8.

（二）经济层面

新加坡政府于20世纪末推出公积金填补计划，针对家庭养老的敬老保健金占公积金总额的1/3，可见对家庭养老的重视程度。财政给予敬老保健金计划以强大的经济支持，每年拨款5 000万新元，惠及老年人数众多。政府为每位向自己账户储蓄的人给予100到300新元的经济补贴。[1] 政府还推出"三代同堂花红"项目，三代同堂并且尽到赡养义务的人将增加个人所得税抵扣额，同时照顾两代人的可以抵扣两次，极具人性化。[2] 该计划专门为年满65岁但有一定经济困难的老年人准备了看病津贴，无论去公立医院还是价格昂贵的私人医院，都可以享受政府的医疗补贴。此外，新加坡政府还有暂时性长者残疾援助计划，该计划适用对象是因病残疾的老年群体，老年人无需缴纳任何费用即可享受长达5年的援助金，援助金按月足额发放到老年人手中，保障老年人的最低生活水平。

（三）福利层面

20世纪60年代，新加坡总理李光耀建设性地提出，要让公民们拥有自己的房子。1968年，"居者有其屋"计划正式启动，新加坡政府不断加大财力支持并监督住房质量，数以百万计的房屋陆续拔地而起，降低了新加坡人买房的压力。该计划将家庭养老涵盖其中，鼓励子女赡养老年人，与老年人同住，明确规定房屋优先发放给赡养65岁及以上老年人满3年者，可以利用公积金账户中的存款交付房屋首付，并可在20年内按月按比例分期缴付剩余房款，大大降低了买房者的压力。此外，赡养老年人不足3年者也有优惠，可以优先分配到租赁组屋的资格。针对三世同堂家庭，该计划更是有所倾斜，不仅可以有优先购买资格，在价格上还会有所减免。

2002年，新加坡推出老年保障盾牌计划（乐龄健保300计划），意在为重度失能的老年人提供基本护理保障。乐龄健保计划是一项"选择退出"计划，凡年满40岁但未满69岁的新加坡公民和永久居民除自愿退出外均自动受保，且参保人一旦开始缴纳保费，只要患有严重残疾均可提出保障要求。其缴费资金主要来源于公积金的个人医疗储蓄账户，参保人可使用自己及配偶、直系亲属的医疗储蓄基金。2007年9月之前，参保人每月可获得的赔付资金为300新元，给付期限为5年；2007年乐龄健保400计划推出以后，每月的赔付资金提高到400新元，给付期限延长至6年。此外，新加坡

---

[1] 胡灿伟.新加坡家庭养老模式及其启示［J］.云南民族学院学报（哲学社会科学版），2003（3）：35-38.
[2] 戴卫东.家庭养老的可持续性分析［J］.现代经济探讨，2010（2）：22-26.

卫生部于 2021 年起接管现有的 130 万份乐龄健保计划保单，将便利保户升级至终身保护。

（四）新加坡家庭养老模式

新加坡在住房保障体系建设中秉承以家庭为对象建造和配置住房的原则，坚持鼓励多代就近居住的政策取向，出台了一系列政策规划，对老年家庭在住房配置上给予时间、位置、贷款等方面的优待，为多代居住提供了政策上的保障。这种政策性住房称为"组屋"（组合房屋的简称），对多代居住建设起到很好的引导作用。

一是推行有利于多代就近居住的户型设计。为了适应传统大家庭的购房需要，新加坡修建了大量三室、四室和五室单元的组屋。通过各种优惠政策鼓励多代同居或者父母与子女近邻居住，由此开发出了多元化的"多代同堂组屋"模式——以起居室相连通，两户可分可合[①]。通过这种模式让亚洲人两代及多代同堂的文化传统得以延续。

二是实施鼓励多代就近居住的优惠政策。第一，优先配房且给予奖励补贴。新加坡政府为了鼓励子女与老年人就近居住，推出了系列优惠政策：①子女购买的组屋如果与父母的住房不超过 5 公里，政府给予 1 万新元购房补贴；②子女开车到父母家停车，可以享受半价停车月票。[②] 此外，政府还尽量将幼儿园与老人日托所毗邻而建。晚上祖孙三代在家，白天年轻夫妇上班，又可以将父母和幼儿子女一同送到毗邻而建的老人日托所和幼儿园。第二，降低申请公共房屋的收入门槛。新加坡的组屋政策规定，如果父母和已婚或单身子女一起生活，申请购买组屋时其家庭收入可按两组计算，父母可与一个已参加工作的子女为一组，其他子女为另一组。第三，贷款额度高且还款期限长。新加坡通过多代家庭组屋和合选组屋两种方法鼓励代际合住：多代家庭组屋办法，给予贷款达售价的 90%，还款期限较长；合选组屋办法于 1978 年开始实施，两代分别申请能够一起抽签，这样不仅方便两代就近居住，申请者还能够享受售价的 90% 优惠。

为了支持这种组屋制的家庭养老模式，新加坡强化了法律法规政策层面的保障——出台《住房发展法》，并在 1960 年依据这个法律成立了建屋发展局。建屋发展局旨在为低收入群体提供廉价房屋，使其居住在公共房屋中。新加坡于 20 世纪 60 年代制定并实施了《新加坡建屋与发展法》，明确了政府在发展公共组屋方面的方针和目标等。此后又颁布了《建屋局法》和《特别物产法》等，逐步完善了住房法律体系。[③]

---

① 梁智文.亚热带经适房"两代居"空间需求及户型设计研究［D］.广州：华南理工大学，2012.
② 徐国冲."组屋"的政治学密码：来自新加坡住房政策的启示［J］.中国行政管理，2017（3）：145-150.
③ 宋林.我国城镇住房保障中的政府角色定位［D］.南京：南京大学，2011.

三是鼓励老年人选择居家养老模式。新加坡的居家养老是以家庭为基础提供的养老服务，主要由居家护理机构、居家姑息照护机构和综合诊所提供的医疗保健、家庭护理、家庭姑息照护、老年餐桌、护送和居家个人照护等服务，服务对象一般为体弱多病的居家老年人。作为福利供给本地居民的组屋，在建造时便引入了几代同堂的设计理念，这类组屋以客厅相连接，两户既分又合，使长辈与晚辈既能和谐又能照应。对于愿意购置此类房屋的家庭，新加坡政府将提供现金减免的特殊优惠，以此鼓励子女与父母同住，不仅为子女照顾父母提供便利，更能让老年人享受儿孙绕膝的快乐。

二、日本老年家庭保障制度安排

（一）法律层面

日本社会保障制度的基本特点是注重家庭的作用，子女或亲属是照料老年人的主力军。为了充分发挥家庭保障的优势，日本政府自1963年7月颁布《老年福祉法》以来，不断对其内容进行修订。该法以保障老年人权利实现为目标，并且逐渐探索了一整套贴合老年人特点的养老保障制度体系。该法注重实现各类保障制度与居家养老服务模式的有效衔接，对老年人居家养老服务的相关设施建设以及企业事务运行规则也作了细致规定。1982年，日本政府出台了《老年保健法》，旨在改善老年人健康条件以及确保老年人福利能够更好实现。在2006年开展的医疗体制改革中，日本政府对《老年保健法》进行了系统修订，并在2008年将其改为《确保老年医疗法》，其中规定了能够享受医疗服务的老年群体由原来的70岁及以上提高到75岁及以上，公共支出负担比例由原来的三成提高到五成。这些措施都有利于在居家养老服务中形成更加可持续的运作模式。1997年，日本政府颁布了《介护保险法》，1998年、1999年陆续通过了《介护保险法施行令》《介护保险法实施细则》，这些立法赋予了老年人自主选择服务提供者和服务类型的权利，不仅有助于打破政府在居家养老服务供给领域的垄断地位，也有利于民间机构和市场企业积极参与到居家养老服务工作中，为居家老年人提供高品质、多样化的养老和医疗服务项目。此后的相关法律条款根据实际情况不断调整优化。

（二）经济层面

日本主妇年金制是一项保护女性家庭照料者的制度。由于日本传统男主外女主内的思想，照顾老年人的重担就落在全职主妇身上。全职主妇没有工作，所以没有缴纳养老保险的资金，一旦丈夫因病不能工作或去世，全职主妇的老年生活没有任何保障。

基于稳固家庭养老的原则，日本建立了主妇年金制，以家庭为单位参保，只要丈夫是公司职员，妻子不缴费也可以在年老时领取养老金。1985 年，日本为了解决原有主妇年金制的弊端，修改了《国民年金法》，规定照顾老年人的全职主妇拥有百分之百的养老金领取权，保护了全职主妇的合法权益。随着主妇年金制不断发展，规定全职主妇即使离婚依然享有领取养老金的权利，且名下账户资金不受任何影响，这一政策进一步保护了女性家庭照料者的权利，也促进了家庭养老的平稳发展。

日本在 2000 年开始实施介护保险制度，该制度实施过程中所需资金由政府财政资金和保险费平摊；所提供的服务项目包括了介护服务（居家介护服务、社区介护服务、机构介护服务）和介护预防服务等。服务流程主要包括由申请人提出申请，保险审查委员会进行审查和评估，之后通过审查的申请人在签订服务合同后即可享受相应的介护保险服务项目。2021 年，介护保险制度在日本已经施行了 20 多年，得到介护服务支持且经过法定程序认定的人数共 687.1 万人，其中男性 218.1 万人、女性 469.0 万人（截至 2021 年 8 月）。

（三）福利层面

日本设计了精神抚慰与喘息暂托服务政策。其中，喘息暂托服务一般包括日间照料、居家暂托和机构暂托 3 种服务类型。日本通过日间照料中心，为行动不便且无法独立正常生活的老年人提供短时期的居家养老服务以及日间照料服务。日间照料服务是为了给夜间照料的居家养老服务员一个休息的机会。

（四）日本高龄同居养老计划

日本建设省和日本住宅公团从 1972 年起开始推进高龄者同居住宅项目建设，为"三代居"家庭提供优先入住，并且住宅套型规模及设备布置均注重"三代居"家庭对居住空间的需求。1986 年通过的《日本长寿对策大纲》提出了从收入保障、保健福利、社会生活和居住环境 4 个体系综合推进的方针，其中在居住环境方面提出了适应终身生活设计的基本原则。日本的高龄者住宅模式从环境行为心理学的观点出发，经过了从集中居住到混合居住的演变，目前已经开始向通用住宅转变。通用住宅是指能够适应人在一生中各阶段变化的住宅类型。日本的《老年福祉法》在住宅供应方面采取倾斜政策，为老少同居的亲子家庭制订了优惠开发新型住宅和新社区计划。

为了鼓励居民购买城市型"三代居"住宅，日本民营银行推出了特别的房贷制度，大致上可分为亲子组合贷款以及亲子接力贷款两类。亲子组合贷款是由亲、子分别成为单独的债务人，并且相互为连带保证人，其优点是可增加一次可借款金额；亲子接力贷款以两代同居为前提，相互为连带债务人，其优点在于不用考虑第一代的年龄，可以规划跨越亲子两代的长期还款计划。住宅购买者可依据自身情况，选择合适还款计划：如果想增加借款金额，可以选择亲子组合贷款，如果想延长还款期，则可以选择亲子接力贷款。

日本老年住宅的良好发展建立在完备的社会保障体系基础上，《国民年金法》《老年福祉法》和《老年保健法》这3项法律支撑起日本的老年保障体系。1959年，日本颁布的《国民年金法》中提出，要采取国家、行业和个人共同分担的办法，强制20～60岁的国民加入国民年金体系。1963年，日本颁布了《老年福祉法》，实施后几经修改形成了日本独特的居住福利模式，由居家养老福利对策和设施养老福利对策两部分组成。1983年，日本制定的《老年保健法》全面推广老年人保健设施，使日本老年人福利政策的重心开始转移到居家养老。1989年，日本政府出台了《老年人保健福祉推进十年战略》，又称"黄金计划"。1994年，日本实施了"新黄金计划"，着重完善了居家社区养老服务项目（如上门护理、短期住宿、日间服务等）。1999年，又制定了《未来五年老年人保健福利政策的方向》，称为"21世纪黄金计划"，该战略以促进老年人身体健康、有尊严地参与社会为价值目标，也重视老年人的护理工作，以护理服务为核心来充实高龄者的福利制度体系，并且也采取了完善照护服务基础设施、建立阿尔茨海默病支援政策以及建立居家社区支援体系等具体保障措施。2003年，又制定了《2015年的老年人护理——确立维护老年人尊严的护理》，积极发挥居家社区综合照顾的作用，并强调需加强家庭护理支援中心项目的建设。2013年，日本出台了《促进失智症措施五年计划》，也称之为"橙色计划"，在内容上主要包括构筑支撑居家社区生活的医疗及护理服务体系等。2014年，日本出台了《促进社区医疗和护理综合保障法》，规定了创设新的基金、出台居家社区综合照护制度、构建地区有效的医疗保障体系以及设置公平合理的费用分担机制等应对措施。2015年，日本政府出台了《促进失智症措施的综合战略》，即"新橙色计划"，提出要继续支持居家社区养老服务发展，加大对家庭成员和照顾者的支持力度，推进包括认知障碍者权利实现在内的各类社区建设工作。

三、韩国老年家庭保障制度安排

韩国是近年来人口老龄化发展速度最快的国家之一。根据韩国统计厅公布的数据，2012年，韩国65岁及以上老年人首次突破900万人，独居老人占比21.8%，预计2050年韩国65岁及以上老年人将达到1 527万人，约为总人口的34.4%。与此同时，韩国人口出生率逐年走低，成为世界上人口出生率最低的国家之一。

（一）经济层面

1988年，韩国政府通过了《国民养老保险法》，建立了国民养老金制度，但该制度覆盖对象较为单一，覆盖范围较窄。1992年，随着韩国经济迅速发展，局势得到扭转，该制度得到迅猛发展，覆盖人群从单位职工变为18~60岁的人口。韩国国民养老金制度中有上下限规定，有单位者由单位和个人共同承担养老金费用[①]，采取积累形式，养老金依据一定比例定期转入相应的基金账户中。此外，韩国国民养老金制度强制国民必须参加，政府相关部门实行统一管理，到达退休年龄即可领取养老金，对家庭养老的老年人来说是一份晚年经济保障。

（二）住房层面

韩国于1981年修订的《住宅法》中规定，国家通过财政拨款的形式成立基金，为选择家庭养老方式的家庭建造房屋，并享受减免税待遇。为方便子女照顾老年人、增加代际黏性、稳定家庭养老赡养，老年人且无住房者可优先入住，全款或贷款均可得到免缴一部分所得税的优惠。1997年颁布的《老年福利法》较为具体地将提供给家庭养老的老年人公寓分为5类，并鼓励子女与父母同住，如果双方都有住房，则一方的房屋所得税全免。在此基础上，韩国政府还综合考虑老年人及其子女收入，对于家庭收入低的困难家庭给予更多税额减免。

（三）多元协同的老年家庭支持

在严峻的人口老龄化情况下，韩国非常重视发挥家庭在养老服务中的作用，并且通过制度性与非制度性手段激励代际照料、提高居家养老家庭支持力，积极构建完整家庭养老保障支持体系，满足了居家老人的养老需求，减轻了社会养老压力。

1."政府+社会"重塑家庭养老功能

一是弘扬孝道文化，营造敬老孝亲的社会氛围。韩国历来崇尚孝道文化，以儒学为基础的孝道规范已融入社会的各方面，成为韩国民族文化的重要组成部分。韩国开展系统性的孝文化教育，从幼儿园、小学到中学、大学均开设了以孝道为核心的儒学伦理课程，学校和社会团体经常合作举办丰富多彩、形式多样的孝文化实践活动，倡导学生继承敬老孝亲的优良传统。同时，韩国政府鼓励高校和民间文化团体成立儒学研究机构，吸纳各类优秀人才积极参与学术研究，为弘扬孝道文化提供思想和理论基

---

① 安炳哲，朱晓东.社会变化与韩国家庭[J].社会科学战线，2004（2）：209-210.

础。2007年,韩国政府通过了《孝行奖励资助法》,以立法形式来褒奖孝行,推动孝文化教育和孝道推广,保护老年人的特殊权利。此外,为培养和提升公民的孝道意识,政府规定每年公务员享有行孝休假日,为父母及岳父母或公婆庆祝生日,如不与老年人居住在同一城市,还可放宽休假日[1];设定老人节和敬老月,鼓励子女与父母沟通感情,尊敬孝敬长辈;政府主导举办老年体育大会、尊老敬老活动、学术研讨会等,引导社会各界关注老年福利。政府或孝行推广财团(如三星福利财团、圣山青少年培养财团等)会推选全国孝行模范或老年人福利贡献者予以嘉奖,以此激发个人对家庭和社会的道德责任感,营造尊老、敬老、爱老、孝老的社会氛围。

二是采用制度手段激励家庭代际养老行为。韩国政府充分利用家庭津贴、住房津贴、所得税减免等制度手段提高家庭养老支持力度,支持子女赡养父母,恪守孝道。韩国政府在《社会保障基本法》中原则性规定,国家和地方政府应该为促进家庭健康发展、提高家庭功能而努力。韩国政府还在各个专项法律中制定条款激励家庭代际养老行为,《国民年金法》第四十八条规定,赡养60岁及以上父母或二级以上残疾父母的,在支付年金时每年可追加10万韩元的附加年金。《失业保险法》规定,因本人或配偶的直系亲属伤病不能就业,或因赡养65岁及以上老年父母影响就业的,可以延长失业金的领取时间。《国民基础生活保障法》规定,赡养痴呆父母的有劳动能力的最低生活保障者,可以认定为参与劳动或参与自救生活困难者,享受相关保障。[2]

三是在财政福利方面,韩国政府制定了十分详细的税收优惠措施以缓解子女养老压力。第一,对赡养男性60岁及以上、女性55岁及以上的老年人,或与65岁及以上老年人共同生活的子女,每年可减免48万韩元的所得税;第二,赡养老年人5年以上的三代同堂家庭,在继承遗产时给予税收额90%的减免,每赡养一位老年人可减免3 000万韩元的遗产税[3];第三,父母和子女都拥有住房,但子女为了方便照顾父母与父母一起生活的家庭,如果一方出租或者出售房屋可免除所得税;第四,夫妻与任何一方老年父母一起居住两年以上的家庭可优先获得政府贷款,用以改进或扩建住宅或者购买新房;第五,购买三世同堂住房的家庭可减免登记税、转让税;第六,韩国法务部颁布的《继承法(修正案)》中规定,赡养父母的子女在继承遗产时应比其他子女多继承50%的财产,以保障代际照料者权益。这些法律和措施都说明韩国政府鼓励代际共居养老,并把经济均衡发展与家庭传统相结合,这种模式属于老年家庭保障支持模

---

[1] 余飞跃.家庭养老的困境与出路:兼论孝与不孝的理性[J].重庆大学学报(社会科学版),2011,17(5):124-130.
[2] 朴炳铉.社会福利与文化:用文化解析社会福利的发展[M].北京:商务印书馆,2012.
[3] 家庭养老支持政策的国外镜鉴[EB/OL].(2012-08-03)[2019-12-20].www.npc.gov.cn.

式的内容。

2. "政府＋市场"提高老年人自助养老能力

韩国政府为实现积极老龄化和生产性老龄化的目标，制定多项措施规范劳动力市场，促进老年人再就业，提高其自助养老能力。为消除社会对老年人的年龄歧视，韩国政府于2007年出台《雇佣上禁止年龄歧视及老年人雇佣促进法》，禁止用工单位在招聘、录用、工资福利待遇、晋升、解雇等方面歧视老年人，并详细阐述了各种直接性歧视、间接性歧视、报复性歧视的表现与相关惩罚措施，通过强制性立法保障老年群体在劳动力市场获得公平的就业机会，保护老年人合法权益。为避免老年人过多依靠国家现金补助和收入保障制度增加经济收入，政府与市场协作发展老年人职业岗位事业，鼓励老年人通过再就业达到自我帮扶、自助养老的目的。为了扩大老年人职业岗位的覆盖面，政府尝试与私营机构协同合作，充分挖掘市场领域的就业资源，共同开发多种适合老年人身体状况和能力的岗位，包括自立型职业岗位、人力派遣型职业岗位等，支持老年人再就业，让他们在身心可接受范围内增加养老资产，通过劳动丰富晚年生活。

3. "政府＋社会＋市场"协同供给多层次居家养老项目

一是政府直接供给普惠性养老服务项目。由韩国政府、社会、市场合作供给的居家养老服务层次清晰、内容多样，其中，政府面向老年群体推出了多项普惠性养老服务。对无人赡养或家庭赡养困难的老年人采取救济支援政策，除了免费伙食供应，还利用福利支援设施安排居住场所，保障困难老年人的基本生活需要。

二是发展双面补贴激励社会和市场供给多样化养老项目。居家养老服务的生产与递送仅仅依靠政府是不现实的，必须整合多元主体力量协作完成。韩国政府为吸引民间资本注资，拓宽居家养老服务的供给途径，提高服务供给效率，在1970年颁布了《社会福利事业法》，规定对民间资本投资的社会福利机构提供一定财政补贴。从2007年开始推出养老服务凭单制度，面向居家老人发放消费券或服务券。服务券兑换过程中，政府承担提供公共物品的责任，把居家养老服务生产递送责任转移给专业的社会组织和企业，让消费者"用脚投票"，扩大了老年人选择权的同时，促进了多元主体良性竞争，提高了家庭养老服务供需匹配度和满意度。

第四节　中国老年家庭保障历程及路径

家庭养老在中国的形成、延续和发展，有着极其深厚的政治、经济、文化和社会基础。在几千年的发展过程中，深深融于中国特有的文化传统之中，成为中国养老文化的重要特征。

一、中国老年家庭保障历程

（一）原始社会与传统农业社会——传统家庭养老模式

1. 基于伦理的传统家庭养老保障

随着社会生产力的发展，人类开始了农业定居生活，家庭婚姻关系确立后，原始的尊老养老观念和家庭养老行为便开始出现。原始社会后期，人类进入定居时代，开始驯养和种植等农业活动，稳定的农业生产和定居生活使得老年人的重要性得以显现。在农业生产活动中，老年人积累的有关气候、气象、作物以及动物的相关知识和经验对年轻人来说都是极为重要的生产技能。同时，在缺少变动的农业定居时代，老年人丰富的阅历和智慧，在日常生活中也显得非常实用。基于以上原因，原始的尊老敬老观念逐步形成。其中，家庭赡养由群居的氏族承担，如《礼记·礼运》所云，大道之行也，天下为公。选贤与能，讲信修睦。故人不独亲其亲，不独子其子，使老有所终，壮有所用，幼有所长，矜、寡、孤、独、废、疾者皆有所养，男有分，女有归。由于生产资料的公有制，氏族在养老过程中往往采取一律平等的态度，无差别地对待氏族中的老年人。传统家庭养老的内容较为简单，仅限于对长辈的物质供应、人与人之间的天然亲情以及对离世长辈的原始崇敬与祭奠。

2. 传统敬老文化的法律依据

古代法令规定了子女对老年人承担的赡养义务。唐朝、明朝、清朝的律例都规定，如果祖父母、父母在世，子孙分割家产另立门户或不供养老年人，按十恶大罪中的"不孝罪"论处。唐朝法律《唐户令》规定，诸鳏寡孤独贫穷老疾，不能自存者，令近亲收养，若无近亲，付乡里安恤。明朝、清朝的法律还规定，凡鳏寡孤独及笃疾之人，贫穷无亲属依倚，不能自存，所在官司应收养而不收养者，杖六十。

古代的法律对于子女侵犯老年人权益的行为的惩罚是非常严厉的。法律凭借其特有的强制力对"孝道"加以强化，它赋予父母对子女的教令权，违犯教令的子女要受到刑罚制裁。家庭是社会的基石，家庭美满和谐是个人幸福和社会稳定的保障。

中国传统法律在有关家庭与家族领域所贯穿的儒家伦理，集中体现为"孝"。"孝"作为儒家伦理中重要的基本范畴，具有极其丰富的内涵。家庭与家族领域内上下辈之间的各种关系都可以用"孝"字来概括：子女因孝而美名远扬、传颂于世；子女因为不孝而声名狼藉、不齿于人。《唐律疏议·斗讼》中有关"子孙违反教令"规定，诸子孙违反教令及供养有阙者，徒二年。宋代以后，父母对不孝之子甚至有处死权。① 在国家法律中，"违反教令"涉及的方面十分广泛，包括不顺父母、供养有阙、赌博等。明清律中对不孝顺父母的子女，除了承认父母拥有自行责罚权，还规定父母具有送罚权，即请求官府代为惩处的权利。②

在儒家文化主导的传统社会，赡养照料老年父母是天经地义的孝道行为。在儒家孝道理论完备之后，中国家庭养老的内涵更是清晰地展示出来，儒家伦理所提倡的孝道内容成为家庭奉养父母必须遵循的重要标准和原则。这种法律规范具有极强的中国特色：（1）小农经济形态是经济基础；（2）儒家传统孝道是文化基础；（3）国家支持（提倡孝道观念的同时采取措施实践孝道和尊老观念）；（4）宗族内部救助作为补充；（5）严酷的"父为子纲"的封建理学伦理，使得传统家庭养老表现出一定的极端性、自私性、功利性特点，禁锢了国人思想。

（二）中华人民共和国成立后——集体经济支持下的家庭养老

中华人民共和国成立初期，客观经济状况使得家庭仍然是老年保障的承担主体，传统家庭形式和传统家庭观念的保留，为中华人民共和国成立初期中国家庭老年保障制度的延续提供了必要的组织和文化基础。但是，随着"三大改造"的完成，中国无论从意识形态、政治体制，还是经济基础等各个方面都发生了翻天覆地的巨大变化。在此背景下，中国老年保障制度的环境发生了根本改变，在立国之法的宪法中高度重视养老保障。在1982年宪法之前，中国曾制定过三部宪法，每一部宪法都强调子女赡养的重要性，其中规定，中华人民共和国劳动者在年老、疾病或者丧失劳动能力的时候，有获得物质帮助的权利。强调老年人所获得的物质帮助不仅来自国家，也源自家庭。1982年宪法更是明确规定，成年子女有赡养扶助父母的义务。此后，宪法经过1988年、1993年、1999年、2004年、2018年五次修正，无一例外地保留了该款条文。③

中华人民共和国成立以后，工业化进程得以加速，家庭养老赖以存在的传统农业社会基础发生了改变，这一趋势和潮流直接推动了家庭养老方式的转变。中国工业化

---

① 参见《元史·刑法志》四，"杀伤"；《明律例·刑律》二，"殴祖父母、父母"；《大清律例·刑律》，"殴祖父母、父母"。明清律皆云：若违犯教令，而依法决罚，邂逅至死，及过失杀者，各勿论。元律则云：诸父有故殴其子女，邂逅致死者，免罪。

② 父母可以子孙违反教令为理由送请官府惩戒。唐、宋的处分是徒刑二年（参见《唐律疏议·斗讼》，"子孙违反教令"；《宋刑统·斗讼》，"告周亲以下"）。明、清律杖一百（参见《明律例·刑律》，"子孙违反教令"；《大清律例·刑律》，"子孙违反教令"）。

③ 戴卫东.中国家庭老年照料的功能变迁与价值转向[J].安徽师范大学学报（人文社会科学版），2021，49（1）：64-73.

的快速发展建立在城乡二元结构基础之上，为了更多更便捷地进行资本积累，国家在农村地区选择了集体化道路。随着这一改革的推进，中国农村地区老年保障模式迅速由家庭保障过渡到集体保障，其中包括基本生活资料供给、医疗保健、丧葬费用和坟地管理以及部分"五保"老人的生活照料都从家庭养老功能中剥离出来，由农村集体统一组织负责。农村老年保障制度是中国社会保障发展史上一次极具开创意义的尝试，尤其是五保供养制度和农村合作医疗制度，最终成为农村社会保障制度的重要组成部分。但是，这种跨越式的农村老年保障模式改革是在社会经济发展水平极低的情况下进行的，这种先天不足，必然会使得新制度因为社会物质基础的匮乏而丧失它应有的优越性，从而缺乏可持续发展的动力。这一阶段的农村老年保障制度是特定历史阶段的产物，制度建立违背了社会发展规律，必然会随着社会政治经济文化的发展而重新回归客观轨道。人民公社制度下家庭形式虽然依然存在，但它已经变成一个单纯的狭义的生活单位，经济功能被剥离。家庭在农村老年保障工作中所能发挥的作用仅限于集体社队，从而无力或很难兼顾老年人的精神慰藉和生活照料。

这一阶段表现出以下特点：一是家庭养老保障有宪法支持；二是人民公社公有制形式冲击传统家庭养老；三是家庭功能弱化。

（三）改革开放以来——改革探索下家庭功能的涨落

1978年，党的十一届三中全会召开，此次会议对中国社会发展具有转折意义，为社会带来了新气象。以1978年11月安徽省小岗村实行"包干到户"的生产责任制为标志，拉开了中国经济体制改革的序幕。家庭联产承包责任制的实施带来了农村家庭收入的增加，为农村老年保障工作带来了新的契机，为以家庭为基础的农村老年保障制度的回归提供了必要的经济基础和保证。在农村集体老年保障失去支撑并慢慢撤离的情况下，家庭老年经济保障功能开始重新恢复。

改革开放初期，家庭老年保障功能重新恢复，尤其是长期以来由集体社队承担的老年人经济支持功能也再次回归家庭。老年人的日常生活照料、医疗费用开支以及其他老年保障的所有职能完全由家庭承担，家庭为这一时期的老年人生活提供了全方位的服务与支持。但是，经过了20多年集体社队生活方式的改变、商品经济的冲击以及其他影响，这一时期家庭老年保障功能的恢复已经不再是简单的传统意义上的重复，而是赋予了新的时代特征。

随着改革开放的深化，1993年，中国特色社会主义市场经济体制基本成型。市场经济是一种"以维护产权、促进平等和保护自由的市场制度为基础，以自由选择、自愿交换、自愿合作为前提，以分散决策、自发形成、自由竞争为特点，以市场机制导向社会资源配置的经济形态"。自由竞争的市场经济在带给整个社会无限活力的同时，也将人们带入了一个充满风险和挑战的社会。这一时期家庭养老受到法律强制保护，1996年首次颁布的《中华人民共和国老年人权益保障法》中规定，禁止歧视、侮辱、虐待或者遗弃老年人；老年人养老主要依靠家庭，家庭成员应当关心和照料老年人；赡养人应当履行对老年人经济上供养、生活上照料和精神上慰藉的义务，对患病的老年人应当提供医疗费用和护理；应当妥善安排老年人的住房，以及照顾老年人的特殊需要。

世纪之交，中国步入了老龄化社会。为了应对人口老龄化，2000年，中共中央、国务院发布了《关于加强老龄工作的决定》，提出建立以家庭养老为基础、社区服务为依托、社会养老为补充的养老机制。2001年，《中国老龄事业发展"十五"计划纲要（2001—2005年）》再次明确，坚持家庭养老与社会养老相结合，继续鼓励和支持家庭养老，并特别指出农民养老以家庭赡养为主。2005年，民政部发布了《关于开展养老服务社会化示范活动的通知》，首次提出建立以居家养老为基础，以社区老年福利服务为依托，以老年福利服务机构为骨干的老年福利服务体系。此后，在《国务院办公厅转发全国老龄委办公室和发展改革委等部门关于加快发展养老服务业意见的通知》中修改为以居家养老为基础、社区服务为依托、机构养老为补充的服务体系。在2011年《国民经济与社会发展第十二个五年规划纲要》中再次提及，建立以居家为基础、社区为依托、机构为支撑的养老服务体系。在2016年《中华人民共和国国民经济和社会发展第十三个五年规划纲要》中又调整为建立以居家为基础、社区为依托、机构为补充的多层次养老服务体系。2018年修正后的《中华人民共和国老年人权益保障法》更具体地加以规定，老年人养老以居家为基础，家庭成员应当尊重、关心和照料老年人。对生活不能自理的老年人，赡养人应当承担照料责任；不能亲自照料的，可以按照老年人的意愿委托他人或者养老机构等照料。与老年人分开居住的家庭成员，应当经常看望或者问候老年人。禁止对老年人实施家庭暴力。国家建立健全家庭养老支持政策。《中华人民共和国老年人权益保障法》的制定及修正，充分表明家庭在保障老年人经济、服务、精神、住房、人身安全等方面负有不可推卸的基本义务，同时，国家的养老责任也在法律中得到明确。[①] 2019年，中共中央、国务院印发了《国家积极应对人口老龄化中长期规划》，提出要构建养老、孝老、敬老的社会环境。强化应对人口老龄化的法治环境，保障老年人合法权益；构建家庭支持体系，建设老年友好型社会，形成老年人、家庭、社会、政府共同参与的良好氛围。2020年，国务院办公厅印发了《关于促进养老托育服务健康发展的意见》，提出要增强家庭照护能力；优化居家社区服

---

① 戴卫东.中国家庭老年照料的功能变迁与价值转向[J].安徽师范大学学报（人文社会科学版），2021，49（1）：64-73.

务；建立家庭托育点登记备案制度。2021年，中共中央、国务院印发了《关于加强新时代老龄工作的意见》，提出创新居家社区养老服务模式，依托社区发展以居家为基础的多样化养老服务；到2025年，老城区和已建成居住区结合城镇老旧小区改造、居住区建设补短板行动等补建一批养老服务设施；鼓励成年子女与老年父母就近居住或共同生活，履行赡养义务、承担照料责任，对赡养负担重的零就业家庭成员，按规定优先安排公益性岗位。2022年的《"十四五"国家老龄事业发展和养老服务体系规划》强调，要坚持政府、社会、家庭、个人共同参与、各尽其责，弘扬中华民族孝亲敬老传统美德，巩固家庭养老的基础地位，打造老年友好型社会。

尽管家庭养老在中国当时的老年保障中仍占据着重要地位，但是单一的家庭养老已无法完全保障老年人的晚年生活。随着家庭规模的不断缩小，青壮年劳动力的乡城转移、区域转移，计划生育政策的深入推行，家庭结构浓缩为"四二一"型，即一对夫妇同时赡养四位老年人，老年人生活照料出现人手不足的问题，尤其是面对失能老人时，这种状况更为棘手。① 一旦家庭出现这一状况，势必需要子女放弃自己的工作回到父母身边进行必要的生活辅助，这不仅使子女面对繁重的照料工作，更减少了家庭的经济来源。由于中国社会保险制度建立时间较短，养老保险制度和医疗保险制度仍不够健全，使得部分老年人无养老金或养老金微薄，更加重了家庭的经济负担。此外，住房紧张、生活习惯差异、道德滑坡等原因也给家庭养老带来不利影响。

这一阶段表现出以下特点：一是家庭养老重新回归；二是低水平的家庭老年保障；三是家庭养老阻碍增多，老年家庭保障弱化，社会保障重要性凸显。

二、中国老年家庭保障路径探索

（一）老年家庭保障的发展情况

对于相当一部分老年人而言，现阶段他们的收入水平不足以支撑自我养老，国家养老保障体系仍不完善，也使得家庭的大部分养老功能无法被替代。工业化制度体系和现代观念长期冲击下，在中国双职工家庭、全面三孩政策背景下，家庭自有的养老功能面临的挑战越来越大，家庭已经无法独立满足老年人的养老需求。因此，家庭养老保障需要来自政府、市场、社会、社区、机构等多方面的支持。

为了应对不断加深的人口老龄化态势，中国政府致力于建立"9073"的养老格局。"9073"是指，90%的老年人居家养老，7%的老年人依托社区支持养老，3%的老年人

---

① 张奇林.老年人保障体系的多层次性与伦理选择[J].中州学刊，2002（3）：159-161.

入住机构养老。经过多年努力，中国的涉老政策逐渐立体化、多元化，老年家庭保障也迈入了探索完善的阶段。宏观层面上，家庭养老支持政策机制构建的重要性不断被强调（见表 8-1）。党的十八大以后，习近平总书记在不同场合多次提出，要不断完善老年人家庭赡养和扶养政策，制定家庭养老支持政策。老年人养老需求的增长和党中央对民生议题的关注，使家庭养老支持政策机制的重要价值得到凸显。

表 8-1 国家涉及老年家庭保障支持的相关政策内容

政策标题	文件表述	文号或发文时间
国务院关于印发中国老龄事业发展"十二五"规划的通知	充分发挥家庭和社区功能，着力巩固家庭养老地位 鼓励为老年人家庭成员提供转向培训和支持，充分发挥家庭成员的精神关爱和心理支持作用 引导开发老年宜居住宅和待他亲情住宅，鼓励家庭成员与老年人共同生活或就近居住 完善老年人口户籍迁移管理政策，为老年人随赡养人迁徙提供条件	国发〔2011〕28号
国务院关于印发国家人口发展规划（2016—2030年）的通知	建立完善包括生育支持、幼儿养育、青少年发展、老人赡养、病残照料、善后服务等在内的家庭发展政策 加强家庭信息采集和管理，为家庭发展政策的制定和实施提供依据 完善家庭养老支持措施，建设无障碍的老年友好型社区和城市，营造良好社会氛围，形成敬老、养老、助老的社会风尚	国发〔2016〕87号
国务院办公厅关于全面放开养老服务市场提升养老服务质量的若干意见	优先安排贫困、高龄、失能等老年人家庭设施改造，组织开展多层老旧住宅电梯加装 支持开发老年宜居住宅和代际亲情住宅	国办发〔2016〕91号
国务院关于印发"十三五"国家老龄事业发展和养老体系建设规划的通知	逐步建立支持家庭养老的政策体系，支持成年子女与老年父母共同生活，履行赡养义务和承担照料责任 把敬老养老助老纳入社会公德、职业道德、家庭美德、个人品德建设，纳入文明城市、文明村镇、文明单位、文明校园、文明家庭考评 健全老年人精神关爱、心理疏导、危机干预服务网络，督促家庭成员加强对老年人的情感关怀和心理沟通	国发〔2017〕13号

续表

政策标题	文件表述	文号或发文时间
国务院办公厅关于制定和实施老年人照顾服务项目的意见	鼓励制定家庭养老支持政策，引导公民自觉履行赡养义务和承担照料老年人责任 除极少数超大城市需按政策落户外，80周岁及以上老年人可自愿随子女迁移户口	国办发〔2017〕52号
国务院办公厅关于推进养老服务发展的意见	推动居家、社区和机构养老融合发展。支持养老机构运营社区养老服务设施，上门为居家老年人提供服务	国办发〔2019〕5号
国家积极应对人口老龄化中长期规划	构建养老、孝老、敬老的社会环境。强化老年人合法权益 构建家庭支持体系，建设老年友好型社会，形成老年人、家庭、社会、政府共同参与的良好氛围	2019年11月21日
国务院办公厅关于促进养老托育服务健康发展的意见	增强家庭照护能力。支持优质机构、行业协会开发公益课程，利用互联网平台等免费开放，依托居委会、村委会等基层力量提供养老育幼家庭指导服务，帮助家庭成员提高照护能力 优化居家社区服务。发展集中管理运营的社区养老和托育服务网络，支持具备综合功能的社区服务设施建设，引导专业化机构进社区、进家庭 建立家庭托育点登记备案制度，研究出台家庭托育点管理办法，明确登记管理、人员资质、服务规模、监督管理等制度规范，鼓励开展互助式服务	国办发〔2020〕52号
中共中央、国务院关于加强新时代老龄工作的意见	创新居家社区养老服务模式。以居家养老为基础，通过新建、改造、租赁等方式，提升社区养老服务能力，着力发展街道（乡镇）、城乡社区两级养老服务网络，依托社区发展以居家为基础的多样化养老服务 到2025年，老城区和已建成居住区结合城镇老旧小区改造、居住区建设补短板行动等补建一批养老服务设施，"一刻钟"居家养老服务圈逐步完善 鼓励成年子女与老年父母就近居住或共同生活，履行赡养义务、承担照料责任。对赡养负担重的零就业家庭成员，按规定优先安排公益性岗位	2021年11月18日
国务院关于印发"十四五"国家老龄事业发展和养老服务体系规划的通知	坚持政府、社会、家庭、个人共同参与、各尽其责，弘扬中华民族孝亲敬老传统美德，巩固家庭养老的基础地位，打造老年友好型社会	国发〔2021〕35号

当前各级政府已通过津贴补贴制度、户籍制度、税收优惠和政府购买服务等政策工具，助力家庭发挥养老功能。例如，对失独家庭和独生子女家庭因人口规模缩减导致供养源匮乏或单一的问题，政府通过一系列补贴、津贴和奖励扶持计划，对其进行经济补偿；对于家庭成员可能因供养能力弱而缺少养老积极性的问题，2018年发布的《国务院关于印发个人所得税专项附加扣除暂行办法的通知》，将赡养老年人的支出作为个人所得税附加扣除项，通过税收优惠鼓励家庭养老；对于人们养老责任意识淡化的问题，全国老龄工作委员会组织开展了全国性爱老敬老社会活动——"敬老月"活动，弘扬孝亲敬老的传统美德，在全社会营造尊老敬老孝老的文化氛围。2019年，国务院办公厅印发了《关于推进养老服务发展的意见》，提出将失能老年人家庭成员照护培训纳入政府购买养老服务目录，组织养老机构、社会组织、社工机构、红十字会等开展养老照护、应急救护知识和技能培训，这进一步完善了国家在家庭养老服务方面的顶层制度设计。此后国家也开始注重家庭适老化改造，着力于改善家庭的养老环境，着力于多维度养老力量协同助力家庭养老的实现，着力于构建老年友好型社会。

地方政府还通过政策创新不断丰富对老年家庭保障支持。例如，近年来，在福建、广西、海南、湖北、黑龙江等省份的地方性法规中纳入独生子女护理假，以协调独生子女照料父母和工作之间的关系。相关地方性法规规定，独生子女可依法享有父母患病住院期间带薪休假陪护的权利，且用人单位应保障其在护理期间工资福利待遇不变。值得注意的是，非独生子女也被逐渐纳入保障范围之内。

专业人才短缺是中国家庭照料中存在的突出问题，尤其是在照料高龄老人和失能、半失能老人时，对照料者的技术和精力都有很高要求。但在现实中，由于缺乏专业人才，这部分老年人不得不由家庭成员全职照顾。高强度的照料护理对照料者的精神压力、身体健康和就业都带来了巨大影响，因此，加大对于照料者的服务势在必行。缓解亲属照料压力的"喘息服务"已被一些地方政府纳入老年家庭支持政策实践中。近年来，北京、上海和重庆等地的养老服务实施方案均明确了"喘息服务"的价值，并通过试点加以推广。[1] 2011年，浙江杭州西湖首次在辖区内尝试"喘息服务"[2]，上海

---

[1] 白杰戈. 居家养老政府帮忙 "喘息服务" 为低收入家庭等分忧 [EB/OL]. (2019-06-08) [2019-09-27]. http://china.cnr.cn/yaowen/20190608/t20190608_524643284.shtml.

[2] 钱伟锋. 居家养老试水 "喘息服务" [N/OL]. 杭州日报, (2011-10-16) [2019-09-27]. http://szbz.hangzhou.com.cn/hzrb/html/2011-10/16/content_1151690.htm.

从 2012 年起在部分社区尝试"喘息服务"①，广州、南京、苏州和无锡等地也陆续推行"喘息服务"。与此同时，针对失能老人家庭护理成员的护理知识和技能培训也在部分地区被纳入公共服务项目。青岛在 2020 年至 2021 年注重打造完成 15 分钟居家养老生活圈，让老年人享受到更快捷、更方便、更舒适的养老服务，同时与居家社区养老服务中心签约居家社区养老服务后形成的养老床位。②

（二）老年家庭保障机制的构建与发展路径

完善老年家庭保障是中国积极应对人口老龄化工作的重要方面，但当前老年家庭保障在整个社会养老服务体系的构建中仍处于次要地位，老年家庭保障支持不能仅仅依靠家庭，还要广泛融入政府、市场、社会等各方面力量来共同建设。

1. 政府层面激发家庭潜力，最大限度发挥家庭的养老功能

老年家庭保障并非孤立的政策集合，而是中国积极应对人口老龄化国家战略的重要一环。推动老年家庭保障制度不断完善，离不开政府的有力支持。首先，需要政府重新正视家庭在养老保障中的作用。从政策体系上认可家庭在福利体系供给中的功能和责任，充分宣扬中国传统家庭文化和孝文化。其次，政府在家庭养老保障补贴政策制定时要有所偏重。老年家庭保障政策的定位在于健全家庭的养老功能，不应简单地停留在为解决家庭面临的养老难题提供经济支持，也不是不加选择地将家庭养老福利覆盖所有家庭，而是在保障特殊或困难家庭养老能力的同时，也关注一般家庭养老功能的发挥。最后，政府要高度重视对于家庭照料者的政策支持。家庭照料者直接影响居家高龄老人和失能、半失能老人的护理状况，因此在注重以老年人为对象的经济支持和福利支持的同时，也要建立老年家庭照料者保障体系。

2. 强化市场和社会的作用，打造坚实的家庭养老支持体系

在经济社会快速发展的背景下，家庭自我保障能力逐渐弱化，单纯依靠家庭养老的难度越来越大且效果也越来越差，要重塑家庭养老功能，完善老年家庭保障体系，市场和社会是两个不可忽视的重要力量。

首先，采用政府购买模式，将部分养老服务市场化，由市场提供专业服务，提高家庭养老的质量水平。一方面，市场可以打造适老化家庭居住环境，改善老年人的居家环境，降低老年人居家发生危险的概率；另一方面，市场也可以承担家庭的基本照

---

① 陈里予，周思立．上海：多区试推"喘息服务"助居家养老［EB/OL］.（2012-07-26）［2019-09-27］.http://gongyi.sina.com.cn/gyzx/2012-07-26/093836106.html.
② 青岛民政．青岛市养老服务惠民政策问答［EB/OL］.（2013-06-15）http://www.anyangsd.com/gnzx/43532.jhtml.

料功能，如餐食供给、助浴、健康检测、基本陪护、理发、按摩等，通过市场供给、政府购买，将这类服务提供给家庭。这种模式既能提高家庭养老服务质量，给老年人更好的照料体验，同时，也能够降低家庭照料者的照料压力，延长照料时间。此外，中国养老服务产业化发展不足，智能化的老年监测设备和便捷化的适老化产品严重缺失，要补足这部分的不足只能依靠市场力量。因此，推动养老服务产业发展是完善老年家庭保障体系的最重要选择。

其次，在人口老龄化日益加深的背景下，养老将成为一个普遍存在的社会性问题，只有社会上的每个人都能够成为老年家庭保障的支持者，才能真正解决养老照料中的人员缺乏问题。一方面，要注重培养社会成员，尤其是培养年轻人的尊老、敬老观念，让他们主动承担养老照料的职能；另一方面，发挥社会志愿者力量，补充家庭照料者的缺失，尤其是为子女不在身边的老年人提供家庭照料服务。此外，可以借鉴国外"时间银行"的模式，最大限度地调动社会力量参与家庭养老，夯实老年家庭保障的基础。然而，落实老年家庭保障任务，离不开政府的兜底作用。政府完善养老保障体系是充分发挥市场力量和社会力量的根本前提，无论是市场或社会都会存在难以避免的道德风险，要通过经济政策、社会政策、法律政策、教育政策等制度性规范来约束和规避可能存在的问题。

3. 重构"孝"文化内涵，凝聚家庭养老的责任共识

传统中国社会的小农经济、父权制和多代同居模式，形成了老年家庭保障的社会结构，通过礼法文化维系孝道的延续，使得家庭养老得以世代相承。进入现代社会，代际关系趋向平等，家庭关系更加民主化，传统孝道逐渐被民主化思想所淹没。家庭成员赡养扶助行为越发单一化和浅薄化，基于对等性的伦理关系趋于消失。

家庭孝养文化在当代最重要的内核并不在于能够真正体现契约式的代际公平，新时代的孝道理念应重在提倡"敬"与"爱"。前者体现了对生命本身以及生命给予者的尊重；后者则传递了一种终极人文意义上的精神关怀。新时代家庭孝养理念的宣传应从学校教育入手，注重人口老龄化国情教育，强化对孝亲敬老等人文精神的渗透，培养学生对老年人的关爱意识，巩固家庭养老责任的伦理价值。

中国步入老龄化社会是在工业化时代向后工业化时代发展的信息时代，科技进步对无论是传统劳动、就业模式，还是生活、生产方式都带来了冲击。随着国内经济实力增强、民生问题逐渐改善和文明程度普遍提升，新时代的孝养理念拥有了全新的生长土壤。第一，技术进步带来了交通便利，克服与老年人居住分离障碍的困难程度将会逐渐变小；第二，通信工具的发达丰富了家庭成员沟通联系的渠道；第三，随着社会生产力的发展，人们的工作时间也将逐渐缩短，亲属陪伴老年人的时间具有延长的

可能性。因此，新时代家庭已具备重塑养老功能的可能。但这并不意味着政府可以直接将社会保障支出"打包"给家庭，也不意味着政府可以在养老服务问题上履责缺位。增强家庭养老功能与寻找家庭之外的支持和替代，并不是非此即彼的，也不是矛盾冲突的。发展家庭之外的社会养老服务体系，并不意味着无需增强家庭的养老功能。只有家庭外部养老保障体系的完善与家庭养老能力的同步提升，才能给予老年人更多的养老服务自主选择和更充分的保护。

本章小结

1. 家庭是社会中最重要的初级群体，传统家庭承担着重要的养育和赡养责任，但随着社会工业化、城市化的发展，导致家庭逐渐向小型化、核心化方向变迁，家庭的赡养功能逐渐被弱化，但是在中国传统家庭文化的影响下，在人口老龄化程度越来越严重的背景下，家庭养老依旧是主流，家庭养老保障对于落实家庭养老具有至关重要的作用。

2. 老年家庭保障分为单一的家庭保障、现代"家庭+"保障、组合家庭保障、非血缘性代际家庭保障，还包括在现代化、工业化、市场化背景下发展起来的其他家庭养老保障。根据老年家庭保障不同类型的特点，老年家庭保障分为完全家庭型养老保障、半家庭型养老保障、类家庭型养老保障三种模式。新加坡、日本和韩国是与中国具有相似文化背景的人口老龄化国家，其老龄家庭保障经验有助于中国结合国内实际规划和优化家庭养老保障的发展路径。

3. 中国的老年家庭保障历经了原始社会和农业社会的传统家庭养老模式、中华人民共和国成立后的集体经济支持下的家庭养老、改革开放以来的家庭养老这三个主要阶段。每个阶段政府、市场、社会和文化都对老年家庭保障机制的构建与发展发挥了不同作用。

>> 重要概念

老年家庭保障　单一的家庭保障　现代"家庭+"保障　组合家庭保障　非血缘性代际家庭保障　完全家庭型养老保障　半家庭型养老保障　类家庭型养老保障

复习思考题

1. 什么是老年家庭保障?
2. 简述老年家庭保障的类型。
3. 老年家庭保障的模式有哪些?
4. 简述中国老年家庭保障的发展历程。
5. 结合实际,论述中国老年家庭保障机制的构建与发展路径。

第九章
老年法律保障

对老年人权益的关注程度与一个国家的经济发展水平、历史文化传统以及政府实施的法律政策密切相关。20世纪80年代以来，国际组织与各国政府对老年人权益给予了极大关注，并为老年人权益的实现提供法律、物质和组织上的保障，使他们能够参与社会生活，共享人类物质和精神文明的成果。

第一节 老年法律保障理论认知

老年法学是法学的一门分支学科，涵盖范围非常广泛，涉及老年人社会关系调整所形成的所有法律现象及其发展规律，既包括静态层面上涉老法律文件、法律意识等，也包括动态层面上涉老法律规范的形成适用过程等，是一套从理论到立法、执法、司法、守法等各个环节的完整的法律系统。作为老年法学主体的老年法律，是规范涉老权利与义务的法律，其作用在于处理与老年人有关的法律问题，保护老年人的合法权益；其内容涉及老年人家庭社会生活的各个领域，包括生理、精神、经济、社会等多方面的权利；其形式既可以是专门制定的老年法律，也可以是宪法、刑法、民法、社会保障法等法律中的涉老法律条款。本书中老年法律保障是指从立法、执法、司法等层面全方位保障老年人合法权益。

作为社会弱势群体之一，老年人的角色定位决定了老年法律保障的重心在于对老年人权益的维护和保障，因此，契约精神与人权理论必然成为其价值内涵与理论基础。契约精神是一种社会主体主动、善意地遵守约定和规则，尊重他人合法权益、公共利益的思想观念，是一种自由、平等、守信的精神，它既是古老的道德原则，也是现代法治精神的要求。权利是法律对公民合法利益的认可与维护，权利意识是现代社会契约精神的具体表现之一，作为契约精神的实质内容，权利意识既规范着公民个体之间的关系，也规范着国家与社会之间的关系。权利不仅包括基于现实法律授予个人的法定人身自由权、政治权、民事权（含婚姻家庭权）、经济权、社会权等，还包括当法定权利遭到侵害时的调解权、诉讼权、仲裁权、控告权、举报权、求偿权等。老年人权利是公民在年老时依法享有的、获得国家和社会的物质帮助、精神抚慰或扶持服务的权利，是人权的重要组成部分。现代社会的人权发展也更为注重对弱势群体的保护。随着社会制度变迁与家庭模式改变，家庭养老功能逐渐弱化，老年人的长期照护需求增加，农村老年人的社会保障和服务问题日益凸显，侵犯老年人权益的事件逐步复杂多样化，这些都需要国家和政府加强对老年人的保护，即通过立法等诸多途径为老年群体的权利提供保障，维护老年人的尊严。

老年法律保障的核心是满足老年人需求，提高老年人生活质量，进而实现老年人权利。而根据马斯洛需求层次理论，人的需求会随着客观条件发展不断变化，因此，老年法律保障也应当是一种开放性概念。同时，老年法律保障要与经济发展水平相适应，使其与经济发展始终处于动态协调状态，阶段性推进老年法律保障的演变。从广义角度讲，老年法律保障属于社会政策，目前社会政策制定理念已经发生了转变，强调要制定实施发展型社会政策。这一政策反映了经济政策和社会政策二者的整合发展，其核心是将社会政策视为一种社会投资行为，通过对人力资本和社会资本的投资促进经济发展。投资教育、医疗、就业等在内的社会政策可以提升劳动者的知识和技能，保障劳动者健康，也就是提升了人力资本。当前发达国家对于老年政策法规的改革便体现了这一理念，即从保护性向赋权性、从单一保护生存权到生存权与发展权并重的高度去设计老年群体的权利，并保障他们的权利得以实现。

第二节 老年法律保障内容分类

1991年，联合国大会通过的《联合国老年人原则》从独立、参与、照顾、自我充实、尊严等方面，确定老年人应享有的权益。2002年召开的第二次老龄问题世界大会要求，各成员国关注老年人生存与发展、老年人健康与福利，为老年人创造良好环境。2015年通过的《2030年可持续发展议程》，包括了17个可持续发展目标，其中目标10减少国家内部和国家之间的不平等也涉及了增强老年人的权能，如10.2提出，到2030年，增强所有人的权能，促进他们融入社会、经济和政治生活，而不论其年龄、性别、残疾与否、种族、族裔、出身、宗教信仰、经济地位或其他任何区别。近年来，国际社会在制定老龄政策法规的基本理念上，出现了两个发展趋势：一个是"从需要到权利"，另一个是"从保障到福利"。法律政策最终不仅要与老年人需要相适应，而且要在人道主义和发展方面，实现老年人自立、参与、照料、自我实现、尊严，建立不分年龄、人人共享的社会。本节将从以上五个方面对当前各国老年法律保障内容进行分类。

一、有关老年人"独立"层面的保障

《联合国老年人原则》中老年人"独立"的标准如下：老年人应能通过提供收入、家庭和社会资助以及自助，享有足够的食物、水、住房、衣着和保健；老年人应有工作机会或其他创造收入的机会；老年人应能参与决定退出劳动力队伍的时间和节奏；老年人应能参加适当的教育和培训方案；老年人应能生活在安全且适合个人选择和能力变化的环境；老年人应能尽可能长期在家居住。以上各项标准在各国关于老年经济保障、就业保障、教育保障、宜居环境保障等法律法规及政策行动中均有所体现。

（一）老年经济保障

国际上老年经济保障大都围绕养老保险问题进行立法和修订，国外老龄立法突出特点是涉老法律的时代性特征明显，老龄法制发展与人口老龄化进程一致，即根据不同时期人口老龄化程度对法律进行修正。例如，早期通过立法保障扩大养老金覆盖率，提高老年人收入，保证老年人生活水平；进入老龄化社会则通过调整养老金法案确保养老保障体系的可持续发展。

英国政府从20世纪初便不断出台并修正养老保险相关法案，例如，1908年的《养老金法案》，开始为年老贫民提供养老保障；1925年的《孤寡老人交费养老金法》建立起了交费养老金制度；1946年，英国政府根据《贝弗里奇报告》颁布的《国民保险法》，将国家养老金制度纳入整个国民保险制度之中；1959年新的《国民保险法》开始提供额外的收入关联养老金；1999年的《福利改革和养老金法案》建立起三项新养老金制度，在扩大养老金计划覆盖率的同时加大对老年贫困人口的扶持。21世纪以来，英国通过颁布《2004年养老金法案》《2007年养老金法案》《2008年养老金法案》《2011年养老金法案》《2014年养老金法案》，以及《养老金计划法》2015年、2017年、2021年，不断修正完善养老金制度。

加拿大于1951年通过了《老年经济保障法》，开始实施普惠制老年收入保障计划，具体细节和金额随后进行了多次调整和修改。加拿大养老金计划（Canada pension plan，CPP）于 20 世纪 60 年代出台，为加拿大的老年人和残疾人提供收入支持。2016 年，加拿大政府宣布了 CPP 增强计划，旨在增加有工作的加拿大人及其家庭的退休收入，任何在 2019 年 1 月 1 日之后向 CPP 增强计划缴款的人，在退休时都将获得更多的 CPP 养老金、退休后福利、残疾抚恤金和遗属抚恤金。第二次 CPP 增强计划缴款从 2024 年 1 月 1 日开始。

20 世纪 30 年代，法国政府的《社会保障法》开始将养老保险的受益对象扩大到全体公民。21 世纪法国养老金改革更多体现了政府为应对人口老龄化，确保养老保障体系可持续发展所作出的努力，但改革往往因为触动某个阶层团体或社会经济群体的利益而受到抵制，例如，2013 年的《退休改革法案》进一步提高了基本养老保险缴费率，并计划在 2020 年后延长缴费年限；2019 年《退休改革法案》将现有的多个养老金制度整合为一个普遍制度；2023 年马克龙政府再次提出的养老金改革计划，引发了大规模的社会抗议和示威活动。

德国俾斯麦政府于 1889 年通过的《伤残和老年保险法》可以视为德国养老保险制度的起点，后续相继引入雇员养老金、遗属养老金。1957 年，《农民老年保险法》确立了农民养老保险制度。2001 年，《李斯特养老金改革法案》开启了新世纪德国养老保险制度的结构性改革，确立了真正的多支柱养老保险体系以实现其可持续发展。2004 年在《养老金可持续发展法》中提及"可持续发展因子"。2007 年，《为适应人口发展调整常规退休年龄及加强法定养老金融资法案》规定，从 2012 年到 2019 年逐步提高养老金领取法定年龄；2014 年，正式引入"母亲养老金"制度，旨在改善有子女的母亲的养老金待遇。2019 年，基本养老金改革旨在改善那些在工作生涯中低收入群体的养老金情况。

当前，中国养老保险体系主要由社会养老保险（包括城镇职工基本养老保险制度、城乡居民基本养老保险制度）、职业养老保险（企业年金和机关事业单位职业年金）、个人养老金制度共同构成。1997 年《国务院关于建立统一的企业职工基本养老保险制度的决定》确立了企业职工基本养老保险制度。2009 年《国务院关于开展新型农村社会养老保险试点的指导意见》确立了新农保制度。2011 年《国务院关于开展城镇居民社会养老保险试点的指导意见》启动了城镇居民养老保险试点工作。2014 年《城乡养老保险制度衔接暂行办法》明确了城乡居民基本养老保险和城镇职工基本养老保险之间可以转移衔接。2015 年《国务院关于机关事业单位工作人员养老保险制度改革的决定》开始对机关事业单位工作人员养老保险制度进行改革。2004 年的《企业年金试行办法》（已失效）、2017 年的《企业年金办法》推动了企业年金制度的发展完善。2022 年，《国务院办公厅关于推动个人养老金发展的意见》的出台代表着中国个人养老金制度的正式"出炉"。总体而言,近30年来,随着中国养老保险法律法规政策性文件的频繁出台并修正,养老保险覆盖范围不断扩大,水平不断提升,制度也愈发公平与可持续,更为全面地保障了老年人收入与生活水平。

(二)老年就业保障

对于老年就业保障的规定早期主要反映在欧美的反歧视法案中,例如,美国于1967年便已制定了《就业年龄歧视法》,其中明确规定不得在雇用、晋升、待遇、裁员等方面出现年龄歧视;英国于2006年生效的《禁止年龄歧视法》禁止雇主以年龄为由解雇或拒绝招收雇员。随着人口老龄化进程的加快,日本、韩国于20世纪末相继颁布了老年人就业促进相关法案,时至今日仍不断推陈出新。例如,1986年日本将《中老年人就业促进法》正式更名为《老年人雇佣安定法》,规定企业有义务尽量雇佣劳动者至60岁,2004年将年龄提升至65岁以下;当前,《老年人雇佣安定法》修正后规定自2021年4月起,日本企业可以通过提高或取消退休年龄以及返聘等方式,为有意愿工作到70岁的老年人确保就业机会。韩国于2008年更名的《禁止就业年龄歧视和促进老年人就业法案》(2022年最新修正),规定了相关单位需要为老年劳动者提供一定比例的工作岗位。

《中华人民共和国老年人权益保障法》鼓励老年人依法从事经营和生产活动等,法律保护老年人参加劳动的合法收入,任何单位和个人不得安排老年人从事危害其身心健康的劳动或者危险作业。但在实践中,老年人受到就业歧视或劳动保护权被侵害的案例频出。在一些司法解释中已经出现有关老年人劳动保护的条款,例如,《最高人民法院关于审理劳动争议案件适用法律问题的解释(一)》规定,用人单位与其招用的已经依法享受养老保险待遇或领取退休金的人员发生用工争议而提起诉讼的,人民法院应当按劳务关系处理;《关于执行〈工伤保险条例〉若干问题的意见(二)》中提到,单位对超过法定退休年龄但未享受基本养老保险待遇的,若继续用工,应当承担工伤保险责任。但与发达国家相比,我国在劳动报酬、工时、休息休假等方面,依旧缺乏具体明确的条款保障老年人的合法权益。

(三)老年教育保障

国际上关于老年教育保障的内容出现在老年人专门立法中,例如,美国《美国老年人法案》(1965)、《就业年龄歧视法》(1967),日本《老年福祉法》(1963)、《老年人雇佣安定法》(1986),韩国《老年福利法》(1981)等均明确了老年人的教育权。同时,普通教育立法中也有关于老年教育保障的内容,例如,美国《职业教育法》

（1963）规定为有工作意愿的老年人提供职业教育和培训课程，《高等教育法》（1965）及修正案完善了对包括老年教育在内的成人教育的规定，包含建立管理老年教育的机构、开设老年人相关课程等方面内容，《成人教育法案》（1966）提出地方各级学校要协助老年人完成12年高中教育，对50岁及以上的成年人免收学费，《就业年龄歧视法》（1967）规定企业有义务对老年人进行退休前后的教育，《志愿服务法》（1973）规定50岁及以上的成年人享有优先辅导其担任志愿工作或是有酬工作的权利，为其提供的各项训练课程全部免费，《综合就业训练法》（1975）规定，50岁及以上成年人接受职业训练及就业辅导，可以享受与其他人群同样的津贴与优惠，《终身学习法》（1976）提出保障包括退休前及退休人员教育在内的终身教育权，《联合培训法案》（1982）对包括老年人在内的无一技之长的成年人实施职业培训；日本《社会教育法》（1949）保障了老年人参与教育的权利，《教育基本法》（2006）提出终身学习理念，每个公民在一生中，无论何时何地，都要利用一切机会学习，学以致用，从而陶冶人格，过上充实的生活。韩国《禁止就业年龄歧视和促进老年人就业法案》提出政府应适时为高龄者提供职业训练，对企业雇用老年劳动者进行补贴。除此之外，国外老年教育立法还对从业者、志愿者、教育机构等主体予以保障及约束。

《中华人民共和国老年人权益保障法》第七十一条规定，老年人有继续受教育的权利。国家发展老年教育，把老年教育纳入终身教育体系，鼓励社会办好各类老年学校。各级人民政府对老年教育应当加强领导，统一规划，加大投入。此外，进入21世纪，国务院及相关部门发布的《关于做好老年教育工作的通知》、《国务院办公厅关于印发老年教育发展规划（2016—2020年）的通知》等文件，以及《山东省老年教育条例》等各地区法规性文件共近百个，有效地保证了老年人接受继续教育的权利。

（四）老年宜居环境保障

国际上关于老年宜居环境的保障主要是通过颁布适老生活改造相关法律法规文件，帮助老年人维持独立和安全的生活。例如，美国的《适老社区评估与改造指南》，通过对社区进行适老改造帮助老年人改善居住环境；1997年，日本《介护保险法》规定将老年人住宅改造费用纳入护理保险中，费用由政府与被保险人分摊，《老年住宅设计方针》（1995）、《确保老年人居住稳定法》（2001）、《老年住宅设计手册》以及《老年人保健福祉推进十年战略》等文件，也对适老改造相关问题作出规定；韩国《老年福利法》（1981）对老年居住问题也有相关规定。

21世纪以来，老年宜居环境的维度不断拓展。2007年，世界卫生组织（WHO）在《全球老年友好城市建设指南》中将老年宜居环境定义为，能够促进积极老龄化的包容、可及的居住环境。美国、英国、加拿大等一些城市社区据此构建了住房、交通、健康、社区参与社会服务等全方位的老年宜居环境体系。2015年，世界卫生组织在《老龄友好城市框架和指标》增加了"规划与土地利用"主题，指出老年宜居环境应包括无障碍实体环境、包容性社会环境和公平的健康收益三个方面。

2013年中国修订的《中华人民共和国老年人权益保障法》新增了老年人宜居环境内容，明确了老年宜居环境保障的法律地位。2016年，全国老龄工作委员会办公室等25部门联合印发了《关于推进老年宜居环境建设的指导意见》，首次将老年人住宅适老化改造纳入国家政策文件，提出营造适老居住环境、邻里环境、设施设备环境、生活服务环境等，进一步推动老年宜居环境体系建设。

二、有关老年人"参与"层面的保障

《联合国老年人原则》中老年人"参与"权包括：老年人应始终融合于社会，积极参与制定和执行直接影响其福祉的政策，并将其知识和技能传给子孙后辈；老年人应能寻求和发展为社会服务的机会，并以志愿工作者身份担任与其兴趣和能力相称的职务；老年人应能组织老年人运动或协会。

社会参与权是当前国际老年立法比较重要的理念之一，主要体现在各国的老年法及就业教育等相关法律文件中，如日本《老年福祉法》规定为老年人提供就业与社会参与的机会，《高龄社会对策基本法》表达了对老年人学习与社会参与的积极支持；韩国《老年福利法》提出支持老年人参与社会活动。

《中华人民共和国老年人权益保障法》第七章明确规定了老年人各项"参与社会发展"的权利，除此之外，中国各地的《老年人权益保障条例》《老年人权益保障办法》等，也在一定程度上推进了老年人社会参与的实践发展。

三、有关老年人"照顾"层面的保障

《联合国老年人原则》中老年人"照顾"相关内容包括：老年人应按照每个社会的文化价值体系，享有家庭和社区的照顾和保护；老年人应享有保健服务，以帮助他们保持或恢复身体、智力和情绪的最佳水平并预防或延缓疾病的发生；老年人应享有各种社会和法律服务，以提高其自主能力并使他们得到更好的保护和照顾；老年人居住在任何住所、安养院或治疗所时，均应能享有人权和基本自由，包括充分尊重他们的尊严、信仰、需要和隐私，并尊重他们对自己的照顾和生活品质做抉择的权利。总体而言，老年人"照顾"内容涉及老年照护、老年健康、法律服务等多项社会服务与优待权利。

（一）老年照护保障

关于老年照护保障的规定既可见于专门老年立法，例如，《美国老年人法案》逐渐加入了长期照护的内容；日本《老年福祉法》规定对老年人提供生活服务保障，《老年保健法》（1982）提出为需要护理的老年人提供设施护理和家庭看护服务，《老年人保健福祉推进十年战略》《区域老人保健福祉计划》初步建立了老年居家服务网络；韩国《老年福利法》对不同形式老年照护服务的相关问题进行规范。老年照护保障的规定也可见于社区福利与服务方面的法律法规与政策文件，如，瑞典《社会服务法》规定的一般性社会照护及长期医疗照护的供给。此外，其他国家长期护理专门立法还包括，如美国《长期照护保险示范法规》（1986），德国《护理保险法》（1994），日本《介护保险法》（1997），韩国《长期护理保险法》（2007）、《长期护理保险法实施令》（2020修正），英国《护理法案》（2014）等。

中国自 2016 年《人力资源社会保障部办公厅关于开展长期护理保险制度试点的指导意见》中提出探索建立长期护理保险制度以来，中央及地方出台的长期护理保险法规政策性文件近 60 份，如《上海市长期护理保险试点办法》（2021）、《扬州市关于深化推进长期护理保险制度试点的实施方案》（2022）等[①]，极大推动了中国长期护理保险制度的实践发展，有效地保障了老年人接受长期照护的权利。

（二）老年健康保障

在老年健康保障方面，近年来各国相关法律法规不断丰富，覆盖人群逐渐增加，保障内容不断增多，从早期对于医疗服务的侧重，到如今价值医疗理念的普及、健康促进项目的推进，老年健康保障体系也在逐步完善。例如，《美国老年人法案》中就改善老年人营养和健康状况等方面作出规定，《老年医疗照顾计划》提出为生病老年人提供住院及院外服务，《医疗照顾计划处方药改革法案》（2003）提出提升老年人群享受医疗的可及性，《患者保护和平价医疗法案》扩大了包括老年人在内的医疗保险覆盖范围，截至 2023 年仍在调整修正；日本《国民健康保险法》（1958）制定了覆盖全民医疗保险制度，后期不断修正的《老年福祉法》（1963）加大了政府对老年人医疗服务的供给力度，1983 年开始执行的《老年保健法》、21 世纪国民健康运动、2002 年开始执行的《健康促进法》等法律法规与政策规划，提出了增强全体国民体质的一系列健康促进措施；韩国《老年福利法》《老龄化社会低出生率框架法案》等对老年人健康保

---

① 在中国知网"法律法规"部分能够找到的文件数量为 60 份。

健、康复疗养等问题作出相关规定。

《中华人民共和国老年人权益保障法》中明确规定了老年人在医疗护理方面的权利，《中华人民共和国社会保险法》等规范性文件中也有提及老年人医疗保险与特困供养人员的医疗救助问题，《关于建立完善老年健康服务体系的指导意见》《关于全面加强老年健康服务工作的通知》的出台以及各地区老年健康服务体系建设实施意见的发布，推进了中国老年健康保障体系的进一步发展。

（三）老年法律优待、法律援助与司法救助

各国对于老年人量刑方面制定了一些法律优待措施，例如，《美洲人权公约》（1969）规定老年人（70岁及以上）犯罪不判处死刑；英国《刑事诉讼法》中规定了年老衰弱被告人被起诉的条件；美国《联邦量刑指南》中提出可以有条件地适当降低年老被告人刑法标准，《暴力犯罪控制和执法法》中（1994）提出对暴力侵害老年权利的罪行予以重罚，进一步强化对老年权利的保护；芬兰的《芬兰刑法典》、俄罗斯的《联邦刑法典》、日本的《刑事诉讼法》等分别在刑事责任、刑种、刑罚等方面考虑了对老年人从宽处置。在老年人法律援助与司法救助方面，除专门老年法中有相关规定以外，日本的《综合法律援助法》（2004）、英国的《法律援助、罪犯量刑和处罚法案》（2012）、德国的《民事诉讼法》等司法救助条款也适用于贫困老年人。

中国老年人法律优待散见于相关司法解释中，《中华人民共和国刑法修正案（八）》首次提出，已满七十五周岁的人故意犯罪的，可以从轻或者减轻处罚；过失犯罪的，应当从轻或减轻处罚。老年法律援助方面，自司法部、民政部出台《关于保障老年人合法权益做好老年人法律援助工作的通知》以来，大连、吉林、福建等省市也相继制定了老年人司法救助与法律援助方面的政策文件。在司法实践方面，最高人民法院印发的《关于为推进农村改革发展提供司法保障和法律服务的若干意见》提出，在审理婚姻家庭、继承、赡养、抚养以及相邻关系等普通涉农民事纠纷过程中应注意的问题。在司法救助方面，虽然中国没有专门的老年司法救助法律法规，但《最高人民法院关于对经济确有困难的当事人予以司法救助的规定》《最高人民法院关于加强和规范人民法院国家司法救助工作的意见》《人民法院国家司法救助案件办理程序规定（试行）》《人民检察院国家司法救助工作细则（试行）》等文件以及各地出台的司法救助实施细则或工作办法，同样也适用于经济困难的老年群体。

此外，近年来中国加快了公共法律服务体系的建设，中共中央办公厅、国务院办公厅《关于加快推进公共法律服务体系建设的意见》以及《湖北省公共法律服务条例》《山东省公共法律服务条例》中均有无偿公共法律服务应当优先向老年人等特殊群体

提供的相关规定。2021年，司法部出台的《全国公共法律服务体系建设规划（2021—2025年）》中也再次提到重点保障特殊群体合法权益，将进城务工人员、残疾人、老年人、青少年、妇女和军人军属、退役军人等作为公共法律服务的重点服务对象。

（四）老年社会优待

关于老年社会优待的保障体现在各国老年专门立法中，例如，韩国《老年福利法》规定对使用公共设施的老年人提供免费或打折优惠。中国除《中华人民共和国老年人权益保障法》以外，全国老龄工作委员会办公室颁布的《关于加强老年人优待工作的意见》（2005）以及各地区颁布的老年人优待办法，均体现了对老年人享受社会优待权利的保护。

四、有关老年人"自我充实"层面的保障

《联合国老年人原则》中老年人"自我充实"的标准如下：老年人应能追寻充分发挥自己潜力的机会；老年人应能享用社会的教育、文化、精神和文娱资源。以上各项标准在各国关于老年教育保障等法律法规及政策行动中有所体现。例如，日本《终身学习振兴法》规定政府资助老年人文化、教育和体育等活动；《中华人民共和国老年人权益保障法》规定，开展适合老年人的群众性文化、体育、娱乐活动，丰富老年人的精神文化生活。

五、有关老年人"尊严"层面的保障

《联合国老年人原则》中老年人"尊严"的标准如下：老年人的生活应有尊严、有保障，且不受剥削和身心虐待；老年人不论其年龄、性别、种族或族裔背景、残疾或其他状况，均应受到公平对待，而且不论其经济贡献大小均应受到尊重。以上内容主要涉及各国关于老年人尊严与虐待方面的法律法规。

首先，各国老年专门立法大多以强调尊敬老年人为基本理念，如日本《老年福祉法》、韩国《老年福利法》等。其次，针对近年来虐待老年人事件频发，出现了专门防虐待法案，如日本于2005年出台《老年人虐待防止法》，韩国于1997年出台《防止家庭暴力及保护受害者法》等。最后，也是各国法律中较为常见的维护老年人尊严，防止老年人遭受虐待的法律条款，出现在老年人监护相关法案之中。为使老年身心障碍者融入社会，从而符合国际人权保障发展要求，世界各国纷纷对成年监护制度进行改革。法国率先于1968年修订《监护法》；瑞典于1974年和1989年两次修改《监护法》；德国《关于改革成年人监护和代管法的法律》（1990）中规定尊重被监护老年

人的自主选择权；日本通过改革《日本民法典》并制定《关于任意监护契约的法律》（1999）等单行法，引入了意定监护制度，目的在于尊重被监护老年人的真实意思表达。《中华人民共和国老年人权益保障法》于2012年进行第一次修订时引入意定监护，2021年开始施行的《中华人民共和国民法典》对意定监护的相关内容进行了细化，虽然与发达国家相比在内容完整性与可操作性方面还存在一定差距，但也充分体现了中国在尊重老年人、完善老年人权益保障方面所作的努力。

第三节　部分国家或地区的老年法律保障制度安排

美国、日本等发达国家在老年人经济收入、医疗保健、长期照护、精神慰藉、社会参与、社会优待、监护制度等方面有着丰富的立法经验，回顾这些国家或地区老年法律保障的发展历程，可以为中国老年法律保障的完善提供启发。

一、美国老年法律保障制度安排

阿森波姆（Achenbaum，1988）将美国老年人立法发展分为四个阶段：老龄法律的孕育阶段（1797—1935年）、老年人立法的形成阶段（1935—1950年）、联邦老年人立法的扩展阶段（1950—1972年）以及老年人立法的渐进完善阶段（1972年至今）。根据阿森波姆对美国老年立法发展的归纳，本节将美国老年法律保障制度分为以下三个发展阶段。

（一）老年法律保障制度形成阶段（20世纪50年代前）

美国早期的社会福利主要依赖宗教团体和民间机构的推动，政府并没有承担起保障国民安全的责任，民众的福利需要大多是通过各类慈善组织或互助机构来解决。直至1935年，美国《社会保障法》出台，该法案提出在全国范围内建立老年保险制度以及老年救助项目，即对参加老年保险有困难或参加了老年保险但仍需帮助的老年群体，由政府支付相关费用。虽然这一时期《社会保障法》保障了老年人的收入安全，但是其他权益仍然缺乏保障。

（二）老年法律保障制度发展阶段（20世纪50年代—70年代）

1961年，美国首次召开白宫老龄问题会议，会议确定了几项具有里程碑意义的法律，其中，《美国老年人法案》是美国历史上第一部老年人专门法律。《美国老年人法案》出台以后，政府配套启动了许多老年人福利项目，包括营养、教育、优待、法律帮助等，并成立了联邦协调部门老龄委员会以发展老年人计划项目。

为缓解老年群体等的高昂医疗费用压力，美国联邦政府于1965年修订了《社会保障法》，实施了针对老年人的《医疗保险和医疗救助法案》，该法案已成为美国老年人医疗保障的主要依据。《就业年龄歧视法》《老年人志愿工作方案》《老年人社区服务就业法》《食品券法》《成人教育法》等一系列老年就业、教育等方面的法律法规陆续出台，老年法律逐步系统化、完整化，这一时期美国的老年法律保障达到了新高度。

（三）老年法律保障制度调整完善阶段（20世纪70年代至今）

美国老年法律保障在完善过程中不断进行调整改革，使其适应当时经济社会发展水平。美国相关部门根据人口老龄化发展情况不断完善老年法律法规及配套措施，如《长期照护保险示范法规》《适老社区评估与改造指南》等。20世纪70年代中期开始，由于经济滞胀等因素影响，老年法律法规的调整主要体现出成本控制的特点，如《美国老年人法案》在拓展保障项目、提高保障质量的同时，在公共项目的获准资格、项目收益、支付方式以及筹资机制等方面出现了明显变化。21世纪后，相关部门不仅对原有的法律规定进行了大量修订和完善，不断健全相应的法律规范，还加大了执行力度，在成本控制的同时加大对老年人的保护，例如，《老年公正法案》是一部包括解决虐待、忽视和剥削老年人问题的综合立法；《社区参与退休促进法案》旨在改进养老金制度和鼓励个人储蓄的综合性法案；2020年《美国老年人支持法案》重新授权了2020财年至2024财年的计划，包括旨在消除老龄化网络障碍、提高商业头脑和能力建设的条款，并将《RAISE家庭照顾者法案》和《支持祖父母抚养子女法案》的授权再延长一年。

二、日本老年法律保障制度安排

按照日本对于老年人权益保障内容侧重点的变化，可以将日本老年法律保障的发展归纳为以下三个阶段。

（一）日本老年法律保障形成阶段（20世纪60年代以前）

长久以来日本主要以传统家庭养老为主，妇女担任照顾长者的角色。第二次世界大战以后，日本国民生活难以为继，改良主义的社会福利观念逐渐为民众所关注。20世纪50年代，日本相继推出两部社会保障法律——《国民年金法》和《国民健康法》。在日本专门老年立法出台前，老年经济保障与健康保障基本依靠这两部法律。

(二)日本老年法律保障发展调整阶段(20世纪60年代—90年代)

这一时期日本的老年法律保障,一方面注重对老年人的全方位保护,即形成专门以老年立法为中心、各福利项目单行法为补充的老年权益保障法律体系;另一方面,由于经济社会等因素影响,老年法律也向强调老年人责任以及推动老年人社会发展方面转变。

日本《老年福祉法》于1963年出台,规定了如养老照料、娱乐服务等方面老年人享有的福利服务,也规定了政府对老年福利的责任,是老年福利专门立法的里程碑。由于《老年福祉法》的制定由较低级别的政府机构主导,当时并没有引起过多的社会关注。直至20世纪70年代,日本进入人口老龄化社会,在"富裕老人之国民会议"上,日本社会福利协会提出了要充分尊重老年人尊严,并在保障老年人收入、医疗、就业、住宅以及社会服务等方面制定应对策略的建议。《老年福祉法》随之被修订,其中规定为70岁及以上的老年人提供免费医疗服务,日本进入了所谓的老年人"福利元年"。

免费的老年医疗制度使得医疗资源被过度使用和浪费,财政负担沉重,引发了后续医疗保障制度的改革。1982年《老年健康法》随之出台,该法一方面扩大了老年人健康和医疗服务范围,包括康复、健康教育、预防性药物和居家健康照顾服务等,且更加强调预防的重要性;另一方面,建立了医疗费用共担机制,减少了政府财政赤字。

与此同时,为了促进老年个人发展与社会参与,积极开发利用老年劳动力,日本相继出台了《老年人雇佣安定法》《终身学习振兴法》等保障老年就业与教育方面的法律。20世纪90年代日本又对《老年福祉法》《老年医疗保障法》及相关法律进行了修正,对老年照料、娱乐、健康等服务的主管部门进行调整,增强了地方政府的责任,强化了对老年福利事业的长期发展规划。

(三)日本老年法律保障成熟阶段(20世纪90年代至今)

20世纪90年代,日本人口老龄化趋势日趋严峻,65岁卧病在床老年人一度超过欧美国家,加之家庭核心化趋势,在老年人医疗费用攀升的同时,老年人对专业照护服务的需求也与日俱增。1997年,日本《介护保险法》出台,介护保险制度强调居家服务,且对亲属护理提供慰劳金,家庭护理与社会护理相衔接的形式在保障老年人权益的同时也减轻了家庭负担,同时满足了老年人的精神慰藉。为完善失能、失智老人的护理及人才培养,2002年,日本政府颁布了《社会福祉士及介护福祉士法》。近年来,日本不断对老年保障相关法案政令进行修正,如《老年福祉法》《老年人居住稳定确保法施行条例》等,进一步保障了老年人权益。

为了更好地保障老年人权益，维护老年人尊严，日本《任意后见合同法》对意定监护制度作出具体规定[①]，其将指定监护分为辅助、保佐和后见三类，每种类型监护人所授予的权限有所不同，充分尊重老年人的自由选择权。

以上这些法律从涉及老年生活的各层面对老年人进行保护，多半个世纪以来逐渐构建起了日本老年人权益保障法律体系，展现了经济抚养社会化—照护社会化—成年监护社会化三个阶段的发展历程，体现了从需要到权利、从保障到发展的转变，实现老年人的自立、参与、照顾、自我实现、尊严。

三、德国老年法律保障制度安排

德国的老年法律保障体系涵盖了国际公约、国内立法等多层次的法律制度。例如，《德国社会法典》包含失业保险、医疗保险、养老保险、护理保险等12个部分，涵盖社会保险、社会促进、社会照顾以及社会救助等多方面内容。除了国内法，德国也适用国际法，如《经济、社会和文化权利国际公约》《欧洲联盟基本权利宪章》。德国的社会法体系等随着国家社会经济状况的变化始终处于变革之中，老年法律保障也随之不断调整。

（一）德国老年法律保障形成发展阶段（20世纪90年代之前）

德国是世界上最早制定社会保险法律的国家，于1883年颁布了《疾病保险法》、1884年颁布了《工伤事故保险法》、1889年颁布了《伤残和老年保险法》，在医疗与收入方面保障了老年人权益。1957年，德国养老保险开始变革，资金筹集模式发生转变，强化了老年人投保责任；同年颁布了《农民老年保险法》，扩大了养老保险覆盖范围。20世纪70年代《退休改革法》出台，进一步扩大覆盖面的同时，对退休年龄、缴费年限、遗嘱继承等方面作了相关规定。德国老年教育兴起于20世纪50年代末，后续各州的《继续教育法》《成人教育促进法》等促进了教育体系向所有社会阶层和年龄阶段开放。

（二）德国老年法律保障成熟调整阶段（20世纪90年代至今）

20世纪90年代，德国基本遵循积极社会政策的价值导向，强调人力资本投资与社会投资，老年法律保障也体现了这种倾向，一方面扩大对老年人权益保护，另一方面

[①] 日语"后见"可译为"监护"；在本人尚有完全民事行为能力时，可以通过协议的方式自由选定将来的"后见人"，此种制度称为"任意后见"。

积极开发老年人力资本,提高老年保障体系的可持续性。为缓解人口老龄化压力的同时保障老年人经济收入,德国出台了《老年人财产法》《老年人财产补充法》《法定养老保险可持续发展法》《老年人收入法》《法定养老保险退休年龄调整法》《法定养老保险绩效改善和稳定法》《养老金调整和残疾养老金福利改进法》等;针对部分老年人支付护理费用困难问题,1994年,《德国社会法典》第十一编《护理保险法》颁布,后续《护理假期法》《家庭护理假期法》《家庭、护理与职业协调改善法》《护理保障加强法Ⅰ,Ⅱ,Ⅲ》等进一步完善了老年人护理保险体系。在老年人力资本开发方面,《哈茨法案Ⅰ-Ⅳ》强化了对老年失业者的就业服务;2006年《一般平等待遇法》生效,规定禁止一切基于包括残障、年龄等在内的歧视行为。近年来,德国出台的《数字供应与护理现代化法》《医疗保健和护理改进法》等,虽然不是专门针对老年人,但也为老年人提供了更为便利的服务,提高了老年人的生活质量。

四、韩国老年法律保障制度安排

20世纪70年代以后,韩国主要将经济发展放在首位,因此,相对于其他国家而言,老年法律保障形成较晚。但随着韩国人口老龄化程度加深,21世纪以来,韩国老年法律保障体系迅速发展完善。根据韩国老年相关法案内容的调整,可以将其老年法律保障分为以下三个发展阶段。

(一)老年法律保障形成阶段(20世纪80年代以前)

韩国与中国相似,都有着尊老敬老的文化传统,因此,早期老年问题基本由家庭解决。韩国社会化养老始于20世纪60年代,先后通过《公务员年金法》《军人年金法》《私立学校教职员年金法》等法律,建立起覆盖范围较广的养老保险制度。在健康保障方面,颁布了以在韩国居住的国民为适用对象的《国民健康保险法》。在居住方面,颁布了以购买住房能力弱的国民为适用对象的《住宅建设促进法》。虽然20世纪80年代以前,老年专门立法并未出台,但老年人能够依据相关法案,享受收入、健康、居住等方面的福利。

(二)老年法律保障发展阶段(20世纪80年代—20世纪末)

随着政府、老年群体以及老年社会组织等对制定老年福利法规诉求的增加,1981年,韩国政府颁布了《老年福利法》,次年出台了《老年人福利法施行规则》。《老年福利法》中包括了支持老年人参与社会活动、开展经营活动,给老年人提供优惠、体检和保健教育等方面的内容。《老年福利法》后续经过多次修正,完善了老年福利设施、休闲设施设置管理等问题。

(三) 老年法律保障完善阶段 (21 世纪以来)

除《老年福利法》这一老年基本法以外，韩国还制定了一系列老年就业、教育、文化体育、产业发展等方面的法律法规，可以说，21世纪韩国老年法律保障体系已趋于完整。在老年产业发展方面，《老龄亲和产业振兴法》强调扶持老龄亲和产业发展以及构建产业培育体系；根据《老龄化社会低出生率框架法案》制定了《老龄化社会低生育率基本规划》，规划了每一阶段老年产业及服务培育的政府投资额。在老年收入方面，《基本年金法实施办法》提出，对于年满65岁及以上老年人中70%的低收入人群发放基本年金。在老年教育方面，《大韩民国宪法》强调振兴终身教育；《老龄化社会低出生率框架法案》也提出保护弱势老年群体的教育权利；《终身教育法》进一步对老年教育相关问题作出规定。在老年就业方面，《禁止就业年龄歧视和促进老年人就业法案》注重老年人力资源开发，规定每五年制定一次促进老年人就业的基本计划，在为老年人提供就业保障的同时有效解决劳动力不足的问题。在老年文化体育方面，《老人体育活动事业支援计划方案》通过强化老年人体育活动来充实老年人的休闲生活。在老年长期照护方面，《长期护理保险法》规定为老年群体及残障人群提供护理保障。在老年监护方面，2011年，《大韩民国民法典》修订了成年监护制度，其中意定监护部分体现了法律从消极防御保护到积极辅助的转变，强调对老年人选择权的尊重。近年来，韩国也不断对老年保障法案进行修正，如《老年福利法》《长期护理保险法》《禁止就业年龄歧视和促进老年人就业法案》等，以进一步保障老年人权益。

第四节 中国老年法律保障发展历程与趋势

一、中国古代老年法律保障制度

中国敬老文化历史悠久，各朝各代又以政策法令形式固定下来，概括而言，中国古代老年人有关法律保障主要表现为以下两个方面。

(一) 社会层面的尊老养老制度法令

首先，社会优待方面。《礼记·王制》对老年社会优待也有所记载："五十杖于家，六十杖于乡，七十杖于国，八十杖于朝；九十者，天子欲有问焉，则就其室，以珍从……五十不从力政，六十不与服戎，七十不与宾客之事，八十齐丧之事弗及也。"总而言之，古代社会老年人备受尊敬，老年人权益也得到充分保障。1981年，甘肃武威县出土的西汉时期"王杖诏书令"汉简代表了中国最早的老年法律，"王杖诏书令"规定，不论城乡，不分官民，凡七十岁以上老者，由朝廷赐予"王杖"，并享有社会优待照料。持"王杖"者有着较高的社会地位，相当于俸禄600石的官吏，可以自由进出官署府第，并且有免税经商的自由，打骂侮辱"王杖"主之人即犯了大逆不道之罪。此外，"王杖诏书令"明确了对于鳏寡孤独、老弱病残的生活保障。汉明帝刘庄于永平二年诏令中即明定行"三老礼"，还令赐天下三老每人一石酒，四十斤肉。

同时，古代法律还对老年人犯罪从轻处罚。春秋战国时期《法经》减律记载，年六十以上，小罪情减，大罪理减，这一原则为后来历代所沿用。《唐律》规定，凡是年七十以上、十五以下以及废疾者，流罪以下可以赎罪；八十以上、十岁以下以及笃疾者，犯反逆、杀人等死罪的可以上请减免，一般的盗或伤人也可以赎罪；而九十以上、七岁以下，虽有死罪不加刑。如犯罪时未老疾，事发时老疾者，依老疾论；犯罪时幼小，事发时长大，依幼小论。

其次，社会养老方面。据《礼记·王制》记载："夏后氏养国老于东序，养庶老于西序。殷人养国老于右学，养庶老于左学。"这里的"序"和"学"就是中国最早的养老院雏形。公元521年，南朝梁武帝萧衍在都城建康建立"孤独园"，收养孤儿和贫困孤寡老人，这是中国古代养老院制度化的开端。唐朝在京师设立"悲田院"收容孤寡老人及乞丐。宋朝时候，"孤独园""悲田院"等福利养老机构已经遍布天下，使得孤寡老人"老有所养"成为一种国家制度。《宋史·食货志》中有，凡鳏、寡、孤、独、癃老、疾废、贫乏不能自存应居养者，以户绝屋居之；无，则居以官屋，以户绝财产充其费，不限月。即以居养院收养鳏寡孤独老年人，以户绝无人继承而没官的财产充当经费。明代保留了宋代的居养院建制，将"收养孤老"写入《大明律》中。清代延续明代制度，继续开办"养济院"等福利机构以满足老年人贫苦孤残，如以收养"老疾无依之人"为主的公益性养老机构"普济堂"，其经费来源于皇帝赏赐、官府拨给、官绅士民捐助等多种渠道，是当时重要的社会养老方式。

（二）家庭层面的尊老养老制度法令

首先，子女赡养方面。《礼记·王制》记载，八十者一子不从政，九十者其家不从政，废疾非人不养者一人不从政。父母之丧，三年不从政。《唐户令》中规定："诸鳏寡孤独贫穷老疾不能自存者，令近亲收养，若无近亲，付乡里安恤。"清代顺治皇帝下诏："军民年七十以上者，许一丁侍养，免其杂派差役。"此外，对于子女侵犯老年人权益行为，古代法律惩罚是非常严厉的。《唐律疏议·斗讼》规定，"诸子孙违反教令及供养有阙者，徒二年"；《明律·户律·户役》规定，"凡鳏寡孤独及笃废之人，贫穷无亲属依倚，不能自存，所在官司，应收养而不收养者，杖六十"；《大清律例》规定，对不赡养父母的子孙处以严刑，若老年人因为养老无着而自杀，那么其子要以过失杀人罪论处。

其次，宗族赡养方面。宗族养老是指依托宗族，由同宗族的人共同承担抚养老年人的责任。宗族养老古已有之，至宋朝时，宗族养老开始规范化，其典型代表是范仲淹创设的"范氏义庄"。清代民间通过族规、家训等规范族中赡养老年人的职责义务。道光年间，苏州潘氏《松鳞庄赡族规条》中记载："凡贫老无依者，无论男女，自五十一岁为始，每月给米一斗五升，六十以上给二斗，七十以上给二斗四升，八十以上给二斗八升，九十以上给三斗。"光绪年间，苏州陆氏宗族的《赡族规条》也有相似记载。总之，宗族养老是古代中国家庭养老的一种重要辅助方式，能够使族内孤寡老人得以生有所养、死有所葬。

古代社会涉老法令和制度维系并强化了社会"孝"之理念，赋予了老年人社会生活与法律待遇等方面的特权，涉及了家庭养老、机构养老、宗族养老等相关内容，规范调整了家庭和家族内部的赡养、继承等民事法律关系，构成了古代社会多层次的养老制度体系。

二、近代中国老年法律保障制度

（一）中华人民共和国成立前老年法律保障

中华人民共和国成立前，孙中山提出的民生主义思想就涵盖养老相关内容，提出建立公共养老院、收养老人、供给丰美，俾之愉快，而终其天年。国民党政府也多次提出创办劳动保险，如《工厂条例》《监察工厂条例》等，但由于国内政治环境等原因，这些法令并没有得到认真执行。

第二次国内革命战争时期，在革命根据地通过的《中华苏维埃共和国宪法大纲》《中华苏维埃共和国劳动法》《中华苏维埃共和国婚姻法》等法律中，就涉及老年人权利保护。抗日战争时期和解放战争时期，党和政府出台的行政法规中也有关于老年人保障的内容，如1940年的《陕甘宁边区劳动保护条例（草案）》、1948年的《东北公营企业战时暂行劳动保险条例》，对企业职工的养老、医疗等保障作出相关安排，尤其是后者，为1951年颁布的《中华人民共和国劳动保险条例》提供了很好的借鉴。

（二）中华人民共和国成立后老年法律保障

中华人民共和国成立后，政府根据社会发展需要制定了大量有关老年人权益保护的法律、法规及政策，其发展过程大致可分为三个阶段。

第一阶段，创建阶段（1950—1966年）。中华人民共和国成立不久，政府便颁布实施了一系列法律法规，其中有大量涉及老年人保障的内容。这一时期，比较有代表性的涉老保障法规是1951年颁布并于1953年修订的《中华人民共和国劳动保险条例》，其中初步创建了城镇劳动保险制度、农村"五保"制度和农村合作医疗制度，这些保障制度基本覆盖了劳动者包括老年期在内的生命周期的各个阶段。此后，国家有关部门和全国各地相继制定了大量配套的规章制度和政策文件，如《国家机关工作人员退休处理暂行办法》（1956）、《国务院关于工人、职员退休处理的暂行规定》（1957）、《国务院关于精简退职的老职工生活困难救济问题的通知》（1965）、《关于轻、手工业集体所有制企业职工、社员退职处理暂行办法》（1966）等，将养老保险的覆盖范围不断扩大。

第二阶段，停滞阶段（1966—1976年），这一时期企业职工劳动保险制度被迫废止，老年保障立法处于停滞状态。

第三阶段，改革发展阶段（1977年至今），这一时期老年法律保障快速发展，老年立法成果在宪法及作为基本法律的刑法等重要法律中得到体现，与《中华人民共和国老年人权益保障法》一起，从经济收入、生活服务、教育就业、医疗护理、精神慰藉、社会参与等方面为老年人提供了较为完整的法律保障。如《中华人民共和国宪法》规定："中华人民共和国公民在年老、疾病或者丧失劳动能力的情况下，有从国家和社会获得物质帮助的权利"，"成年子女有赡养扶助父母的义务"，"禁止虐待老人、妇女和儿童"；《中华人民共和国刑法》中对虐待、遗弃情节恶劣，构成犯罪的，依法追究其刑事责任；《中华人民共和国社会保险法》规定，"国家建立基本养老保险、基本医疗保险、工伤保险、失业保险、生育保险等社会保险制度，保障公民在年老、疾病、工伤、失业、生育等情况下依法从国家和社会获得物质帮助的权利"。此外，《中华人民共和国劳动法》《中华人民共和国妇女权益保障法》《中华人民共和国残疾人保障法》等法律都有涉及老年保障问题。2021年，《中华人民共和国民法典》开始施行，其中在监护权、生命权、身体权、健康权、家庭关系、继承等部分均体现了对老年人相关权益的保护。中国第一部老年保障专门立法《中华人民共和国老年人权益保障法》，颁布于1996年，这部老年保障专门立法对老年人权益保障的原则、任务和目标以及适用人群、主要措施进行了明确规定，内容包括家庭赡养与扶养、社会保障、社会服务、社会优待、宜居环境、参与社会发展以及法律责任等，是迄今为止中国老年人权益保障最为重要的法律依据，开启了中国老龄事业的新时代，是老龄事业步入法制化轨道的里程碑。

为了贯彻落实《中华人民共和国老年人权益保障法》，国务院及相关部门也出台了法规和政策性文件，内容涉及老年人社会保险、社会福利、社会救助、赡养公证等，基本覆盖了老年人权益保障的各个领域，较好地实现了老年人权益保障的进一步完善。在老年社会保险方面，《国务院关于建立统一的城乡居民基本养老保险制度的意见》建立了全国统一的城乡居民基本养老保险制度；《国务院关于印发"十二五"期间深化医药卫生体制改革规划暨实施方案的通知》提出要鼓励、引导商业保险机构开发长期照护保险；《人力资源社会保障部办公厅关于开展长期护理保险制度试点的指导意见》从目标任务、基本政策、服务管理、配套措施、组织实施等方面对长期护理保险的实施提出指导意见。在老年社会福利方面，《中共中央、国务院关于加强老龄工作的决定》提出老龄工作的指导思想、原则目标以及老龄事业发展重点等；历个"中国老龄事业发展五年规划"均强调加快发展老年养老、护理康复等服务事业；《关于建立完善老年健康服务体系的指导意见》提出构建包括健康教育、预防保健、疾病诊治、康复护理、长期照护、安宁疗护的综合连续、覆盖城乡的老年健康服务体系；《人力资源社会保障部印发关于进一步优化人社公共服务切实解决老年人运用智能技术困难实施方案的通知》致力于解决老年人运用智能技术困难等问题。在老年社会救助方面，《城市生活无着的流浪乞讨人员救助管理办法》对流浪乞讨老年人的权益保护作出相应规定，《社会救助暂行办法》在最低生活保障、特困人员供养、临时救助等方面都有关于老年人权益保护的规定。此外，《国务院关于进一步健全特困人员救助供养制度的意见》《民政部关于加强分散供养特困人员照料服务的通知》《关于巩固拓展脱贫攻坚兜底保障成果进一步做好困难群众基本生活保障工作的指导意见》等都有涉老保护内容。

在行业规范方面，中国先后出台了《关于加快推进养老服务业放管服改革的通知》《养老服务市场失信联合惩戒对象名单管理办法（试行）》《养老机构管理办法》《民政部关于加快建立全国统一养老机构等级评定体系的指导意见》《关于规范养老机构服务行为做好服务纠纷处理工作的意见》《民政部、市场监管总局关于强化养老服务领域食品安全管理的意见》《关于推进养老机构"双随机、一公开"监管的指导意见》等养老机构基本管理规范与政策性文件。在行业标准方面，出台了《社区老年人日间照料中心服务基本要求》（GB/T 33168—2016）、《老年社会工作服务指南》、《老年人能力评估规范》（GB/T 42195—2022）等老年服务规范，另外还制定公布了《养老机构接待服务基本规范》《养老机构岗位设置及人员配备规范》《养老机构膳食服务基本规范》《养老机构预防老年人跌倒基本规范》《养老机构老年人营养状况评价和监测服务规范》《养老机构生活照料服务规范》《养老机构社会工作服务规范》《养老机构老年人健康档案管理规范》《养老机构服务标准体系建设指南》《养老机构服务安全基本规范》《养老机构顾客满意度测评》等养老机构管理服务民政行业标准。

由于各地区社会经济发展水平不同，各省、自治区、直辖市的人民代表大会及其常务委员会以及政府各职能部门结合本地实际，将国家老龄工作相关法律和行政法规地区化、操作化，进而形成老龄工作的地方性政策法规、执行标准等，如辽宁根据《中华人民共和国老年人权益保障法》和其他法律法规，结合本省实际，制定了《辽宁省老年人权益保障条例》；为贯彻落实《国务院办公厅关于推进养老服务发展的意见》和《民政部关于进一步扩大养老服务供给促进养老服务消费的实施意见》，制定了《辽宁省人民政府办公厅关于推进养老服务发展的实施意见》；为贯彻国家《养老服务标准体系建设指南》，制定了《辽宁省养老服务标准体系建设指南》等。由于国家涉老工作法规政策较多，各地据此制定的地方性文件数量相对庞大，这些地方性法规政策为引导、保障、规范和促进本地老年事业发展起到了不可替代的作用。

三、中国老年法律保障存在的问题

随着人口老龄化的加剧以及老年人需求层次的提高，中国老年法律保障逐渐暴露出一些不足，主要表现在老年保障立法与执法司法两方面。

（一）老年保障立法方面

中国老年人权益保障方面的立法既包括专门性的老年立法文本，也包括包含在其他立法文本中的相关法律规范。前者如《中华人民共和国老年人权益保障法》，后者如《中华人民共和国民法典》《中华人民共和国社会保险法》等，虽然近年来中国法律体系不断发展完善，将较为宏观的指导性规定进行了细化，顺应了老龄事业发展需要，更好地保护了老年人权益，但仍然存在法律条文比较原则化，缺乏可操作性，难以进行司法实践等问题。

1. 保障内容尚有欠缺

中国老年人权益保障中很多内容依托于社会保障体系，但目前中国社会保障法律体系尚未形成，如《社会救济法》《社会福利法》尚未出台，这也使得中国老年人权益保障的很多内容只能依照行政法规、地方性法规执行，许多法规的权威性不高，且有些规章政策不统一，从而存在执法不力等问题，造成中国老年人权益保障司法实践的混乱。

2. 法制化建设有待加强

虽然近年来中国老年法律保障体系不断完善，但是政策性文件始终在老年法制实践中发挥重要作用，在国务院及各部委官方网站中，能够查阅到的关于老龄工作的指导意见、通知等规范性政策文件数量远远大于涉老法律文本。与此同时，在国家政策性文件指导下制定的地方涉老规范，执行时间与范围受地方社会经济发展水平限制，在一定程度上影响了老年人权益保护的公平性。

3. 可操作性有待提升

首先，作为目前中国唯一的老年专门立法，《中华人民共和国老年人权益保障法》中的很多条款与《中华人民共和国民法典》《中华人民共和国社会保险法》等其他法律文本关于老年人权益保护的内容相比，后者的规定要更加具体和便于操作，例如，关于老年人监护的相关规定中，前者并没有撤销监护人的相关规定以及公共监护等相关内容，而《中华人民共和国民法典》则具体列出撤销监护人的三种情形以及特殊情况下实施公共监护的组织机构；前者关于老年社会保障部分的规定中有大量的"国家逐步开展""国家建立完善""国家推动"等措辞，与《中华人民共和国社会保险法》《社会救助暂行办法》等社会保障相关法律法规相比更表现出一种原则性，缺乏实践可操作性。

其次，其他涉老法律文本在某些老年保障问题上也缺乏操作细则，如关于老年意定监护制度，虽然《中华人民共和国民法典》中的意定监护条款给了意定监护的设立人一个有保障的晚年生活，但相关保障内容还有待进一步规范与完善，具体如监护监督、委托人行为能力认定程序、社会监护从业资质与标准、老年公共监护与社会机构监护的法定程序、监护权责体系和激励措施等问题，都需要配套法规或执行办法进行指导。

（二）老年保障执法司法方面

近年来中国老年保障执法司法方面逐步完善，但是由于老年保障的某种特殊性，执法司法过程中也必然会产生一些问题。

首先，老年保障的主管部门较多，这导致在老年保障的执法过程中出现执法主体不明确的问题。《中华人民共和国老年人权益保障法》规定，老年人合法权益受到侵害的，被侵害人或者其代理人有权要求有关部门处理，或者依法向人民法院提起诉讼。由于老年保障工作涉及多部门，"有关部门"的规定会给老年人维权带来困惑，也会出现各部门不作为的情况。并且由于一些主管部门没有执法权或处罚权，很多侵害老年人权益事件只能"由有关单位给予批评教育"。除此之外，不同地区对老年保障工作的投入差距也会导致地区间老年保障工作的执行差异。

其次,由于"不告不理"的诉讼原则,在老年人权益受到侵害时,要经个人或组织提起上诉才能维权,这就导致很多老年人的合法权益不能及时得到保障。当前很多老年人的婚姻自由权、人身权、财产权等权益受儿女侵犯的案例较多,一方面,有很多道德层面的规范尚未被法律化,一些侵权事件难以寻求法律的直接保护,致使无法对侵权人的责任进行追究;另一方面,很多老年人不熟悉维权司法程序或不愿与子女对簿公堂,法律文本中规定的其他具有监护资格的个人或组织也不能随时随地监督监护人行为并提出上诉,这就导致了很多老年人被侵权事件屡见不鲜但并未立案。以监护人撤换规定为例,《中华人民共和国民法典》第三十六条规定,监护人有下列情形之一的,人民法院根据有关个人或者组织的申请,撤销其监护人资格……实施严重损害被监护人身心健康的行为;怠于履行监护职责……实施严重侵害被监护人合法权益的其他行为……在这一规定中,监护人的撤销需要其他依法具有监护资格的个人或居(村)民委员会、医疗机构、依法设立的老年人组织、民政部门等组织的申请,即人民法院不能主动撤销监护人资格,同时对于"严重损害""怠于履行"的程度也没有明确界定,这在某种程度上阻碍了一些无行为能力老年人的维权工作。

四、中国老年法律保障制度的未来发展

随着中国人口老龄化进程加快,侵犯老年人合法权益的案件也时有发生,据中国老龄协会联合中国司法大数据研究院发表的报告显示,2021年度全国各级人民法院审结涉老案件总数54.25万件。其中,民事案件49.20万件,占比90.70%;刑事案件1.34万件,占比2.47%;行政案件3.71万件,占比6.83%。[①] 这一数据既反映了中国老年人的法律意识有所增强,也从某种程度上对中国老年法律保障的发展提出了更高要求。

(一)重塑老年保障立法思想

中国即将进入深度老龄化社会,目前以保护为目的的传统立法模式已经不能全面解决人口老龄化所产生的问题。考虑到老龄社会的可持续发展问题,中国老龄社会法治建设应实现由被动性向主动性、现实性向战略性的转变,从社会经济发展角度重塑老年保障立法思想。与社会保障体系由被动保护向积极防御转变相似,新时代中国老年保障立法不仅要考虑保障老年人权益,更应充分认识到人口老龄化对社会、经济、

---

① 新华网.中国老龄协会发布2021年度全国老年人权益保护警示教育案例[EB/OL].(2022-04-18). http://www.news.cn/local/2022-04/18/c_1211637806.htm.

文化、政治等多方面的影响，在赋予权利的基础上积极解决老龄化与社会经济发展的矛盾问题。

（二）完善老年保障法律体系

在完善中国老年保障法律体系过程中，要以《中华人民共和国宪法》为依据，以《中华人民共和国老年人权益保障法》为基础，结合《中华人民共和国刑法》《中华人民共和国民法典》《中华人民共和国社会保险法》等其他法律文本及规范性文件，全方位保障好老年人合法权益。老年保障要逐步实现由政策化向制度化转变，根据当前中国老年立法状况，要全方位保障老年人合法权益还需继续完善老年经济保障层面的法律，如各种层次的养老金制度；也要完善涉及老年福利与服务保障层面的法律，例如，老年照护、健康、住房等满足生存与安全需要的福利制度，老年文体、娱乐、婚姻等满足尊重与享受需要的福利制度，老年教育、就业等满足发展需要的福利制度等；还需完善老年救助保障层面的法律，如司法救助与法律援助方面等。与此同时，由于中国各地区社会经济发展不平衡，不同老年人的需求也有所差异，需要各地区政府根据地方实际制定全国性老年权益保障法律的实施细则。总之，完善老年保障法律体系需要在突出老年法自身特点的同时，确保各法律文本内容一致，并在执行环节强调可操作性，明确老年各项权利保障的执法主体与职责，方便执法工作的顺利进行。

（三）优化老年维权司法程序

虽然有国家的法律体系来保障老年人的合法权益，但老年人具有生理心理方面的特殊性，老年人权益受到侵害后，现有的司法程序并不利于其开展维权，因此需要在立案、审理、执行等方面全方位优化老年维权的司法程序。当前很多地区对老年人维权开通了绿色通道，结合老年人身体健康状况，对涉老案件采取优先立案、优先审理、优先执行制度，对行动不便的老年人采用巡回法庭模式；对一些迫切需要法律保护的涉老案件，缩短审理与执行期限；对经济困难老人提供司法援助，减免诉讼费用等。这些措施均方便了老年人诉讼，有效保护了老年人的合法权益。此外，还应建立涉老案件防范机制，通过智能化举报平台主动发现案件；完善人民调解工作，使涉老纠纷在成诉前得到化解。

（四）借鉴其他国家和地区老年保障法律体系构建经验

完善中国老年保障法律体系，既要立足本土，体现中国传统文化与思想道德方面的优良传统，也需要借鉴其他国家和地区的立法经验。发达国家步入人口老龄化社会较早，老年保障立法经验相对丰富，法规体系更为健全，法律内容比较详尽，经费保障相对充足，组织管理更为成熟，这在中国构建老年保障法律体系时均应加以借鉴。

 本章小结

1. 老年法律保障内容分类，包括老年人独立、参与、照顾、自我实现、尊严层面的法律保障，其中"独立"层面包括老年收入保障、就业保障、教育保障、宜居环境保障等法律法规及政策行动，"参与"层面包括老年人社会融合等法律法规及政策行动，"照顾"层面涉及老年照护、老年健康、法律服务、社会优待等法律法规及政策行动，"自我实现"层面涉及社会资源共享与自我潜力发挥等法律法规及政策行动，"尊严"层面涉及老年人尊严与虐待方面的法律法规及政策行动。

2. 中国老年法律保障发展历程主要包括中国古代社会层面与家庭层面的尊老养老制度、中国近代老年法律保障制度两个方面。在老年法律保障的立法与执法司法两个方面还存在若干不足：在立法方面存在保障内容尚有欠缺、法制化建设有待加强、可操作性有待提升、缺乏操作细则等问题，在执法司法方面存在执法主体不明确、由于"不告不理"的诉讼原则导致的合法权益不能及时得到保障等问题。

3. 今后中国老年法律保障将侧重于重塑老年保障立法思想、完善老年保障法律体系、优化老年维权司法程序等方面。

>> **重要概念**

老年人权益　老年法律保障　老年收入保障　老年教育保障　老年宜居环境保障

 复习思考题

1. 简述老年法律保障理论基础。
2. 简述老年法律保障内容分类。
3. 试论述国外老年法律保障发展趋势。
4. 试论述中国老年法律保障发展历程。
5. 试论述中国老年法律保障存在问题与完善对策。

主要参考文献①

[1] 安炳哲，朱晓东．社会变化与韩国家庭［J］．社会科学战线，2004（2）：209-210.

[2] 安华，赵云月．国际比较视域下的老年人就业：社会认同、政府支持、企业配合［J］．经济体制改革，2020（4）：173-179.

[3] 白杰戈．居家养老政府帮忙"喘息服务"为低收入家庭等分忧［EB/OL］．（2019-06-08）［2019-09-27］．http://china.cnr.cn/yaowen/20190608/t20190608_524643284.shtml.

[4] 白晨，顾昕．中国社会安全网的横向不平等：以城镇最低生活保障为例［J］．中国行政管理，2018（1）：109-115.

[5] 毕玉佳．中国农村家庭养老模式困境及路径探索：借鉴新加坡经验［J］．现代盐化工，2019，46（6）：119-120.

[6] 边恕，黎蔺娴．积极老龄化视角下的我国多维养老服务体系研究［J］．辽宁大学学报（哲学社会科学版），2019，47（2）：83-91.

[7] 边恕．老龄群体：不可忽视的社会生产力［J］．理论与改革，2021（5）：140-151.

[8] 蔡昉．未富先老与中国经济增长的可持续性［J］．国际经济评论，2012（1）：82-95，5.

[9] 曹琬瑶，许铧丹．浅析国外医疗保险制度对中国医疗保险改革的启示［J］．经贸实践，2018（2）：26-27.

[10] 陈晨，黄万丁．德国法定医疗保险的成功经验及启示：基于参保机制视角［J］．社会保障研究，2022（2）：103-111.

[11] 陈里予，周思立．上海：多区试推"喘息服务"助居家养老［EB/OL］．（2012-07-26）［2019-09-27］．http://gongyi.sina.com.cn/gyzx/2012-07-26/093836106.html.

[12] 陈起风．基本医疗保障促进老年人口健康：医疗与保健的双路径分析［J］．社会保障研究，2020（5）：63-69.

---

① 本书还参考了德国、韩国、美国、日本、英国相关法律数据库，网址分别为 https://www.bgbl.de/xaver/bgbl/start.xav；https://www.law.go.kr/LSW/eng/engMain.do；https://www.ecfr.gov/；https://elaws.e-gov.go.jp/；https://www.legislation.gov.uk/.

[13] 陈文辉. 智利养老金制度改革与评价[J]. 保险研究, 2006(11): 87-89, 79.

[14] 陈业宏, 高尔旆. 积极老龄化背景下促进老年人再就业的对策建议[J]. 中州学刊, 2023(5): 90-96.

[15] 陈云良, 陈佳苗. 英国2012年《卫生和社会护理法案》研究[J]. 法学杂志. 2018, 39(6): 56-67.

[16] 成欢, 林义. 多层次养老保险协同发展的联动机制及配套政策研究[J]. 经济理论与经济管理, 2019(9): 75-88.

[17] 仇雨临. 中国医疗保障70年: 回顾与解析[J]. 社会保障评论, 2019, 3(1): 89-101.

[18] 崔桂莲, 刘文. 发达国家老年减贫研究综述及启示[J] 中国老年学杂志, 2021, 41(1): 218-222.

[19] 戴卫东. 福利: V型责任论: 中国老年社会福利政策的一个理论建构[J]. 社会政策研究, 2018(1): 69-84.

[20] 戴卫东. 家庭养老的可持续性分析[J]. 现代经济探讨, 2010(2): 22-26.

[21] 戴卫东. 中国家庭老年照料的功能变迁与价值转向[J]. 安徽师范大学学报(人文社会科学版), 2021, 49(1): 64-73.

[22] 丁英顺. 韩国应对老年贫困的启示[J]. 中国人力资源社会保障, 2016(4): 34-36.

[23] 丁英顺. 日本促进高龄劳动者就业的经验启示[J]. 人民论坛, 2021(17): 89-93.

[24] 丁英顺. 日本老龄化的最新状况、社会影响与相关社会政策: 2018年版《老龄社会白皮书》解读[J]. 日本研究, 2019(1): 27-37.

[25] 丁煜. 保障和激励: 建立支撑我国城市家庭养老健康发展的有效机制[J]. 人口与经济, 2001(4): 63-66, 8.

[26] 房连泉. 渐进式延迟法定退休年龄的可行方案[J]. 人民论坛, 2023(14): 58-62.

[27] 冯维.1978—2010年城镇企业职工基本养老保险制度改革的历程与经验[J]. 当代中国史研究, 2021, 28(6): 66-84, 158-159.

[28] 高利平. 中国老年福利设施的发展方向研究[J]. 人口与经济, 2022(5): 80-94.

[29] 国际劳工组织. 世界社会保障报告(2020—2022)[M]. 华颖, 等, 译. 北京: 中国劳动社会保障出版社, 2022.

[30] 国家统计局. 中华人民共和国2017年国民经济和社会发展统计公报[R/OL]. (2018-02-28). http://www.gov.cn/guowuyuan/2018-02/28/content-5269506.htm.

[31] 李培. 我国基本养老保险扩面的收入分配效应研究[M]. 成都: 西南财经大学出版社, 2015.

[32] 韩克庆. 就业救助的国际经验与制度思考[J]. 中共中央党校学报, 2016, 20(5): 75-81.

[33] 侯海涛, 李波. 最新社会保险工作实务全书[M]. 北京: 企业管理出版社, 1997.

［34］洪丽，尹康．新型农村社会养老保险政策的减贫及再分配效应［J］．社会保障研究，2021（3）：39-49.

［35］胡灿伟．新加坡家庭养老模式及其启示［J］．云南民族学院学报（哲学社会科学版），2003（3）：35-38.

［36］姬鹏程，王皓田．日本长期护理保险制度的经验与启示［J］．宏观经济管理，2020（11）：85-90.

［37］家庭养老支持政策的国外镜鉴［EB/OL］．（2012-08-03）［2019-12-20］．www.npc.gov.cn.

［38］简伟研，周吴平，穆楠，等．优化病例组合促进长护险战略购买的国内外经验与展望［J］．中国医疗保险，2021（12）：73-76.

［39］江涛．舒尔茨人力资本理论的核心思想及其启示［J］．扬州大学学报（人文社会科学版），2008，12（6）：84-87.

［40］姜向群．老年社会保障制度：历史与变革［M］．北京：中国人民大学出版社，2005.

［41］姜向群，杜鹏．中国老年人的就业状况及其政策研究［J］．中州学刊，2009（4）：109-113.

［42］蒋浩琛，李珍．从参保机制看日本医疗保险制度的经验与教训［J］．社会保障研究，2021（5）：103-111.

［43］金维刚．全国统筹开创企业职工基本养老保险新局面［J］．中国社会保障，2022（10）：56-57.

［44］雷雳．发展心理学［M］．2版．北京：中国人民大学出版社，2013.

［45］李成志．美国医疗保险制度对当前医改的几点启示［J］．中国医疗保险，2018（5）：68-71.

［46］李蕾，李靖宇，刘兵，等．医疗卫生服务模式与资源配置的国际比较［J］．管理评论，2017，29（3）：186-196.

［47］李韶鉴，孟佳沛，李家昂．新加坡医疗保障体系的经验及启示［J］．中国卫生经济，2021，40（12）：118-120.

［48］李文静．高龄化背景下老年人医疗保险之立法因应：日本老年人医疗保险立法之考察［J］．比较法研究，2013（3）：94-103.

［49］李绪莹．人口老龄化趋势下老年人就业问题研究：日韩比较研究及启示［J］．劳动保障世界，2017（2）：6-7，9.

［50］李志宏．《老年法》修订研究［J］．前沿，2010（22）：106-109.

［51］梁红秋．老龄人力资源开发［J］．北京观察，2021（4）：20-21.

［52］梁智文．亚热带经适房"两代居"空间需求及户型设计研究［D］．广州：华南理工大学，2012.

［53］凌莉．美国积极老龄化政策和实践及其对我国的启示［J］．经济研究导刊，2018（33）：45-46.

［54］凌文豪，董玉青．长期照护的需求分析、国际经验与中国方案：一个文献综述［J］．社会保障研究，2019（4）：105-111.

［55］刘翠霄．对独树一帜且难以复制的新加坡社会保障制度的几点思考［J］．温州大学学报（社会科学版），2018，31（4）：3-9．

［56］刘慧萍，曹梅娟．再社会化及其评估方法研究现状［J］．中国老年学杂志，2021，41（16）：3595-3598．

［57］刘剑．人口老龄化背景下的人力资本与经济增长［D］．贵阳：贵州财经大学，2021．

［58］刘进才．我国老龄人力资源开发利用的对策研究［J］．中国人力资源开发，2011（12）：88-91．

［59］刘涛．联邦德国的老年防贫体系：社会救助制度的动态扩展与增量扩容［J］．社会保障评论，2017，1（2）：125-133．

［60］刘晓梅，陈文斯．日本应对老龄化的多职业联合体系研究［J］．财经问题研究，2022（4）：100-108．

［61］刘晓梅，赵鹏雁，罗吉莉．积极老龄化背景下日本老年人再就业的经验及启示［J］．长春大学学报，2023，33（5）：8-17．

［62］刘晓雪，钟仁耀．长期护理保险的国际比较及对我国的启示［J］．华东师范大学学报（哲学社会科学版），2017，49（4）：93-101，163．

［63］柳如眉，柳清瑞．人口老龄化、老年贫困与养老保障：基于德国的数据与经验［J］．人口与经济，2016（2）：104-114．

［64］罗丽娅，丁建定．典型福利国家老年长期照护服务的国际比较与价值启示［J］．经济社会体制比较，2021（1）：22-32．

［65］吕红，宋利利，张立言．美国养老保险制度对我国养老保险改革的启示［J］．经济研究导刊，2012（26）：59-60．

［66］马广博，张盼盼．长期护理保险制度：德国和日本经验与中国借鉴［J］．内蒙古农业大学学报（社会科学版），2022，24（1）：64-69．

［67］毛子骏，刘子灵．基于二维分析框架的中外养老政策文本比较研究［J］．社会政策研究，2022（4）：35-48．

［68］民政部，全国老龄工作委员会办公室．2022年度国家老龄事业发展公报［R/OL］．（2023-12-14）．www.gov.cn．

［69］穆光宗．人口优化理论再探：新人口危机和国家安全［J］．北京大学学报（哲学社会科学版），2015，52（4）：111-122．

［70］穆怀中．家庭子女养老与个人养老"互补替代"效应：理论与实证［J］．人口研究，2022，46（1）：82-96．

［71］穆怀中．社会保障的生存公平与劳动公平："保障适度"的两维度标准［J］．社会保障评论，2019，3（2）：3-13．

［72］尼雪.德国社会法体系及其养老保险法律制度评述［J］.辽宁大学学报（哲学社会科学版），2017，45（11）：116-122.

［73］朴炳铉.社会福利与文化：用文化解析社会福利的发展［M］.北京：商务印书馆，2012.

［74］齐天骄.欧洲福利国家长期照护服务变迁及对我国的启示［J］.社会保障研究，2021（6）：55-64.

［75］乔晓春，张恺悌，孙陆军，等.对中国老年贫困人口的估计［J］.人口研究，2005（2）：8-15，96.

［76］乔晓春.基于需求的养老服务体系建设：思路、框架与实证分析［J］.华中科技大学学报（社会科学版），2022，36（3）：113-122.

［77］钱伟锋.居家养老试水"喘息服务"［N/OL］.杭州日报，2011-10-16［2019-09-27］.http://szbz.hangzhou.com.cn/hzrb/html/2011-10/16/content_1151690.htm.

［78］青岛民政.青岛市养老服务惠民政策问答［EB/OL］.（2013-06-15）.http://www.anyangsd.com/gnzx/43532.jhtml.

［79］冉东凡，吕学静.退休人口再就业决策的影响因素研究：基于中国健康与养老追踪调查数据［J］.社会保障研究，2020（2）：29-37.

［80］桑助来.德国应对人口老龄化挑战的对策及启示［J］.中国人力资源社会保障，2016（12）：48-49.

［81］沈铭辉.人口老龄化的影响及治理对策：以韩国为例［J］.人民论坛，2020（32）：91-93.

［82］沈雨菲，陈鹤.中国高龄津贴政策评述与实证分析［J］.人口与经济，2007（1）：50-56.

［83］石甜甜.日本少子老龄化的社会影响、政策演进及启示［J］.江西社会科学，2020，40（8）：221-230.

［84］宋林.我国城镇住房保障中的政府角色定位［D］.南京：南京大学，2011.

［85］宋强，祁岩.日本老年人力资源开发实践及启示［J］.中国人力资源开发，2013（19）：83-87.

［86］宋月萍，彭可余，吴昕阳.助推型老年就业政策：理念、框架与实践逻辑：以日本为例［J］.社会建设，2023，10（4）：47-59.

［87］苏炜杰.日本居家养老服务政府责任：立法保障、运行逻辑与经验启示［J］.现代日本经济，2023，42（4）：80-94.

［88］孙鹃娟，梅陈玉婵，陈华娟.老年学与老有所为：国际视野［M］.北京：中国人民大学出版社，2014.

［89］孙平，彭青云.人口老龄化背景下美德老年人力资源开发经验及启示［J］.中国人力资源开发，2016（21）：81-84.

［90］王爱珠.老年经济学［M］.2版.上海：复旦大学出版社，2004.

［91］王滨，陈律.新时代契约精神的传承与创新［J］.人民论坛，2021（23）：75-77.

［92］王翠琴，李林，薛惠元.改革开放40年中国医疗保障制度改革回顾、评估与展望［J］.经济体制改革，2019，19（1）：25-31.

［93］王平达.新型农村社会养老保险法律制度研究［M］.北京：中国农业出版社，2013.

［94］王国洪，杨翠迎.城镇职工养老保险70年：发展历程与改革取向［J］.企业经济，2019，38（11）：29-36.

［95］王莉莉.英国老年社会保障制度［M］.北京：中国社会出版社，2010.

［96］王伶鑫."十四五"时期老年人力资源开发潜力与实现路径研究［J］.北京劳动保障职业学院学报，2023，17（2）：9-14.

［97］王少媛，刘博炜.人口老龄化背景下我国老年教育立法困境及法律体系构建［J］.现代远程教育研究，2023，35（4）：56-64.

［98］汪时东，叶宜德.农村合作医疗制度的回顾与发展研究［J］.中国初级保健，2004（4）.

［99］王树."第二次人口红利"与经济增长：理论渊源、作用机制与数值模拟［J］.人口研究，2021，45（1）：82-97.

［100］王思斌.社会工作概论［M］.3版.北京：高等教育出版社，2014.

［101］王伟.国外医疗保险制度经验借鉴［J］.对外经贸，2020（11）：129-131.

［102］王雯.城乡居民基本养老保险财政补贴机制研究［J］.社会保障研究，2017（5）：3-13.

［103］王雯.加拿大第三支柱注册退休计划的经验与启示：基于政策协同机制的分析［J］.社会保障研究，2022（6）：86-94.

［104］王延中.构建三位一体中国老年保障体系的基本构想［J］.社会保障研究，2014（3）：3-13.

［105］王一棱.延迟退休与老年就业人口保障问题研究［J］.四川劳动保障，2018（S1）：37-40.

［106］王振军.新形势下城乡居民社会养老保险的优化设计［J］.人口与经济，2017（1）：95-10.

［107］韦红.新加坡精神［M］.武汉：长江文艺出版社，2000.

［108］邬沧萍，杜鹏.老龄社会与和谐社会［M］.北京：中国人口出版社，2012.

［109］邬沧萍.积极应对人口老龄化理论诠释［J］.老龄科学研究，2013，1（1）：4-13.

［110］吴玉韶，赵新阳.中国老龄政策二十年：回顾与启示［J］.老龄科学研究，2021，9（10）：2-14.

［111］谢明.公共政策导论［M］.5版.北京：中国人民大学出版社，2020.

［112］谢培豪，倪进东.老年学［M］.北京：科学出版社，2018.

［113］谢勇才，丁建定.从生存型救助到发展型救助：我国社会救助制度的发展困境与完善路径［J］.中国软科学，2015（11）：39-49.

［114］新华网.中国老龄协会发布2021年度全国老年人权益保护警示教育案例［EB/OL］.（2022-04-18）.http://www.news.cn/local/2022-04/18/c_1211637806.htm.

[115] 徐国冲. "组屋"的政治学密码：来自新加坡住房政策的启示[J]. 中国行政管理, 2017（3）.

[116] 许尧, 王雪. 新中国70年保障贫困人口生活的历程、轨迹与经验[J]. 西北农林科技大学学报（社会科学版）, 2019, 19（6）：1-9.

[117] 阳义南, 梁上聪. 中国医疗保险制度"适老化"改革：国际经验与政策因应[J]. 西安财经大学学报, 2022, 35（1）：108-118.

[118] 杨翠迎, 郑春荣. 国际社会保障动态：社会养老服务体系建设[M]. 上海：上海人民出版社, 2014.

[119] 杨立新. 我国老年监护制度的立法突破及相关问题[J]. 法学研究, 2013, 35（2）：119-130.

[120] 杨立雄. 中国老年贫困人口规模研究[J]. 人口学刊, 2011（4）：37-45.

[121] 杨良初, 李桂平, 卢娜娜. 延迟退休政策：国际经验与中国道路[J]. 地方财政研究, 2021（10）：72-79.

[122] 杨燕绥, 常焙筌. 我国卫生总费用的国际比较与绩效研究[J]. 中国国情国力, 2020（10）：71-73.

[123] 杨园争. 病有所医, 老有所养：中国农村医疗和养老保障制度七十年改革回溯与展望[J]. 社会发展研究, 2019, 6（1）：185-203, 245-246.

[124] 杨志超. 北欧老年就业政策对我国延迟退休制度的启示[J]. 学术界, 2013（7）：214-221.

[125] 于靖一. 英国NHS对我国社区卫生服务建设的启示及意义[J]. 劳动保障世界, 2019（23）：73-74.

[126] 于学军. 从上海看中国老年人口贫困与保障[J]. 人口研究, 2003（3）：33-38.

[127] 余飞跃. 家庭养老的困境与出路：兼论孝与不孝的理性[J]. 重庆大学学报（社会科学版）, 2011, 17（5）.

[128] 余小豆, 袁涛. 多层次医疗保障的国际比较与启示[J]. 中国医疗保险, 2019（3）：68-72.

[129] 俞会新, 吕龙凤, 卢童. 人口老龄化影响经济增长的作用机制分析：基于有效劳动投入视角[J]. 华东经济管理, 2022, 36（5）：96-104.

[130] 喻文光. 德国社会救助法律制度及其启示：兼论我国行政法学研究领域的拓展[J]. 行政法学研究, 2013（1）：113-121.

[131] 袁辉, 韩居伯. 新型农村社会养老保险能提升农村劳动力质量吗？[J]. 农村经济, 2023（6）：74-83.

[132] 袁莉, 余桔云, 王华强. 新加坡老年保障体系建设的多元协同治理机制研究[J]. 财经问题研究, 2017（11）：139-144.

[133] 原新, 党俊武, 李志宏, 等. 政策科学与我国老龄政策体系的构建[M]. 北京：华龄出版社, 2014.

［134］张川川，赵耀辉.老年人就业和年轻人就业的关系：来自中国的经验证据［J］.世界经济，2014，37（5）：74-90.

［135］张佳宇.老龄化趋势下人力资源开发途径研究［J］.中国集体经济，2020（9）：111-113.

［136］张嫘.人口老龄化与中国老年人力资源开发［J］.辽宁行政学院学报，2001（3）：38-40.

［137］张李玺.家庭政策与妇女发展［M］.北京：中国社会科学出版社，2016.

［138］张丽云.国外及港澳台老年社会保障制度研究［M］.北京：中国社会出版社，2011.

［139］张利娟，方正，米靖.我国老年教育及再就业的困境分析和应对路径研究［J］.职教论坛，2022，38（6）：93-100.

［140］张亮，黄丽珍，张章博，等.借鉴欧洲长期照护模式，发展我国正式居家照护和机构长期照护［J］.老龄科学研究，2020，8（9）：68-79.

［141］张民省.瑞典的多支柱养老保险金制度及启示［J］.中国行政管理，2008（10）：83-86.

［142］张奇林.老年人保障体系的多层次性与伦理选择［J］.中州学刊，2002（3）：159-161.

［143］张仕平，刘丽华.建国以来农村老年保障的历史沿革、特点及成因［J］.人口学刊，2000（5）：35-39.

［144］赵斌.国际社会医疗保障制度发展趋势：走向"战略性购买"［J］.中国医疗保险，2016（12）：17-21.

［145］赵立新.英国养老保障制度［J］.中国人大，2018（21）：51-54.

［146］赵建国，王净净."逆向反哺"、子女结构与老年人口劳动参与［J］.人口与发展，2021，27（2）：17-28.

［147］郑秉文.非缴费型养老金："艾伦条件"下农村养老保险制度变迁与改革出路［J］.华中科技大学学报（社会科学版），2020，34（3）：2-18.

［148］郑秉文.中国养老金发展报告2017［M］.北京：经济管理出版社，2018.

［149］郑功成，桂琰.中国特色医疗保障制度改革与高质量发展［J］.学术研究，2020（4）：79-86.

［150］郑功成.共同富裕与社会保障的逻辑关系及福利中国建设实践［J］.社会保障评论，2022，6（1）：3-22.

［151］郑伟.理解中国式现代化对社会保障的新要求［J］.社会保障评论，2022，6（6）：21-39.

［152］钟仁耀.社会救助与社会福利［M］.4版.上海：上海财经大学出版社，2019.

［153］钟惟东，黄善英.韩国人口老龄化趋势、应对措施及启示［J］.韩国研究论丛，2020（2）：215-234.

［154］周玲，范怡玮，冯子静，等.低龄老年人再就业面临的困境及对策建议［J］.四川劳动保障，2023（7）：11.

［155］朱劲松.欧盟与日本老年人口就业鼓励政策［J］.中国劳动，2010（5）：31-33.

［156］朱铭来，周佳卉．多层次医疗保障体系的协同治理之道［J］．中国医疗保险，2023（6）：9-19.

［157］朱宇，刘爽．第二次人口红利理论回顾与中国实践展望［J］．西北人口，2019，40（2）：1-11.

［158］CUMMING E, HENRY W. Growing Old: The Process of Disengagement［M］. New York: Basic Books, 1961.

［159］EDWARDS B K, NOONE A, MARIOTTO A B, et al.. Annual report to the nation on the status of cancer, 1975—2010, featuring prevalence of comorbidity and impact on survival among persons with lung, colorectal, breast, or prostate cancer［J］. Cancer, 2014, 120（9）: 1290-1314.

［160］GU D, DUPRE M E, LIU G. Characteristics of the Institutionalized and Community-Residing Oldest-Old in China［J］. Social Science & Medicine, 2007, 64（4）: 871-883.

［161］Health at a Glance 2019: OECD Indioators［EB/OL］. http://www.oecd.org/health/health-systems/health-at-a-glance-19991312.htm.

［162］LIM J. Sustainable health care financing: the Singapore experience［J］. Global Policy, 2017, 8（3）: 103-109.

［163］MASON A. Demographic transition and demographic dividends in developed and developing countries［C］//United Nations expert group meeting on social and economic implications of changing population age structures, 2005, 31（5）.

［164］NAOKI I, BYUNG-KWANG Y, HIDEKI H, et al.. Japanese universal health coverage: evolution, achievements, and challenges［J］. Lancet, 2011, 378（9796）: 1106-1115.

［165］NUNDY S, COOPER L A, MATE K S. The quintuple aim for health care improvement: a new imperative to advance health equity［J］. Jama, 2022, 327（6）: 521-522.

［166］PATEL K, RUSHEFSKY M E. Healthcare politics and policy in America［M］. Routledge, 2019.

［167］SHINKAI S, YOSHIDA H, TANIGUCHI Y, et al.. Public health approach to preventing frailty in the community and its effect on healthy aging in Japan［J］. Geriatr gerontol int, 2016（16）: 87-97.

［168］SONG P, TANG W. The community-based integrated care system in Japan: Health care and nursing care challenges posed by super-aged society［J］. Bioscience trends, 2019, 13（3）: 279-281.

［169］STATISTA 研究部. Health insurance coverage in the United States: 2021［R/OL］.（2013-04-7）. https://www.statista.com/topics/7807/health-insurance-in-the-us/# topic Overview.

［170］WHITEFORD P, WHITEHOUSE E. Pension challenges and pension reforms in OECD countries［J］. Oxford review of economic policy, 2006, 22（1）: 78-94.

［171］WONG C, LEE H. Healthcare in Singapore: Challenges and management［J］. Int. Med. Commun, 2008, 51: 343-346.

［172］World Health Organization. Global age-friendly cities: a guide［R］. Geneva: World Health Organization, 2007.

［173］World Health Organization. Measuring the age-friendliness of cities: a guide to using core indicators［R］. Kobe: WHO Centre for Health Development, 2015.